舵手证券图书
www.zqbooks.com

知识领航财富人生
舵手俱乐部 www.duoshou108.com

日内交易四步曲
如何利用普通指标获取丰厚利润

JOHN F. CLAYBURG

约翰·克莱伯格　著

张意忠　译

山西出版传媒集团
山西人民出版社

图书在版编目(CIP)数据

日内交易四步曲:如何利用普通指标获取丰厚利润/(美)克莱伯格著;张意忠译. -- 太原:山西人民出版社,2015.7

ISBN 978-7-203-09057-1

Ⅰ.①日… Ⅱ.①克… ②张… Ⅲ.①证券交易-通俗读物 Ⅳ.①F830.91-49

中国版本图书馆 CIP 数据核字(2015)第 113366 号
著作权合同登记号:图字:04-2015-037

日内交易四步曲:如何利用普通指标获取丰厚利润

著 者:	(美)克莱伯格
译 者:	张意忠
责任编辑:	员荣亮
出 版 者:	山西出版传媒集团·山西人民出版社
地 址:	太原市建设南路 21 号
邮 编:	030012
发行营销:	0351-4922220　4955996　4956039
	0351-4922127(传真)　4956038(邮购)
E-mail :	sxskcb@163.com　发行室
	sxskcb@126.com　总编室
网 址:	www.sxskcb.com
经 销 者:	山西出版传媒集团·山西人民出版社
承 印 者:	三河市利兴印刷有限公司
开 本:	710mm×1000mm　1/16
印 张:	20
字 数:	250 千字
印 数:	1-6000 册
版 次:	2015 年 7 月　第 1 版
印 次:	2015 年 7 月　第 1 次印刷
书 号:	ISBN 978-7-203-09057-1
定 价:	58.00

如果印装质量问题请与本社联系调换

译者序

金融市场交易给鲁莽的散户造成了很多多年难以愈合的伤害，从心灵上到肉体上再到对人生的信念上。有些人甚至妻离子散、孤苦伶仃，生活上越发没有着落，心理上越发悲观绝望。很多依然奋斗在市场前线的交易者，也都在热切地盼望着一波足够丰厚的行情来洗去他们多年来难以启齿的耻辱。"我们太需要一场胜利了。"这句知心话语鼓舞着多少踌躇满志却又无可奈何的交易者。但是，谁敢说这不是"愚昧无知"带来的伤害？无知蕴含着巨大的风险。它足以强大到很多散户都难以承受的份上。来自其它行业的成功自信在交易上却成了节节败退最终承受不起的"自负"。然而，如果你当初能够保持一个普通人的常识和清醒，少一点鲁莽和冲动，去先学习而后实践，你很可能就会因为一句话、一本书而改变这么多年的悲惨遭遇。有道是"亡羊补牢，为时不晚。"要想找回渐行渐远的信心和勇气，就要记住开卷有益，要学会不耻下问，要坚持诚心请教。如果你还未涉足金融交易市场，就看到了这本书，那你就是一位令无数交易者非常羡慕的一位。他们羡慕你这么早就开始学习。他们相信你在交易上的学习成本是非常低廉、非常合理的。

本书在日内交易方面是一本出类拔萃的好书。希望所有的日内交易者都能看到此书。当前的期货日内交易者可以用它来完善自己的日内交易系统，也可以根据它重新构建一套新的日内交易系统。随着中国股市融资融券和转融通业务的逐渐发展，可以预期在未来的两三年内，国内的股票交易者有可能在股票市场上也进行多次多空双向进出场操作的"T+0"日内交易。到那时候，日内交易者将会在市场品种数量上有更多选择。再加上与本书内容配套的自动化程序的帮助，或许真的可以实现由一系列电脑组成的无人盯盘模式的日内交易独立运行生产车间。

本书属于技术分析类交易书籍，与基本面分析无关。对于技术分析有效性的争论，金融学术界一直都没有间断。即使是现在也有很多人声称他们并不按照技术分析进行交易，我想他们肯定有自己的理由。金融市场的跌宕起伏是多空双方大众情绪和力量的决战。没有人能确保使用精确到点的技术分析就一定能成功获利，任何技术分析都有失效的时候，或许是它的出现导致了它的失效。因此每个交易者都应该坚持使用止损设置。但是完全依靠基本面方面的分析就一定可以做好交易吗？这是一个值得深究的问题。

本书的宗旨并不是向你讲述一套日内交易策略，而是讲解一系列可以用来分析日内市场走势的方法和工具。就像你去五金店购买一套五金工具放在家里备用一样，当你需要维修一些设备的时候，你可以根据你自己的需要选择不同的工具或工具组合。在交易中也一样，你可以根据自己的交易风格偏向选择使用书中的交易方法和工具。希望你在本书中找到一个特定的工具组合来交易你所关注的市场品种。我本人也天天在市场中交易，如果你想请教我一些书中的问题，或者需要我帮你解决一些交易中的困惑，又没有我的联系方式，那你就可以在常用即时聊天工具中直接搜索我的名字，有缘的话，应该可以找到我。

如果你把交易看作是一种游戏，那它就是一种以胜算概率为基础的游戏。我个人认为本书所述的各种交易技术分析工具只是有可能提高交易胜算概率的滤网。建议你根据自身情况取其精华，去其糟粕。适合自己的才是最好的。只有在你正确使用具有积极预期收益的交易策略，严格执行各项纪律，并积极进行大量交易的情况下，你才有可能发挥出优秀交易策略的优势，并实现盈利。作为一个交易者，在实盘交易中，有时候你会在一连串的交易中获利，有时候又会在一连串的交易中亏损。很多亏损都是你交易成本的一个客观组成部分，不要惧怕亏损，更不要因此而畏惧交易，重要的是控制和限定亏损。在这个过程中对自己交易策略的信念和执行力就变得至关重要。高手与其它不能成功获利的交易者之间的差别就在于高手犯的错少，而且他们犯错后能迅速纠正。成功的路径殊途同归，止损的方法各不相同。希望本书的出现能在技术分析上把你的交易策略推升到一个高胜算交易策略的境界。

回顾2011年的期货行情，谁能说市场没有给出机会？它的确给出机会了。九、十月份的那波行情空间不可谓不大。对于趋势交易者来说，其它的行情虽然都是些调整行情，难免亏损，但那波行情也足够你实现全年的利润了。但是很多高手却一无所获，最终倒在了最后的震荡里。有一句话说"做趋势的死在震荡里"，这句话虽然难听，也不完全符合实际情况，但是却有一定的道理。如果你机械地执行一套趋势交易策略，结果还真有可能是那样。我们不能否认，大行情出来的时候，趋势做法可以获取非常丰厚的利润，它的利润要比日内短线多得多。但是如果你能成功地坚持一套优秀的日内交易策略，那么不论年内市场行情有没有出现趋势行情，你都会有一定的收益。碰上2011年的情况，你完全可以开心地大声说，日内短线在这一年战胜了趋势做法。虽然2012年可能出现大趋势行情，让趋势做法拥有获取丰厚利润的机会，但是优秀的日内交易方法仍然会获取属于它们的稳定利润。这就是区别。

日内交易需要交易者在盘中有时间集中精力盯盘，可能会付出比趋势交易者更多的努力。这的确是真实的。但是它比较稳妥，特别是对于经常跳空开盘的市场品种。你很难想象美国有个老牌交易师，叫乔·罗斯（Joe Ross），现在七十多岁了，可是他仍然在不停地进行日内交易。当然本书的作者约翰·克莱伯格（John F. Clayburg）在日内交易方面更是一位不折不扣的专家，他不但善于运用自己独创的这套日内交易系统，而且已经实现了自动化的日内交易操作。可见，日内交易的确有它自身比较优秀的一面。

市场上有些交易者认为，做日线趋势的不能做日内短线，会有冲突。我本人不认同这样的说法。你完全可以把日线上的大趋势当成自己的主要目标，但是你出入场时完全可以参照日内的做法。而且更重要的是，日内的走势在某些情况下，值得日线大趋势交易者加仓交易或者重仓交易，从而实现利润最大化。这种方式才是译者本人最看重也正在践行的一种交易方式。

道高一尺，魔高一丈。面对日益复杂的市场走势，你不要轻易相信自己能够超越市场，超越个股，你需要做的是超越自己！

有关本书交易技术和自动化程序，欢迎你在线交流。QQ群：85012153，QQ：827667298（张意忠），邮箱：david189cn@189.cn，YY：328951071，有专人为你答疑解惑。同时我们也准备推出一个专业化的交易技术分析网站来进一步服务于广大交易者。敬请留意！在金融交易类书籍的路上，我也会继续为众多喜欢交易的读者朋友们奉献自己的力量，出版更多更贴合市场实际情况的交易书籍。

非常感谢在本书翻译过程中给予大力帮助和支持的倪明和郑健！

不当之处，敬请指正！

祝愿你在交易旅途中，一帆风顺！

张意忠

2011年12月31日于北京

前　言

　　一个伟大的歌唱家仅仅靠他的嗓音就能创造出一件艺术作品，但是一个五音不全的人即便是使用最昂贵的乐器和混音设备也难以编出一个最简单的小调。

　　一个好木匠可以把一堆废旧的木板变成一座漂亮的房屋。可是一个差劲的木工即使用最好的红木也难以打造一个像样的狗窝。

　　交易也是如此。

　　在我看来，市场上并没有什么优秀的指标，只有优秀的交易者。即使他们使用最差劲的指标，他们也能做好交易；因为他们善于观察。差劲的交易者即便是使用最好的指标，他们也做不好交易；原因是他们很不善于观察分析市场。

　　我们中的大多数都属于普通交易者。普通交易者使用普通指标也可以把交易做得很好。我们不否认，的确存在一些交易者在交易上做得非常优秀，比其他交易者做得要好。但是，对于大多数交易者而言，只要你付出努力，认真分析应用普通技术指标，你是可以做到交易成功的。

　　我们在本书中使用的技术指标不是最复杂的指标，当然也不是最贵的指标。它们就是大多数最简单的或者免费的行情软件本身自带的指标。

　　优秀交易者使用我们在本书中应用的指标也可以把交易做得很好。这其中关键的因素在于，这些交易者非常善于观察这些指标在各种市场情况下的行为表现，从而发挥出它们的内在价值。大多数优秀的交易者仅仅使用一两种简单的技术指标，也仅仅交易几只股票或者几个品种。勤勉谨慎地观察这些指标与这些股票走势之间的相互作用和关联是他们成功的关键。如果要想自己对指标和市场走势之间的关联非常熟悉和敏感，你就要花费大量的时间。精通这些关联模式需要花费的时间与你得到的回报是成正比的。

我想在本书展示的是几个普通常用指标的特殊用法。这些技术用法加上几个符合逻辑的研判方式，再加上你个人坚持不懈的努力，相信一定可以极大地改善你的交易结果。

约翰·克莱伯格（John F. Clayburg）
2001年5月于美国爱荷华州库恩拉皮兹

导　言

　　随着在线电子交易的出现，技术分析也变得比以前任何时候都更加方便快捷、伸手可得。不少网站都提供很多技术分析理论和指标，它们可以应用于任何市场的任何时间结构中。大多数这种网站或者免费提供这些服务，或者仅仅收取一些非常低廉的费用。虽然交易者可以在不少网站上发现有关这些普通指标的常规用法，但是非常不幸运的是大多数交易者并没有把这些指标应用到一个利润最大化的程度。这主要是因为：从它们的传统应用方法来看，这些指标只是在某些类型的日内趋势里面表现良好。

　　本书中，我将会解释说明一种简单的早盘市场走势研判过滤器。它的准确度可以达到75%，在它的过滤下摆动指标将会表现得更加精准。这种方法将会帮助交易者以一种非传统的方式应用普通摆动指标，从而实现顺着主趋势方向交易。这种入场方式将会极大地提高你交易的成功率。

　　我将会在本书中详细解说很多交易工具的组合分析方法。本书的目的不是要告诉你一套适用于任何市场和任何交易者的交易策略。与之相反，我只是想为认真的日内交易者提供一些顺手的分析工具组合，你可以用它们创建你自己的日内交易系统。

　　对于某一个交易者来说，你并不需要非得使用本书中的所有方法。你应该在本书中发现一套适合你自己特定情况和目的的交易分析工具组合。这就是我的想法和目标。对于你具体要交易什么品种、使用什么时间结构、止损位和获利目标位如何设置等等这些问题，则完全需要交易者你根据自己的交易风格来确定。

我一直认为大学教育的唯一真正目的是教会学生一套思维方式和一些基本的确定的事实及原则。就好比，某个人需要建造房屋，你给他提供一把钢锯、一个锤子、一袋钉子和一堆木头，并教会他如何使用这些工具和材料。一百个不同的个人很可能会建造出一百个风格迥异、用途不一的房屋来。但它们将会更加适合各自的特定情况。

同样，每一个交易者都有自己不同于他人的特定需求和愿望。交易者必须相信他们的交易系统。而只有交易者本人亲自构建的交易系统，他才可能会完全信任。

当我在一个学校学术研究队当领队的时候，我曾经与几个有天赋的、充满竞争力的、比较积极的年轻人在一起工作。如果我坚持一套死板的工程解决方案，那么他们就很难会取得那么大的成功。我们成功地激发了团队的想象力和创造力，从而顺利地解决了我们遇到一个又一个难题。

对于任何致力于某一项事务的团队来讲，情况都是一样的。在努力寻找最终解决方案的道路上，充分发挥各自的创造力远胜于任何呆板的模式和方法。

我一直认为大多数成功交易者之所以成功是因为他们能从多年的历史经验中吸取教训，他们善于观察，分析，并因此构建了一套成功的交易策略；而不是对其他交易者的盲从。

我并不想在本书中口授一套确定的交易系统，并因此坚称所有认真使用本书技术信息的交易者必须以一种特定的方式去应用它，才可能获得成功。那不是一个切合实际、符合常理的解决方案。就像我们不能预期所有的新屋主人都会喜欢同他邻居一样的房子，过同他邻居一样的生活。人类行为的很多方式在相互之间存在着巨大差异。

对于那些喜欢结构更加严密的交易系统的人来说，第十四章有关计算机自动化交易系统介绍了更多的信息。它们充分利用了前面几章介绍的策略。

我想一直强调的是，不论你根据哪本书或哪种理论构建你的交易策略，你都有必要针对你正在交易的品种调整你的具体策略。正如我们在接下来的几页中探讨的，每一只股票或者期货合约都有它们自己独特的特性，对于任何一种技术分析工具，它们都会有一些独特的表现。能够正确认知并充分利用这些差别常常是区分交易者水平高低的一个重要因素。

当你翻阅本书的时候，请注意这一点，那就是本书中介绍的技术分析方法和工具既可以用来构建一套全新的交易系统，也可以用来补充完善你现有的交易策略。你将会在这里发现一种观察分析交易市场的不同方法。我希望你能够利用这些方法提高你交易的成功率。

接下来我将会展示很多市场走势图表。为了详细解说这些复杂的分析方法，我在这些图上也标注了很多详细的信息。为了方便读者查阅，我把其中一些图表以一种更加详细的格式存放在我的网站上，你可以一目了然地看清其中的具体细节，从而迅速了解我教给你的方法。当你在接下来几章中碰到这些图表时，你可以直接链接 www.clayburg.com 去查阅对应的图表。(如需帮助请与译者张老师联系。QQ 群：85012153，QQ：827667298（张意忠），邮箱：david189cn@189.cn，YY：328951071，有专人为你答疑解惑。) 查阅过程中请注意跟随具体的链接地址。

目 录

导　言 1
第一章　日内交易方法和哲学理念 1
第二章　为什么交易者亏损 15
第三章　人、价格、人性和胜算概率 22
第四章　趋势衰竭的理念 32
第五章　指标的传统用法 36
第六章　指标参数设置 63
第七章　支撑和阻挡类别 76
第八章　实盘交易中的支撑和阻挡 104
第九章　双重信号、支撑和阻挡 117
第十章　单边趋势日过滤器 125
第十一章　指标的特色应用：主趋势中回调衰竭点确认 156
第十二章　普通摆动指标、支撑、阻挡和单边趋势日过滤器的综合应用 190
第十三章　单边趋势日过滤器突破系统 249
第十四章　自动化系统 267
第十五章　在线行情服务 273
第十六章　其它指标和系统 279

第一章
日内交易方法和哲学理念

当一个交易者说到持仓时间长短的时候，经常会提到长线交易和短线交易。大多数人会把日内交易归为短线的范畴，而把过夜持仓或持仓时间为几天的交易归为相对日内交易而言的长线交易。但是随着日内交易的流行，各种针对日内交易的交易策略也逐渐日趋成熟。因此我们可以把这些日内交易策略进一步地分类为日内长线交易和短线交易。

一般情况下，当我们谈到日内交易时，我们指在同一天内完成从开仓到平仓整个交易过程的交易类型。所以，从这个定义上来讲，一方面在当天开盘时入场在收盘时出场的交易属于日内交易的范畴；另一方面，在同一日内，从入场到出场仅仅持续几秒的交易也属于日内交易的类别。

日内长线交易

日内长线交易通常指那些开盘不久后就入场一直持有到当天市场交易接近收盘时才出场的交易。这种日内交易类型更可能被那些在盘中没有时间盯盘的交易者使用。执行这种日内长线交易需要的时间和精力要远远小于那些在日内多次出入场的短线日内交易。符合这种长线交易策略的日内交易机会一般会比那些符合日内短线交易策略的机会少一些。因此包括手续费和成交价差在内的交易成本对于日内长线交易来说也要少很多。成交价差是指交易者下单的价格与实际成交价格的差别。对于不同的市场品种和同一市场品种不同合约之间不同的波动特性而言，这个成交价差可以出现很大的差别。在大多数情况下，成交价差都是对交易者不利的，它直接减小了交易者的潜在利润，或者增加了潜在亏损。

日内长线交易策略的目的是要抓住市场潜在的单边趋势日可能产生的巨大利润。单边趋势日是指那些市场开盘价在日内高点或低点附近、收盘价在日内低点或高点附近的交易日，这种交易日的市场走势一般都是比较流畅的上升或下跌趋势。这种单边趋势日一般不会频繁出现，但是也比较常见，它的确可以产生非常丰厚的利润。我们下面来介绍几个适合这种单边趋势日的日内长线交易策略。

针对单边趋势日的一种分析方法就是研究前一天或前几天的市场走势，预期是市场将会在接下来的交易日继续以前的走势。这种日内长线交易一般在开盘时或者开盘后不久就入场，希望市场会走出与前一天相类似的走势。这种方法也被称为跟随式交易。原因是交易者预期市场中创造前期趋势的力量依然存在于市场当中，它会继续在接下来的一个交易日的大部分时间内沿着原来的方向推动市场。这种交易策略的期望是市场下一个交易日的开盘价会在前一天的收盘价附近。针对前一日或前几日市场走势是上升趋势的情况，市场前一天顺着趋势方向的能量将可能在当天剩余的交易时间内把市场价格推到一个更高的位置，这样的话就可以获取一个丰厚的回报。

用来捕捉日内大趋势的一类同样有效的方法就是根据早盘市场行

为来确定日内走势方向从而进行交易的方法。这些方法试图根据对开盘后不久市场产生的为数不多的数据进行分析研判来确定日内大趋势方向，然后再顺势交易，以期获取较大的利润。这种类型最为广泛应用的策略之一就是根据早盘市场确定的区间，进行突破交易或反转交易。一些这样的交易系统在市场价格向上突破早盘区间时做多，或者在向下突破早盘区间时做空，以期这种突破走势会在当天剩余的交易时间内延续下去。其它一些这样的交易系统把早盘区间的高度作为一个预测计算目标位的依据，先用它来推测市场在突破早盘区间后究竟会走多远，然后开始假定市场日内高点或低点已经出现，试图交易早盘区间突破后出现的潜在反转走势，以期市场会在日内接下来的交易时间内沿着与突破方向相反的方向前进。

市场上确实存在着很多种能够成功进行开盘区间突破交易的方法。大多数可以成功获利的日内交易策略也是在这种方法的基础上或多或少地做出一些调整改变。能够充分利用这种技术优点的一种比较有效的方法就是单边趋势日过滤器方法或者叫单边趋势日过滤法，我将在第十章详细介绍。

事实上，我们知道只有当市场的实际趋势方向与我们提前判断的一致而且确实产生了利润的情况下，我们才可以说前面提到的任何一种方法在当天的交易中是成功的。毋庸置疑，在实盘交易中，任何一种交易方法都不能实现每次交易都成功获利。在很多交易日，市场走势的发展并没有按照这些方法预测研判的方向进行发展，而是形成了一种随机的、盘整震荡的、无趋势的走势。在这些交易日，如果我们足够幸运，我们的交易将会实现一点微薄的利润，或者处于盈亏平衡的状态。当然如果这种随机漫步的市场走势最终形成了一个与我们提前预期方向相反的趋势，那我们的交易就可能会出现亏损。如果市场非常迅速地在与我们预期方向相反的方向上形成了一个强烈的趋势，那么我们的交易就会出现最糟糕的情况，从而导致较大的亏损，甚至是难以接受的亏损。如果市场走势与我们预期方向一致，我们的获利情况就与市场趋势的强烈程度成正比。

这样一来，止损位的设置就成为了一个关键问题。如果我们错误地研判了市场的趋势方向，当市场朝着对我们交易不利的方向运行时，我们就需要利用止损，及时出场，从而把亏损限定在一个可以接受的范围内。当然，确定止损位的方法有很多。交易者可以使用绝对止损法，每次交易仅仅容许一个固定的亏损金额，它可以是总交易资金的一个固定比例，也可以是一个固定份额。止损位也可以根据实际入场位来设置。比如，如果一个交易者正在进行经典的早盘突破做多交易，已经在市场价格突破早盘区间上限时入场做多，那么止损位可以设置在这个区间的下限价位。我们可以把这种止损称为最初保护性止损位。如果市场顺着这种做多方向向上运行，交易者就可以逐渐调整止损位，逐渐缩小亏损风险，从而开始进一步锁定利润。我们可以把这种后来调整的止损位称为追踪止损位。交易者可以使用多种方法设置追踪止损位。

有效的止损设置方法是成功交易策略的关键因素。止损最基本的作用就是在市场走势对我们的交易仓位不利的时候及时限定交易的亏损。如何把止损位设置在既能够限定亏损又可以让一个获利的交易仓位顺势发展是每一个交易者面临的挑战。如果把止损位设置在距离入场点或关键图表价位过近的位置，那当然可以把交易的亏损风险限定在一个可以接受的位置；但是这种设置同样带有一定的风险，它经常会在市场出现一个小幅调整的位置让我们丢掉仓位，从而丧失扛过小幅回调、顺势获取较大利润的机会。另外，如果交易者把止损位设置在距离入场点或关键图表价位比较远的位置，这的确可以让交易者持有更长时间的仓位，从而可能获取较大的利润，但是一旦这种止损位

第一章 日内交易方法和哲学理念

被市场击穿，交易者同样可能会遭受较大的亏损痛苦，有时候甚至是难以接受的亏损。

图1.1展示了把保护性止损位设置在距离入场点过近的位置的情况。在这个图表中，我们模拟交易的是纳斯达克100（Nasdaq 100）股指期货合约，采取的策略是早盘区间突破交易策略。图中左上角的两条短水平线标识的价格区间就是早盘区间。如图所示，当市场价格向下突破早盘区间下限价位的时候，我们开始做空入场。我们采取比较保守的交易策略，把止损位设置在早盘区间中间的价位处，主要依据就是一旦市场价格穿越这个中间价，那么市场可能就会形成上升趋势，我们的交易就会面临较大的亏损。这种止损设置对于保守型交易者来说，可以把亏损风险限定在一个可以接受的范围内。不幸运的是，就在入场45分钟后，市场价格向上突破止损位，做空交易因此亏损出场。

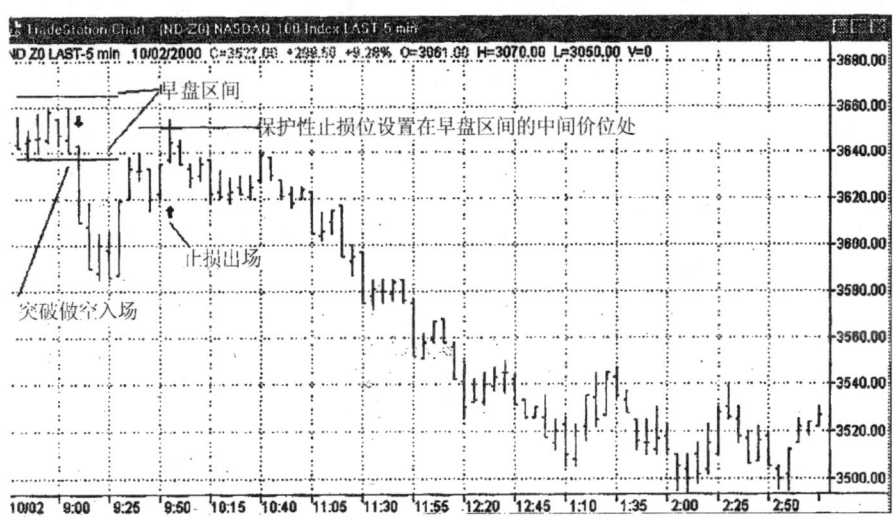

图1.1 止损位距离入场点过近，虽然可以限定亏损风险，但是也经常错过一些较大的机会。本图采用欧米茄研究公司（Omega Research, Inc.）交易站2000i（TradeStation® 2000i）软件平台制作。

图 1.2 展示的是同一天的市场走势，采用的交易策略同样是早盘区间突破交易，但这次止损设置采用了一个更加符合逻辑的策略。在这个交易中，交易者把最初保护性止损位设置在稍高于早盘区间上限的位置。依据的逻辑是如果市场价格突破这个上限价位，那么它很可能出现一个强烈的上涨走势。那将会导致交易出现不可接受的亏损。这个交易的最终结果正是日内长线交易策略所希望的，在入场后剩余的大部分日内交易时间内，交易者一直持有空仓，在收盘前交易顺利出场，获取了丰厚的利润。

图 1.2 更加符合逻辑的止损位设置将会把交易策略的潜能发挥到最大化的程度。本图采用欧米茄研究公司（Omega Research, Inc.）交易站 2000i（TradeStation ® 2000i）软件平台制作。

虽然这个交易案例是一次假想的交易，但是它展示了在应用比较激进的日内长线交易策略时合理设置最初保护性止损位的重要性。如果交易者过于保守，那将很可能会出现很多亏损的交易单。如果交易者在止损位设置上比较激进，即采用较大的止损空间，那么在 N 多次应用这种激进的交易策略之后，很可能出现总体亏损抵不上总体盈利的情况。因此，如果交易者要想制定一个日内长线交易策略，那么根据大量的历史数据去评估确定一个合理的止损位是比较关键的。

对于任何一个日内长线交易策略而言，止损位的调整都是非常关键的。只有你能够准确地确定这些追踪止损位的时候，你才算是为应用这个交易策略做好了准备。

当你可以确定最佳的止损位设置，对你应用的交易策略的最终盈亏结果感到满意的时候，你就可以去观察分析影响你这个交易策略最终获利情况的其它因素。

就大多数日内长线交易策略的本身特性而言，它们必须依靠获利较大的交易单去实现最终的利润。因为市场大多数日内情况下会出现无趋势的横盘调整走势，而不会经常出现日内长线交易策略所期望的单边趋势走势，所以在很多交易日，这种长线交易策略的交易结果是亏损的。这种策略出现低于40%成功率的情况也是屡见不鲜的。因此，可能在60%的交易日，这种日内长线交易策略会出现亏损。如果交易者想要在日内交易中成功地应用这种长线交易策略，那么在等待获取较大利润的日内长线交易机会时，他就必须忍受很多次小幅亏损。成功应用这种日内长线交易策略的交易者将会用为数不多的、但金额较大的日内交易单利润冲减那些为数较多的、但金额较小的日内交易单亏损，从而实现利润。这看起来好像是一个比较容易理解的简单概念，但是对于大多数交易者而言，在顺利获利之前心态平和地忍受接二连三的亏损交易，确实不是一件容易的事。

交易者经常会在接二连三的亏损交易之后，变得非常沮丧，开始主观地挑选这种日内长线交易策略给出的交易信号，企图避开一些可能会产生小幅亏损的交易机会。交易者通常会成功地避开一些这种微幅亏损的单子。但是，不要忘记，对于这样的日内长线交易策略，亏损的交易次数一般会多于获利的交易次数。交易者在实盘操作中可能会避开一些小幅亏损的单子，但是也同样可能会丢掉几次可以获取丰厚利润的机会。因此这样做的最终结果可能仍然是丢了西瓜，捡了芝麻。正是由于这个原因，很多应用日内长线交易策略的交易者最终并没有实现交易成功。只有那些对这种交易策略抱有坚定信念的交易者，才可能在最终交易成功之前，一次又一次地忍受接二连三的交易亏损。

由于这种日内长线交易策略必须依靠时不时出现的可以获取大利润的交易单来实现最终成功获利，因此与之相对应的资金曲线在保持整体向上的同时，局部细节上也有点飘忽不定的特性。一些连续出现的亏损将会迫使资金曲线短期内持续下降。只是在获利较大的交易单出现的时候，资金曲线才会突然掉头向上。然后它又会再一次开始缓慢下滑，等待着下一次获利交易的到来。当交易者利用这种日内长线交易策略来交易他们自己的资金账户时，相应的资金曲线运行轨迹在很大程度上也可以反映出交易者的情绪状态。在心态上，能否平和地忍受这种反反复复的盈亏波动是决定交易者能否成功应用这种日内长线交易策略的一个重要因素。这些交易策略也经常被称为过山车式交易系统，这主要是因为它们的资金曲线具有过山车的那种急速变动的特性。

图 1.3 展示的是旋风交易系统（Cyclone System）的资金曲线，旋风交易系统是一种日内长线交易策略，它是专门用来交易标普 500 股指期货（Standard & Poor's 500 futures contract）的策略。

虽然在三个月多一点的时间内，这个策略在交易 2000 年 9 月的股指期货合约中通过 80 次交易实现了超过 9700 美元的利润，但是资金曲线图上过山车式的运动轨迹对于应用这种方法的交易者而言，显然是不太舒服的。你可以注意到在最终实现 9700 美元利润之前资金曲线曾经从 5000 美元净利润持续下降到 5000 美元净亏损。当在一个震荡性较大的股票或者期货合约上应用这种日内长线交易策略时，相应的资金曲线出现这种剧烈波动的变化特性是非常普遍的。

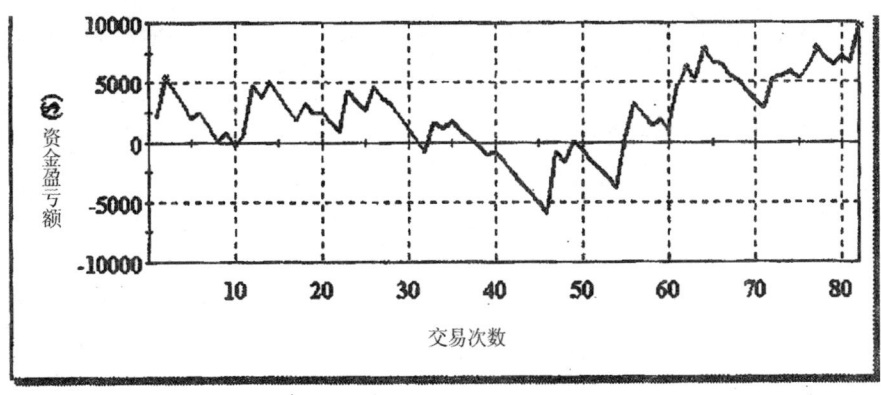

图1.3 大多数日内长线交易策略必须依靠获利较大的交易单来实现最终利润，在应用这种策略时，经常会出现连续的小幅亏损交易。这个旋风交易系统的资金曲线图展示了交易者不得不忍受这种日内长线交易策略出现一些短期内持续性很强的深幅账户资金回撤。本图采用欧米茄研究公司（Omega Research, Inc.）交易站2000i（TradeStation® 2000i）软件平台制作。

日内短线交易策略

与前面所讲的日内长线交易策略形成鲜明对比的是日内短线交易策略，市场上有很多交易者使用这种短线交易策略。这种策略每天产生很多次交易机会。因此它们的最终盈亏状态与交易手续费的高低和实际成交价差有很大关系。相对于日内长线交易而言，这种日内短线交易需要交易者在盘中付出更多的时间去执行和管理交易。

这种日内短线交易策略有时候也被称为抢帽子交易策略或者扒皮交易策略，尤其是指那些日内超短线交易策略。日内短线交易策略的交易目的就是要在盘中捕捉一些日内的小幅波动。在这种交易策略中，很多技术指标和研究理论被用来作为进出场依据。

与那些日内长线交易策略相对而言，日内短线交易策略的资金曲线一般都比较稳定，持续性也好，不会出现那种飘忽不定的现象。这主要是因为日内短线交易策略的获利交易单的利润金额和亏损交易单的亏损金额在数值上差别不大。而日内长线交易策略的获利交易单的利润金额和亏损交易单的亏损金额在数值上则差别较大。

图1.4展示的是在30天期间内（截止日期为2000年10月27日）使用一种名称为科拉斯特集群交易系统（Cluster System）的日内短线交易策略交易eBay公司股票的盈亏额资金曲线。从图中可以看出，这个资金曲线非常流畅，没有出现过山车式的剧烈波动情况。这一点与图1.3所展示的日内长线交易策略资金曲线有着显著的区别。在这个日内短线交易案例中，交易者依据的是eBay公司股票一分钟图，每次仅仅交易100股，从最终交易结果上来看，67.88%的交易是成功获利的交易。

不像前面所提的日内长线交易策略，日内短线交易策略的目标就是要捕捉一系列小幅利润。使用这种短线策略的交易者通常会在一个交易日内做多次交易。这一点与日内长线交易策略形成强烈的反差，日内长线交易试图在大部分日内交易时间内持有仓位，期望获取较大的日内利润。对于短线交易者而言，为了使交易结果保持一个净利润的状态，构建一个交易成功率较高的日内短线交易策略是非常必要的。通常情况下，维持不低于65%的交易成功率才能保障短线交易获取一个合理的利润。这一点与日内长线交易策略也有很大不同。长线交易者通常不得不忍受一个较低的交易成功率。

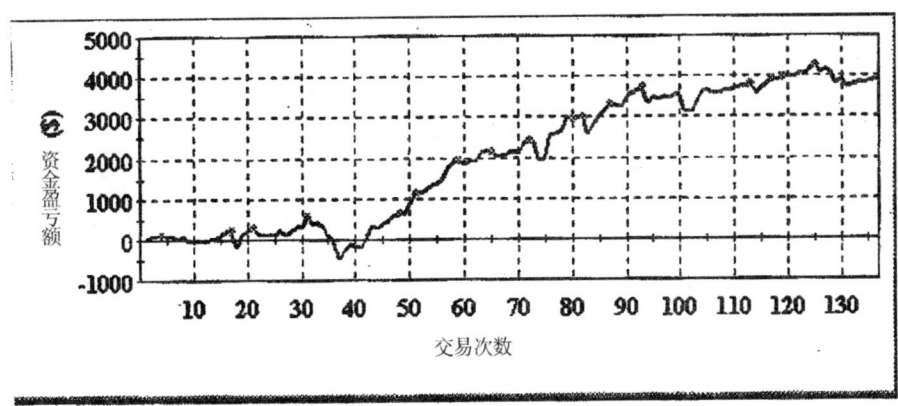

图1.4 在 eBay 公司股票走势图上随机选择30天，应用科拉斯特集群交易系统（Cluster System）进行交易测试，结果表明相应的资金曲线具有更加持续流畅的特征，这也是日内短线交易策略具有的普通特征。本图采用欧米茄研究公司（Omega Research, Inc.）交易站2000i（TradeStation® 2000i）软件平台制作。

当构建一个高胜算的日内短线交易策略时，有一个比较常见的误区需要交易者清醒地认识到。那就是在保持一个较小的获利空间的情况下，如果把止损空间拉大一些，交易者就会发现在很多情况下，这种短线策略的交易成功率好像是挺大的。如果交易者在某些历史数据中测试这种短线方法，就会发现它的成功率可能会超过90%，但是它的问题在于相对于获利空间来说它的止损空间太大啦，一旦交易出现止损情况，一次止损的亏损金额可能会把好几次获利交易单的利润总和一扫而光。虽然在测试的时候，这种短线策略在被测试的某一段历史期间表现优异，但是在市场波动特性稍微发生改变的情况下，就有可能导致这种短线策略在具体应用时多出现几次被止损的情况。这多出现的几次亏损交易不但会毁掉其它获利交易单的利润，而且有可能造成难以接受的亏损。主要是因为这些亏损的金额是相当大的。这样一来，整个交易策略的获利性就会大打折扣。

股票选择

当你分别应用日内长线交易策略和日内短线交易策略进行交易一段时间之后,你就会感觉到有些股票(指的是可以进行日内交易的美国股票)适合应用日内长线交易策略进行交易;另外一些则适合应用日内短线交易策略进行交易。

总体而言,日内长线交易策略最适合那些平均日内波动范围比较大的活跃股票;而那些平均日内波动范围比较小、震荡特性相对较弱一些的股票则适合应用日内短线交易策略。

如果你想让自己构建的交易系统在实战中发挥出比较好的效果,那你就需要认真花费一些时间去选择那些适合的市场品种。对于不同交易策略的各种反馈信息将会很快变得明朗起来。寻找到适合你交易策略和交易风格的市场品种将会极大地促进你交易成功的可能性。

交易风格和交易者的性格

交易者个人的交易风格和性格类型对于日内交易策略类型的选择具有很大的影响。比较激进的交易风格和性格可能会觉得短线交易策略具有更大的吸引力;而比较保守的交易风格可能会更喜欢长线交易策略。我想在这里提醒的是:当你构建你自己的日内交易策略时,你除了要考虑交易频率、止损设置、出入场技巧之外,还应该考虑一下你自身的性格和喜欢的交易风格。如果你确实想在日内交易领域获得成功,那么你不仅要有一个符合逻辑的交易方法,而且你还要对日复一日地应用这套策略进行交易操作感到非常顺心才行。如果在交易中应用某一套交易策略让你感到心理压力很大、非常不舒服，那么它对你的交易结果迟早会出现非常不利的影响。交易者会不会入场交易在一定程度上是与情绪波动有关的，而与构建系统的逻辑推理不太相关。

很多书籍和文章都对交易者的心理进行了广泛深入的探讨。请你明白，在构建和执行一套行之有效的交易策略时，交易者心理是一个非常重要的因素，交易者应该慎重对待。我建议你在构建你自己的日内交易策略时仔细研究这方面的材料。

构建你自己的交易系统

你可以使用将在本书后面章节中介绍的技术指标和交易方法来完善你已经构建好的交易系统，也可以直接应用它们来构建一套属于你自己的交易策略。对于前面我们提到的日内长线交易策略和短线交易策略，当你读完本书的时候，你都可以利用书中的材料来构建类似的日内交易策略。如果你把这些交易分析工具和技巧应用于日内的小时间结构走势，比如一分钟线或两分钟线，那么你就会构建出一套比较激进的日内短线交易策略，它可能会在一个交易日内产生几次交易机会，具体交易次数的多寡取决于你所交易的市场品种的震荡特性。同样的交易分析工具和技巧应用于同一市场品种日内的五分钟线或三十分钟线所构建的交易策略将会产生更少一些的日内交易机会。这主要是由于相应的时间结构变大所导致的。另外，对于同一时间结构图和同一交易策略，如果交易者改变相应技术指标的参数设置，那么对应的交易次数也会相应地改变。

本章内容回顾

1. 日内交易策略可以分为日内长线交易策略和日内短线交易策略。
2. 不同的技术参数设置会产生不同的交易方法。
3. 交易者的个性和个人的交易风格对于构建什么样的交易策略和能否顺利执行已经构建的交易策略具有重大影响。
4. 本书后面章节中介绍的交易原则和方法可以用来构建一套全新的交易策略,也可以用来完善交易者现有的交易策略。

第二章
为什么交易者亏损

在交易者心理方面有着大量纸质的和电子的出版物。这个事实也证明了交易者心理对于交易者最终交易成败起着非常关键的作用。

这么多年来，我亲眼目睹了很多交易者的成败过程。有很多非常有能力也很聪明的交易者曾经在其它行业创造过辉煌的业绩，但是在交易中却失败了。对于交易者成败的原因我进行过深入的分析，确定了一些自己的观点。我在下面提到的评论不是对这些交易者的批评，而是对交易这个令很多散户困惑的行业的一般性观点。

我曾经很多年从事与农产品有关的业务。在那个期间，我充分体验了交易者遇到的最普遍的问题之一——贪婪和恐惧。观察农业生产者处理农产品的过程确实是研究人类行为的一种方法。当市场处于牛市顶部时没有人比他们更渴求做多，同样在市场下跌到绝境时，没有人比他们更敢于看跌。

当农产品市场因为过度干旱而上涨时，每个人都坚信市场价格肯定会继续创出新高。农产品生产者也坚信不疑，他们会大胆地在市场价格的顶部区域做多一些合约，完全不顾一夜大雨过后，他们已经错过了在市场上种植庄稼的最佳时机。

当市场价格因为供应过剩，加速跌向历史低点时，每个人都非常肯定地认为再也没人要麦子和稻谷了，他们的存货将会在一两个月后变得一文不值。结果他们会在市场价格历史低点区域卖掉所有的存货，原因仅仅是担心他们的资产会变得一文不值。殊不知，过不了多久就是大雪纷飞的隆冬季节。

很多交易者的交易情况跟这些农业生产者的情况没什么两样。这些人在仓位刚刚有点浮盈之后，就坚信这是一次肯定会获取丰厚利润的交易，相信只要坚定持仓，这一次的利润就肯定会把以前的亏损一扫而光。自己从此以后就可以扬眉吐气了。但是这时候的市场状态已经表明他们应该及时获利了结。然而这些交易者的贪婪已经混淆了他们的判断，使他们完全忽略了经过市场多少次检验的交易策略。这种交易的结果可想而知。

另一方面，对小幅交易亏损的恐惧也挫败了很多本来可以成为优秀盘手的交易者。其实这些小幅亏损只不过是交易系统固有的资金回撤，交易者需要在应用交易系统时，面对资金回撤做到泰然处之。但是很多交易者就是受不了任何亏损，他们出于对亏损会继续扩大的恐惧，常常会过早出场，丧失了一次又一次获取丰厚利润的机会。

我们不是神，我们每个人都会有情绪上的波动，但是我们处理情绪干扰的能力和方式会有所不同。或许任何人刚开始交易的时候都不具备优秀交易者需要的心态。散户需要早一点认识到这一点。或者尽可能早地认识到交易市场并不是适合他们的竞技场。

控制情绪波动的一个有效方法就是把交易当作是与其它风险投资业务一样的事业。它不是一个游戏项目，更不是一个消遣活动，也不是其它什么无足轻重的娱乐。所有的投资业务都会有开销成本和可能会出现的不可预见的问题。这些项目花费都会成为投资业务成本或者业务亏损的一种形式。交易也不例外。

认真对待你的交易策略

我曾经遇到过很多这样的交易者。他们在开发自己的交易策略方面花费了大量的时间、精力和金钱。最终构建出来的交易策略在历史数据的测试中表现还不错。但是等到他们把这些交易策略应用到实盘交易中时，一旦遇到几次亏损的交易，他们就开始对他们花费几个月构建的交易系统进行大刀阔斧式的调整。我曾经见过一些交易者甚至每隔几个小时就改变一次交易策略。

要评判一套交易系统，需要交易者在足够长的时间内坚持应用，严格执行进出场信号，然后分析最终结果，才能做出判定。这些交易者就是不能坚持足够长的时间去判定他们的交易策略。出现一两次亏损交易，他们就会放弃这套交易系统。即便是这套系统是根据过去几年的历史数据进行开发的，他们也完全不理会。

很多交易者经常在执行交易出入场时还在怀疑猜测他们的交易系统。请记住，那个时候不是你研发构建交易系统的时候，也不是你犹豫不决、举棋不定的时候，而是你严格执行交易的时候。不完美的行动胜过完美的不作为。

在你交易系统的定型期间，你可以大胆地怀疑你自己，进行各种各样深思熟虑的斟酌。在交易系统定型方面有两个要点需要交易者注意。一方面为了确认你的交易策略确实可行，你可以利用历史数据彻底地复盘测试你的交易策略；另一方面，对于已经定型的交易策略，你已经进行了缜密的思考和详细的计划，当你在盘中需要具体执行时，你没有必要再去怀疑策略的有效性。对于后面这一点，不少交易者没有清醒的认识。当你需要果断进行交易的时候，如果你不去执行交易，而是停下来去怀疑你的出入场信号，那么你的交易结果怎么会好得了呢？你肯定会经常错过那些应该获取丰厚利润的机会。

不能严格地执行交易策略是困扰很多交易者的恶劣习惯。也是造成他们事与愿违的重要原因。对于一套既定的交易策略，遇到交易机会时，他们经常会尝试做的第一件事情就是再次判断一下是否要执行交易计划。他们企图战胜既定的交易策略，证明他们比市场更加聪明，结果却往往事与愿违。

有一些交易者，当他们感觉到他们判断错误的时候，经常会试图说服他们自己，使自己盲目地认为市场会朝着对他们有利的方向发展。随着浮盈逐渐变成浮亏，他们会找到越来越多的理由来支持他们的观点，甚至认为市场当天的走势是错误的，完全没什么道理。其实当你感觉你在交易上犯错误的时候，就应该立即出场，这是一件非常明智、非常简单的事情。

在每一次交易亏损后，不要过分地责备惩罚你自己。我认识一些这样的交易者。他们经常会在一次交易出现 150 美元亏损之后，就会强迫自己停止交易几天，有时候甚至是几周，在这些停止交易的时间内他们所做的仅仅是眼睁睁地盯着市场，而不进行任何一次交易。就是因为 N 多天前一次简单的 150 美元的亏损，他们经常眼睁睁地看着一次又一次可以获取丰厚利润的交易机会逐渐地远离而去，最终给自己背上了更加沉重的思想包袱。

每一个交易者都会犯错误。使用最佳交易策略的成功交易者的交易次数成功率也不是总能够超越 50% 的比例。实际上，对于一个优秀交易者而言，在交易次数成功率仅为 30-40% 的情况下，他们仍然可以获得交易成功。另一方面，有些交易者的交易成功率可以达到 60-70%，但是如果他们坚持逆势交易和忍受大幅亏损风险，那么他们最终的交易结果很可能仍然是亏损的。

大多数成功交易者都具有一个特点。那就是他们都能够快速地判断出自己的失误,并果断地尽快斩断亏损。

你可以从很多成功交易者那里感受到:他们都比较守纪律,有耐心,止损快速,他们都是聚沙成丘,而不是一夜暴富。不少成功交易者也会坦白承认阻碍他们获取更多利润的东西就是交易获利后过快获利了结的倾向和在实际交易中因为内心包含过多主观思想情绪而导致的止损不及时或者错过入场点的行为。

比如某一交易日当一个交易者在应用同一交易策略交易 10 只股票时,他感觉到已经做了太多的空头交易。而最近这一段好像市场一直在上涨,由于他主观上非常担心继续做空市场可能会导致比较大的亏损风险,所以他就决定放弃当天最后几次做空交易机会。但是从实际结果上来看,这个交易者因此错过了这 10 只股票的最佳做空入场点。在接下来的几个交易日内,由于市场上担心市盈率过高的情绪快速蔓延,股票遭受了连续疯狂的抛售,市场出现了连续暴跌的行情。如果这个交易者严格遵循了他花费大量时间构建的交易策略,他就会在那天及时入场,从而获取非常丰厚的利润。而不是行情来了,他自己只有眼睁睁地看着市场暴跌的份儿。

如果用真实资金及时抓住这样的行情,那该是什么样的情景啊!

交易者要学会喜欢亏损。这句话看起来很不合常理。但它却包含了很多真理。及时止损的小幅亏损一次又一次地阻止了交易账户遭受毁灭性的打击。这方面的例子举不胜举。即便是最成功的交易策略也存在止损出局的时候。请学会与亏损和谐相处吧。

对于很多交易者而言,不能及时果断地下单交易是一个非常大的交易障碍。我认识的一个交易者喜欢讲述他刚开始交易时在一个满座都是新手的交易室出现的场景。他当时坐在一个大长桌子的尽头,能够一眼看清楚长桌两旁满座的交易者,桌面上到处凌乱地散放着各种纸片,盘中忙碌的交易者们正紧张地盯着盘面变化。他时不时地会抬起头看到他们做交易时的情景。他们一个接着一个地重复上演着这样的动作：先是抓起电话听筒，然后开始犹豫，最后又把它放回去。这些交易者就是不敢执行出入场操作。即使是他们的交易策略已经在那一刻明确地发出了一个出场或入场信号，他们还是犹犹豫豫，不敢下手。如果你也有这种心理上的问题，担心害怕亏损以至于不能进行正常的操作，那么交易这行业就很可能不是你应该从事的事业。

我认识的另一个交易者曾经向他的朋友同事吹嘘说他能做到以交易为生。可实际上，尽管他每天醒来都认为那一天将是他开始持续大幅盈利的一天，但是他一年多来都没有出手做过一次交易。还是那句话：不完美的行动胜过完美的不作为。

另一方面，很多交易者过度交易也产生了不少问题。不少交易者在连续几次应用一套交易策略获得几次交易盈利后，就开始使用加倍的仓位进行交易。这种做法将会导致的问题就像前面提到的贪婪交易者会遇到的问题一样。实际上，真正可以加大仓位进行交易的时机是交易策略对应的资金曲线回撤到历史低点的时候，而不是连续获利、交易策略发挥到最佳水平的时候。当你交易一只股票或一个期货合约的时候，要把交易策略对应的资金曲线记录下来，留心观察资金曲线上那些向下回撤的深度。当交易者出现一连串交易亏损、交易策略资金曲线正在向下回撤到接近历史低点的时候，交易者可以考虑在交易时适当加些仓位。

要把交易当作一项事业。它不是一项游戏，更不是一个消遣活动，也不是一项无关痛痒的娱乐，也不是彩票和赌博。如果你经过认真地研究，构建出一套适当的交易策略，那么这套交易策略就是你取得交易成功的坚实基础。如果你不愿意花费足够多的时间去认真研发一套交易系统，并且在实际交易中严格执行它，那么你只不过是在浪费你的时间和金钱。

衷心希望接下来几章的内容将帮助你获得交易成功。

本章内容回顾

1. 人的情绪，特别是恐惧和贪婪，经常会阻碍交易获得成功。
2. 增强你对交易策略的信念将会使你的交易更加成功。
3. 学会接受错误和亏损对交易是至关重要的。
4. 把交易看作是一项事业，而不是游戏或者其它娱乐消遣活动是非常重要的。

第三章
人、价格、人性和胜算概率

为什么技术指标确实能用

刚开始接触技术分析的交易者经常会问，这些看起来比较抽象的技术分析在实盘交易中为什么会有用呢？对于初学者而言，这是一个非常正常的问题。在行情走势图上出现的直线、点、曲线和柱状图好像是随机分布的，它们在预测未来价格走势上究竟有什么用处呢？

它们之所以能发挥出它们本身的价值，这主要有两个基本原因：1、市场上确实有很多人在使用它们；2、市场中人类的行为不断地重复出现。实际上，它们只不过在预测性地描述这种不断被重复的行为。

人和价格

很明显，市场上每个交易日买方买入和卖方卖出交易活动最终成交的行为造成了股票和商品价格的涨跌。同样很明显，这些买卖交易活动都是由确定的多头和空头通过交易操作来完成的。只要我们能够准确地预测出交易某一只股票或商品期货品种的人群的下一步集体性行为动向，我们就具备了明显的交易优势。

从最根本的意义上来讲，这就是技术分析能帮助交易者的地方。在一定程度的胜算概率基础上，技术指标可以用来预测市场交易参与者的集体行为动向。

本书后面章节中我们将详细探讨一些常见的技术分析指标和工具。比如像随机指标 KDJ（或者叫 Stochastic）、相对强弱指标 RSI、百分比指标（Percent R）、日内高低点和其它日内支撑位和阻挡位的简单计算等等。正如前面所述，这些技术指标和其它一些技术分析工具之所以有用，是因为在实盘交易中确实有很多人在应用它们。这种方法，表面上看起来过于简单，但是它却有着坚实的基础。

虽然仅仅因为市场中有人使用某一个技术指标或分析工具，这种技术指标或分析工具就应该能发挥作用的说法听起来确实有点不近常情，但是这里面却存在着它特定的逻辑。或许下面这个例子能够解释这一点。

有一套根据支撑和阻挡来进行交易的理论是在双重顶形态的突破基础上演化而来的。双重顶是指市场价格在比较接近的时间范围内接连两次从同一高点附近出现下跌走势的现象。突破理论认为如果市场价格由于某种因素的推动而突破这个双重顶的高点价位，那么市场价格就可能会被推到更高的位置。熟悉这种理论的交易者会在突破时做多入场。从技术分析的角度来看，他们做多的理由非常简单。他们沿着突破的方向顺势做多，如果市场价格继续上升，他们就会很快获利。

我们来想一想上面这个突破交易的内在因素。首先，市场在强势的多头推动下突破我们的双重顶高点。随着这个突破的出现，更多的多头做多入场单被触发。这种多头看涨的买入交易促使价格进一步上升。

我们举例来说明一下。假如 10 个交易者看好某只股票走势上的一个双重顶的突破交易机会，他们已经在高于双重顶高点的价位设置了做多入场单，每人准备买入 100 股，这样他们总共准备买入 1000 股，那么这 1000 股的买入量可能就会使这只股票的价格向上涨一点。假如是 200 个交易者每人准备买入 1000 股呢？恐怕很少人会怀疑这 200000 股买入量将会把市场价格推到更高的位置上。

在实盘交易的市场中，在某一个价位处出现这么大量的买单很明显是一个极端情况。但是市场中每天在某些比较重要的价位处都会有很多交易单等着被触发。毋庸置疑，当市场价格到达这些价位时，这些交易单准备交易股票或合约数量的多少将会对市场造成直接的影响。交易的数量越多，市场的变动情况越大。随着越来越多的人相信这种市场顶高点突破系统，在这些突破点积聚的交易单越多，越能够把市场推到更高的价位处。如果这些交易单最终能够获利出场，那么下一次在这些双重顶突破的位置很可能将会出现更多的买单。应用这种系统的交易者越多，这种系统越能够发挥出它的威力。这成了一种本身会自然实现的预言。

在实盘交易的市场中，这种现象每天都会出现。你可以仔细观察市场价格到达当前日内高点或低点时的价格变动情况，特别是在早盘这种情况更加明显。交易老手会感觉到在高于当前日内高点的价位处或者低于当前日内低点的价位处常常会有一些交易单等着去触发。这其中的原因与我们前面假设的例子是一样的。知道了这一点，当市场创出新高或新低时，交易者就可能会在高点附近买入，在低点附近卖出，希望市场顺着突破方向向前运行。市场中有大量的交易者在应用这种历史已经证明的策略做出自己的交易决策。

技术分析交易方法与基本面分析交易方法

大多数人会认为那些基本面信息（比如上市公司收益情况、销售情况、管理状况、竞争力和利率水平等等）是最终决定公司价值及其股票价格的基本因素。在现实中，仔细分析这些影响价格的基本面因素也是完全可以做到的。有很多崇尚基本面分析的交易者在做出最终买卖决策之前都会认真分析这些因素。

技术型交易者应用的分析方法与基本面分析方法有很大不同。他们认为所有的基本面因素的信息变动都会最终反映到股票或商品市场价格变化上。技术型交易者不会煞费苦心地分析有关某只股票或某个期货品种的所有可能影响价格的基本面信息。他们仅仅关心市场价格变动情况。

事实上，技术分析可以算得上是一种比较懒惰的分析方式。他们不做那些费力分析各种基本面因素再决定它们综合起来会对市场价格有什么影响的事情。仅仅从数学的意义上分析基本面信息变动对市场价格的影响并决定出入场情况相对与基本面分析来说是比较简单一些的。

从某种意义上来说，一张价格图表只不过是一张反映所有市场参与者买卖活动的记录图。因此，基于价格变动情况的技术分析实际上就是对重复出现的人类行为的数理统计概率分析。

大多数交易者会认同这句格言"历史会重演"。它是技术分析的基础。技术型交易者经常计算分析某些时常出现的市场变动发生的可能性，并因此确定交易时机。

既然价格形态是人类行为的图表表现，而人类又基本上是一种习惯性的高级动物，那么使用现代技术分析工具依据数学方法来映射预测重复出现的人类行为就是可以实现的。对于今天的每位交易者来说，这些分析工具和方法都是触手可得的。

这就是为什么价格走势图上那些看起来有点奇怪的点、直线和曲线有用的前提条件。它们都是应用技术分析工具通过数学方法来得到的。它们是有效的，原因就是它们预测了市场参与者的行为。

每一个品种都有它本身的特性

就像不同的人具有不同的人性一样，每一只股票或每一个期货品种也都有它们的特性。因为每一个市场品种的价格行为是有特定的市场参与者通过他们的买卖活动决定的，所以这个市场品种的价格行为就会继承这些参与者的人性。

比如，我们来分析一个非常简单的市场行为——区间突破，观察一下几只股票对同一种市场行为有什么不同的反应。

最基本、最简单的日内交易方法之一就是早盘区间的突破交易法。在实施这个技术方法中，交易者要首先确定早盘区间范围，然后就在稍高于这个早盘区间的上方设置一个做多买入交易单，同时在稍低于这个区间的下方设置一个做空交易单。当市场突破这个早盘区间时，你就会顺着突破方向入场做多或做空。为了实现这种方法的利润，通常交易者会在某一个止盈位出场。这个止盈位可以依据一个固定的货币金额或者点数来确定。也有一些交易者使用前一交易日价格区间的百分比作为这种方法的止盈位。另外一些交易者可能利用这种方法做一些日内长线交易，他们会一直持仓到收盘，或者持仓过夜。

对于我们定义的早盘区间，你可以考虑一下这个问题，就是市场出现收盘时也没有突破这个区间的概率有多大？大多数交易者可能会觉得出现这种情况的可能性非常小。事实上，除了由于重大利空或利多消息刺激而引起市场在早盘剧烈变动形成一个比较大的早盘区间外，大多数日内区间都是由市场不断地创出日内新高或新低而形成的。

对于交易者关注的市场品种而言，早盘区间一般都不会是最终的日内价格区间。另外，我们预期，在早盘区间形成之后，市场价格将会在一个方向上突破早盘区间，另一方向上形成的日内高点或低点将会一直保持到收盘。换言之，这种方法就是在早盘区间确定日内高点或低点，然后市场突破区间低点或高点并一直顺着突破方向运行的情况下才能获取丰厚的利润。

这里的难点就是在哪个时间点上去确定某个市场品种很可能已经出现了日内高点或低点。正是这个时间点特性需要我们剖析一些不同的股票来仔细研究一下。

基于早盘区间突破现象我已经编写了一个简单的程序系统，在研讨会上我经常使用它，我网站上也有。我主要应用这个系统来分析股票日内走势，寻找可以确定日内高点或低点的最佳日内时机，以便于早盘区间突破交易策略获取丰厚的利润。表格3.1列出了一些股票的分析结果。每一只股票代码后面的数字代表了从大概率上来讲这只股票每个交易日开盘后多少分钟可以确定其日内高点或低点已经出现的分钟数量。把这个分钟数量与开盘时间相加得出的时间点就是可以最大可能地确定日内高点或低点已经出现的最佳时机。比如，对于AFFX、AMAT和AMGN这三只股票来说，开盘后15分钟就是可以合理研判日内高点或低点已经出现的最佳时机。而对于NOK这只股票来讲，开盘后90分钟才可以确定其日内潜在的高点或低点已经出现。

你可以在表中看到，就我们这个简单的早盘区间突破交易系统而言，可以确定潜在日内高点或低点的最佳时机对于不同的股票来说差别非常之大。对于任何一个市场变动行为参数而言，这种现象是非常普遍的。如果你根据本书后面章节中讲到的工具和方法，来分析这些股票，那么你也会得到同样差异较大的结果。虽然我们仅仅研究分析了这一组股票的一种特性，但是这里的数据已经充分说明了不同股票或者市场品种之间的特性差异是非常大的。

AFFX	15	DCLK	22	NT	34	HGSI	44
AMAT	15	TXN	23	ADI	35	NTAP	45
AMGN	15	AXP	24	IBM	35	TER	45
QLGC	16	DISH	24	SEBL	35	YHOO	47
QCOM	16	GE	24	GLW	35	IMNX	48
SUNW	16	CMVT	27	COST	35	DNA	50
TMX	16	WCOM	27	LU	35	EXDS	52
BBY	17	MLNM	30	AIG	35	BGEN	52
VIGN	18	TERN	30	VRSN	37	MOT	52
CHKP	19	ADBE	31	PMCS	39	VTSS	52
ITWO	19	BRCM	32	BRCD	40	LVLT	55
HWP	20	EMC	32	CSCO	40	MEDI	55
LXK	20	PSIX	32	INKT	40	EBAY	57
AA	21	INTC	33	RMBS	40	ALTR	62
NXTL	21	JDSU	33	CTXS	44	NOK	90

表 3.1 开盘后多少分钟可以确定个股潜在日内高点或低点已经出现

尽管这个表格中的数据仅仅展示了不同股票对于同一个市场特性会出现很大的差异，但是这种现象的存在向系统化日内交易者表明了各种市场特性对于不同品种而言都会有很大的差异。

在本书后面的数据附录里，你会发现很多统计表格，它们详细地列出了很多股票突破早盘区间的时间。那些表格也包含了向上突破或向下突破的时间以及突破后潜在的获利空间。而且它们也标明了个股不出现早盘区间突破的百分比和来回双向突破早盘区间的百分比。为了得到那些附录表格中的数据，我专门编写了一个扫描程序来统计分析这些市场品种的日内走势。请你不要把表 3.1 中的数据与本书后面附录中的数据混为一谈。本章这个表格中的数据反映的是个股最可能确立其日内高点或低点的时间，而不是可能出现也可能不出现的突破早盘区间的时间。它是一个自动化日内交易程序使用自适应并行功能进行统计分析的结果。这种方法与前面提到的扫描程序对待市场的方式是有些差别的。出示表3.1的目的仅仅是为了展示同一市场特性不同的股票会出现很大的差异，并不是说直接可以应用它们来构建一套日内交易系统。读者可以根据自己的交易风格借鉴本书后面附录中的数据和信息来开发自己的日内交易系统。

所有系统化交易的交易者都应该注意这样一个事实：并不是所有的股票或者其它市场品种都会对他们的交易系统作出同样的反应。大多数系统化交易者在构建他们的交易系统时都仅仅参考了一小部分数量的股票或其它商品期货品种的市场价格行为。在这种交易系统被构建和测试以后，交易者就开始被自己诱惑着去使用它交易一大批股票或者市场品种组合。因此，我建议你针对你要交易的所有品种测试你的交易系统。把交易者的墓地丢给那些仅仅测试过几个市场品种就盲目认为他们的交易系统会同样有效地适用于所有市场品种的投机者吧。

我们下面简单地剖析一下大多数股票和期货品种存在市场特性差异的原因。

场内交易的股票的特性起源于场内下单的专业人士。由于这些人对于股票的交易情况有相当大的影响，所以这些股票也在它们的市场行为上表现出了一定的持续性特征。

另一方面，对于那些通过电子通讯网络进行电子化交易的股票而言，它们拥有多个的市场行为缔造者，这些缔造者主宰了某一只特定股票的盘中交易情况。很自然，这些股票市场行为就会显露出更强的市场震荡性，它们的价格形态也就会显现出一种更加动态变化的特性。

概率

请回忆一下高中时学过的那些繁琐的概率统计分析计算。你还记得如何计算两个骰子掷出一对六的概率吗？发牌者从一副标准扑克牌中连续发出三张A的概率是多大呢？从数学的角度来看，在一致性的基础上，做这些预测是完全可能的。事实上，市场行为技术分析就是要计算一系列确定的事件重复出现的概率。

经常重复出现在市场循环顶部和底部的衰竭点就是概率统计分析计算方面的好例子。

信心决定一切

不敢及时下单入场是很多交易者不能成功的一个重大障碍。虽然其它心理因素也是导致这个问题的原因，但是我觉得缺乏信心是导致这个问题的关键因素。如果交易者对于当前出现的市场交易机会没有足够的信心，那么他就不太可能去严格执行这次交易。然而，那些对自身交易策略比较有信心的交易者，在遇到符合他交易系统的交易机会时，就很可能会去严格执行他的交易。

做过大量市场分析研究的交易者会知道各种适用市场的日内交易策略的相对成功概率。因此，当这些交易者观察交易市场时，如果出现相应的交易信号，他们能很快地确定出这种信号是否具有80%的成功概率。成功的交易者都具有这样的素质：对于一个给定的日内交易策略而言，如果由它产生的交易信号的成功概率在一个可以接受的范围内，那么他们在交易时就会具有比较坚定的信心。当一个具体形态出现时，我们没有必要每一次都对它进行分析。有了来自概率统计分析基础上的信心之后，交易者就能够在机会到来时果断采取适当的行动。

这就是技术分析的价值所在。适当的市场研究分析为交易者提供了一个可靠的基石。正是基于这一点交易者才自信地为潜在的利润而果断采取交易行动。在实盘交易前，有了这种综合因素形成的信心，交易者在盘中的交易才会显得如鱼得水，每一笔交易都顺理成章、手到擒来，就好像一个自动化的机器。当符合交易策略的机会在日内出现时，成功交易者不会再去质疑和思考这些交易策略和信号。有经验的交易者总是对他们的交易策略充满信心，伴随着积极的交易预期，他们会及时采取各种交易行动。

本章内容回顾

1. 技术指标有用的原因就在于很多人在使用它们预测市场上重复出现的交易者行为，正是这些行为最终决定了市场价格。
2. 每一个股票或商品期货合约都有它们自身的市场特性，因此它们对于同一技术交易策略的反应也会有所不同。
3. 每一个市场品种的反应可以通过概率统计分析的方法来量化。最终确定一个百分比概率。
4. 在提升交易者的信心水平方面，概率因素是比较关键的。

第四章
趋势衰竭的理念

所有市场品种都有一个共同点——那就是它们都有涨有落。你可能会想说："嗨，别开玩笑了！"但是你如果停下来，仔细想一想，就会发现要是一个交易者知道了何时市场会出现上涨衰竭，即将开始转向，并且要向下跌落一段时间，那该是一件多么有价值的事情啊。

在很多方面，市场行为与人的行为没有太大的区别。毕竟，市场价格是由人的买卖活动决定的。市场价格或者人类的行为很少会在一个方向持续一段过分延长的时间。大多数情况下，他们走一段就会变得疲惫衰竭，然后就会转向，沿着另外一个方向走一段时间。

你可以想象一下被抛向空中的篮球。它就像一个正在上升的市场，我们不能期望这个球会一直往上升高。最终将会有一个点，篮球和我们的市场，都会减慢它们上涨的速度，准备沿着相反的方向回落。当它们达到上涨的顶点时，转折点就出现了，原来上涨的能量开始衰竭消失。在这个过程中，市场和篮球的上涨速度逐渐减慢下来，它们开始出现衰竭的征兆，但是它们仍然在继续上涨，上升趋势完好无损。但是篮球的上升和市场的趋势都显露了疲乏无力的特征。虽然有很多时候这种衰竭难以察觉，但是它们已经耗尽了自身内部的能

第四章 趋势衰竭的理念

量，它们的上升旅程即将结束。随便一个观察者就能够明显地发现我们的篮球减慢了它上升的速度，很快就会反方向运动。但是同样一个观察者在面对市场的时候，他就很难确定市场是否已经临近衰竭。这两种情况下的动态变化过程在这一点上是有很大区别的。

尽管对于一个市场图表观察者而言，很难注意到市场显露出衰竭信号，但是我们的确有几种方法来确定趋势是否衰竭。

市场达到衰竭状态也可以被称为达到超买或者超卖状态。很多交易者正在使用的非常平常的摆动指标，像随机指标 KDJ、相对强弱指标 RSI 和百分比指标 Percent R，就可以用来测定超买、超卖或者衰竭参数值。这些指标工具都是为了确定市场衰竭点而特别设计制定的。在第九、十一和十二章，我将会根据这个平常指标介绍一个独特的应用方法。它将会使交易者能够做到顺着日内大趋势的方向进行有效的交易。

对于日内交易者而言，市场短期趋势的确定经常是最有争议，也是最艰难的任务。虽然在头脑里保持一个长期趋势的图片是至关重要的，但是在决策过程中滤掉那些噪音或者随机的市场变化也是非常关键的。

我们前面提过，这不是一个简单的任务。正是因为这个原因我们才使用多种方法来确定衰竭点。为了解决这个问题，我们使用这些指标的关键就是在市场发展变化的过程中联合使用三种工具。

衰竭理论在日内交易中的应用

就像介绍我们使用摆动指标的方法一样，我将会描述衰竭这种市场共有现象的一种具体应用。但是在这里的应用方式与大家平常见到的有所不同。

对于摆动指标，很多交易者企图把衰竭原则作为一个工具去确定市场的顶点和底点。在顶点确定以后，他们将会企图建立一个空头仓位，准备在预期将会出现的下跌过程中获取利润。与之相对应的是，当他们认为下跌趋势衰竭的时候，他们将会建立多头仓位。如果你赶上一个盘整震荡无趋势方向的日内走势，这种策略可能是有用的。但是，当交易者想把这种方法应用到一个不论是上升或者下跌的单边趋势日时，他们就会发现他们的交易经常与日内大趋势的方向背道而驰。

我们进行高胜算日内交易的四步曲方法包括：

1. 确定日内主要趋势，
2. 确定主要趋势内的次要趋势，
3. 为高胜算的日内交易确定确切的入场点，
4. 确定一个符合逻辑的出场方法。

正是在第二步，趋势衰竭的理念才成为一个主要角色。在确定了主要趋势后，我们开始寻找与主趋势方向相反的调整走势，它们正是我们要顺着主趋势方向进行交易的地方。我们要通过确定这些调整走势的衰竭点来确定买卖交易窗口。

日常逻辑推理告诉我们，当我们使用多种方法来确定同一种情况时，我们成功确定转折点的可能性就会高一些。正是由于这个原因，我建议你不要仅仅依靠一个简单的衰竭点识别工具来确定短期趋势。我的研究表明联合使用多种指标可以极大地提高这种关键决策的准确性。第六章的内容主要是针对摆动指标的多种参数设置应用。我在那一章阐述了随机指标 KDJ、相对强弱指标 RSI 和百分比指标 Percent R 的几个联合用法。这些方法可以被用来准确地识别调整走势的衰竭点。

本章内容回顾

1. 趋势衰竭是所有市场的共有现象,它们出现在市场趋势的实际转折点之前。
2. 衰竭点的识别确定是一个必须精通的概念。
3. 交易者可以利用趋势衰竭来在强烈的上涨反弹中做空,在凌厉的下跌调整中做多。
4. 后面的章节将会详细介绍识别趋势衰竭的独特方法,它们将会使交易者顺着主要趋势方向进行交易。

第五章
指标的传统用法

在过去的这些年间,市场上出现了很多交易系统和指标,它们主要应用的是比较常见的、垂手可得的、比较传统的技术交易工具。有不少介绍各种交易系统的书籍也已经出版问世。大多数理论都在围绕着这些工具的传统用法而不断演化。我将在后面详细介绍一种非传统的应用方法。这种方法融合了常见指标、单边趋势日过滤器和简单的支撑阻挡计算。为了给我们以后的讲解打下一个坚实的基础,我们先来快速地了解一下随机指标 KDJ、相对强弱指标 RSI 和百分比指标 Percent R 的传统用法。

这些指标都属于摆动指标的范畴。它们之所以成为摆动指标主要是因为它们的指标值不会超过一个给定的数值(这个数值通常是100),也不会低于一个给定的数值(这个数值通常是0)。由于这些指标值通常随着市场价格的变化在这两个极限值之间来回变化,所以我们把它们称为摆动指标。

当一个摆动指标的指标值接近它的上限值时,它所代表的市场价格状态就属于超买状态。每当市场达到超买状态,交易者就会预期市场将会开始一波向下的调整走势。与之相对应的是,当摆动指标值接

第五章　指标的传统用法　　　　　　　　　　　37

近它的下限指标值时，传统技术分析就认为市场处于超卖状态，这种状态通常预示着市场会很快展开一波上升反弹走势。所有摆动指标在它们的上下极限值范围内都有一些被普遍接受的位置，这些位置对于交易有着重要的意义。另外，有一些摆动指标的各种死叉和金叉在传统技术分析中也扮演着重要角色。出现在指标值某个范围内交叉通常会触发一些交易信号。既然在进一步探讨同一指标的非传统用法前了解这些交易工具的传统用法是非常必要的，那么我们现在就开始详细地解说一下本书将会在后面章节中用到的各种指标的传统用法。

　　在接下来的几页中，我将会使用各种不同市场状态的走势图来展示一下每一个指标的行为模式。为了展现出几种不同方法的相似性和差别，我会使用同一只股票（代码：CMVT）的数据来做展示。虽然这些走势图采用 2 分钟时间结构，但是请记住这些指标和系统可以用于任何市场和任何时间结构的走势图中。我使用同一市场品种同一种时间结构图的目的就是想更好地对比分析这些交易工具。

随机指标

　　随机指标，英文名 Stochastic，也被称为 KD 或 KDJ 指标。它最早是由乔治·莱恩博士（Dr. George C. Lane）研发的。它是至今仍在使用的最常用的技术指标。我发现随机指标是最广泛应用于各种交易计划和系统的指标。

　　随机指标的基本理论主要是围绕指标值收盘价逐渐抬高至历史高点的上升摆动和逐渐降低到历史低点的下跌摆动来展开的。随机指标函数有一个基本的参数输入设置，这个参数可以指定市场价格蜡烛线或美国棒线（统称为数据线）的根数，随机指标内部程序的计算主要是以这个参数为基础的。我们通常把这个参数称为期数,因为它指定了时间的长度或者数据线的根数。正是这个期数数值决定了我们前面提到的历史高点和低点。对于一个给定的期数设置,随机指标都会有相应的历史高点和低点数值。市场价格变动相应地产生了随机指标的指标值,这些原始的指标值数据经过简单移动平均线的平滑处理,就形成了我们熟悉的随机指标图。

随机指标的经典解释认为指标值大于等于 80 的区域属于超买区域,小于等于 20 的区域属于超卖区域。

图 5.1 展示了随机指标传统意义上的四条线。你可以看到超买线在指标值为 80 的位置,超卖线在指标值为 20 的位置。图中标识着慢速 D 线和慢速 K 线的曲线是两条原始指标值的移动平均线,它们共同为图中 14 期慢速随机指标线提供了买入和卖出信号。

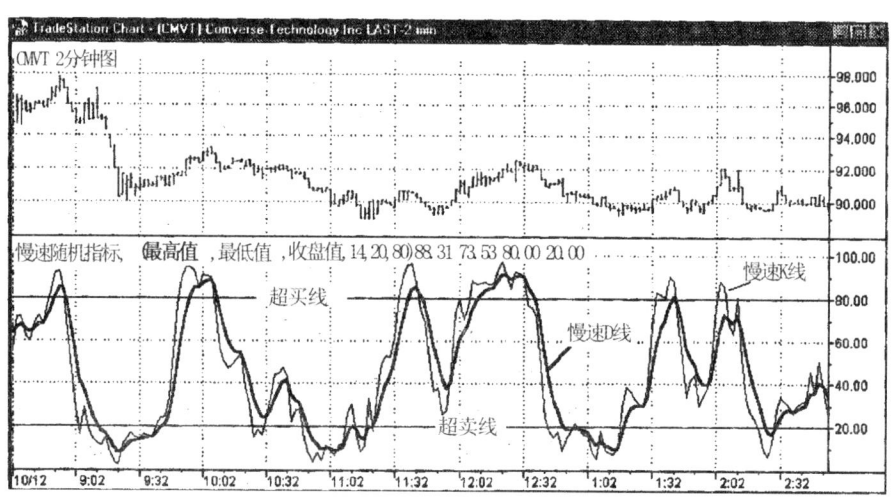

图 5.1　随机指标的经典解释认为指标值大于等于 80 的区域属于超买区域,小于等于 20 的区域属于超卖区域。在超买线上方和超卖线下方出现的交叉可以作为一些交易策略买卖的依据。本图采用欧米茄研究公司(Omega Research, Inc.)交易站 2000i(TradeStation® 2000i)软件平台制作。

第五章 指标的传统用法

虽然这些超买或超卖指标值是普遍适用的，但是交易者在实盘交易当中也经常会使用一些其它的数值变量。比如，为了适应市场状态交易者可以调整这些指标界限值，这样一来他们的交易策略就带有了积极的做多倾向或做空倾向。

我们来举例说明一下，假如一个交易者预计接下来的几天会出现一个下跌走势，我们暂且不论是由于基本面还是技术面的原因，在这种预期之下，他想做空时积极一些，做多时保守一些，那么他就可以通过改变指标的一些设置来达到这个目的。比如他可以修改超买和超卖区域的界限值。把超买区域界限值从 80 调整到 65 或 70，扩大了超买的区域范围，依据这种指标设置来发出买卖信号的交易系统更容易发出做空信号。一个处于跌势的市场特征就是它的每一次上升反弹调整都不太强烈。交易者为了顺应这种市场趋势状态，调低了超买区域界限值，他的系统就会积极发出做空信号，他就可以充分利用每一次做空机会。这正是他所期望的。

在一个下跌的市场趋势状态当中，我们也同样会预期市场的下跌会超越通常观察到的指标位。任何一个交易系统都是通过尽量捕捉潜在的利润空间来实现利润最大化的。我们想在一个下跌的趋势当中捕捉到盈利空间额外延伸的部分。为了在跌势当中实现这一点，交易者可以把超卖区域界限值从 30 降到 20 或 15。这样的交易系统就会在市场价格达到非常低的位置才发出做空平仓信号。

与之相对应，在预期市场将处于上升趋势时，道理也是完全一样的。这种情况下可以调高超卖线的位置，这样就可以顺着主要趋势的方向在每一次小幅调整时积极地做多入场。同样可以追随跌势当中的逻辑，把超买线调高到一定的位置，这样就可以充分地享受大幅上涨带来的利润。

很明显，随机指标超买超卖界限值的调整完全取决于交易者对日内主要趋势或者可能持续几天的主要趋势的识别。这个就是我们要在

第十章"单边趋势日过滤器"重点讨论解决的问题。

在随机指标的使用当中，有很多调整性用法。特别是交易者可以同时调整指标期数设置和超买超卖区域界限值。不幸的是，针对随机指标参数设置的这些调整，甚至是与其它常见指标和策略融合在一起，也很难构建一个长期获利的系统。

在这一节的剩余篇幅里，我们准备使用一个简单的随机指标交叉信号交易系统来展示随机指标提供的买卖点。这个系统使用标准的慢速14期随机指标参数设置，超买线在80指标值位置处，超卖线在20指标值位置处。我们把这个系统设置为一个反转交易系统。每一次入场交易都要等到系统发出反向交易入场信号才出场。换言之，一次做多入场交易必须要等到做空入场时才平仓出场；而一次做空入场交易则必须要等到做多入场时才算结束。这个系统不采用止损设置。另外，为了充分展示系统发出的所有买卖信号的实际效果，我们准备执行所有的做空和做多入场信号，而不是单一地在一个方向上执行做空或做多信号。必须承认，在实盘交易当中要完全按照这种系统来操作是一件不太可能的事情。我们在这里只不过是要展示随机指标发出的每一次出入场信号。换句话说，请不要在你的实盘交易中检验它。

依据传统随机指标理论的交易系统在超买线上方当慢速K线向下穿越慢速D线时发出做空入场信号；在超卖线下方当慢速K线向上穿越慢速D线时发出做多入场信号。随机指标传统分析理论认为，出现在超买线和超卖线之间的交叉信号应该被全部忽略。也有一些别的交易系统把位于超买线和超卖线中间的50线作为一条平衡线，当指标线穿越这条50中线时，这些系统就发出做空或做多信号。也有些系统把50中线当作设置止损位或出场位的一个参考位置。还有一些系统依据市场价格与随机指标的背离现象来发出出入场信号，另外一些则比较关注随机指标和市场价格的趋势线。

图5.2标识出了传统随机指标交叉交易系统发出的典型做多和做

第五章 指标的传统用法

空入场交易信号。请注意当慢速 K 线和慢速 D 线都在超买线上方时，那个慢速 K 线先向上穿越慢速 D 线然后又向下穿越慢速 D 线形成的做空信号。图中标识出了两个连续的做空信号。在走势图的下方也标识出了相应的做多信号。

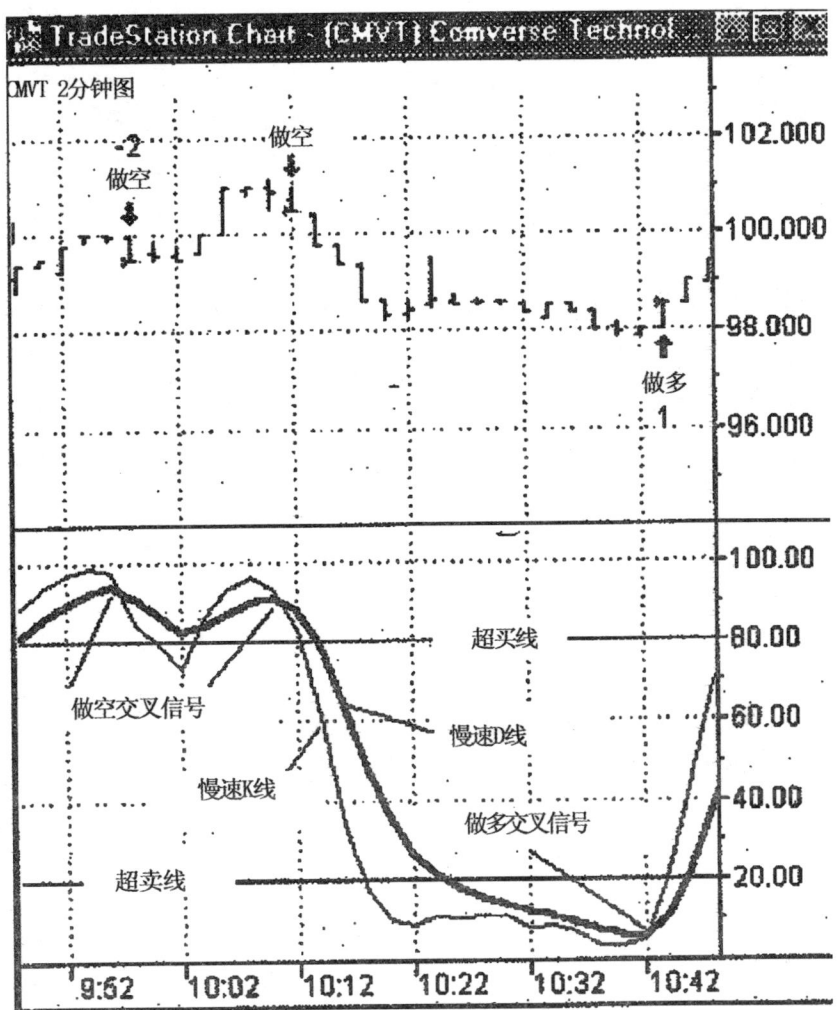

图 5.2　在随机指标超买线上方慢速 K 线向下穿越慢速 D 线形成经典的做空入场信号；在超卖线下方慢速 K 线向上穿越慢速 D 线形成经典的随机指标做多入场信号。本图采用欧米茄研究公司（Omega Research, Inc.）交易站 2000i（TradeStation® 2000i）软件平台制作。

当慢速 K 线和慢速 D 线都在超卖线下方时，慢速 K 线向上穿越慢速 D 线形成一个经典的随机指标做多入场信号。

图 5.3 是图 5.2 的延伸，它展示了这一天这个交易系统发出的所有交易信号。图 5.3 中的灰色区域就是图 5.2 展示的市场走势。

主图上向下的箭头表示的是副图中随机指标发出的做空信号。你可以看到这些做空信号都与下面指标线的交叉点相对应。主图上向上的箭头表示的是副图中 14 期慢速随机指标发出的做多信号。

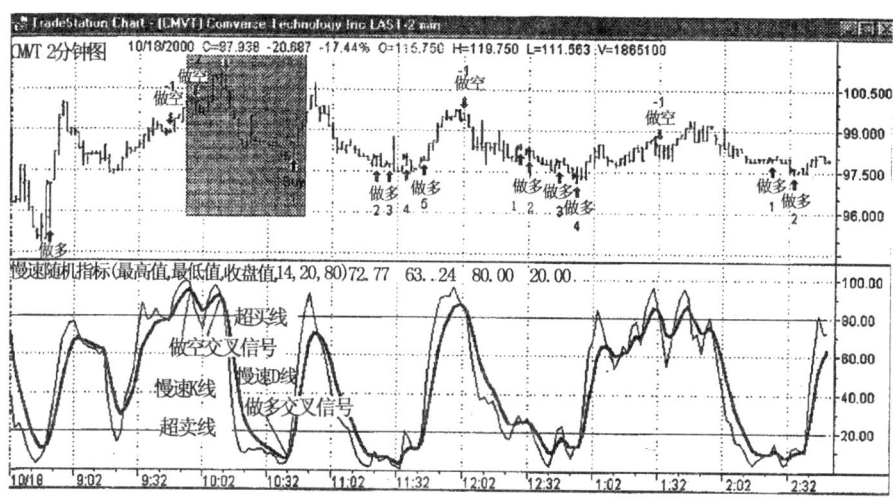

图 5.3 当随机指标慢速 K 线和慢速 D 线都在超买区域或超卖区域时，系统就会根据交叉属性发出相应的交易信号。图中的灰色区域标识的是图 5.2 的走势图。本图采用欧米茄研究公司（Omega Research, Inc.）交易站 2000i（TradeStation® 2000i）软件平台制作。

对于 CMVT 这只股票而言，图 5.3 展示的日内走势就是一个横向盘整的走势。你可以注意到这只股票在开盘后的一个半小时内就确立了早盘区间，但是它的价格却在 4 美元区间的范围内来回晃荡了一整

第五章 指标的传统用法

天。对于这只比较活跃的股票而言,这种比较安静的走势是很难见到的。这个 14 期慢速随机指标在确定市场的超买和超卖状态时是非常成功的,系统产生的几个做空和做多入场交易信号都获得了不错的收益。

图 5.4 展示了这个交易系统在第二天 CMVT 股票走势中的表现。在这一天大部分交易时间内,这只股票出现了一个强劲的上升趋势。在这里发出交易信号的系统与前面所用的完全一致,参数设置也一样。

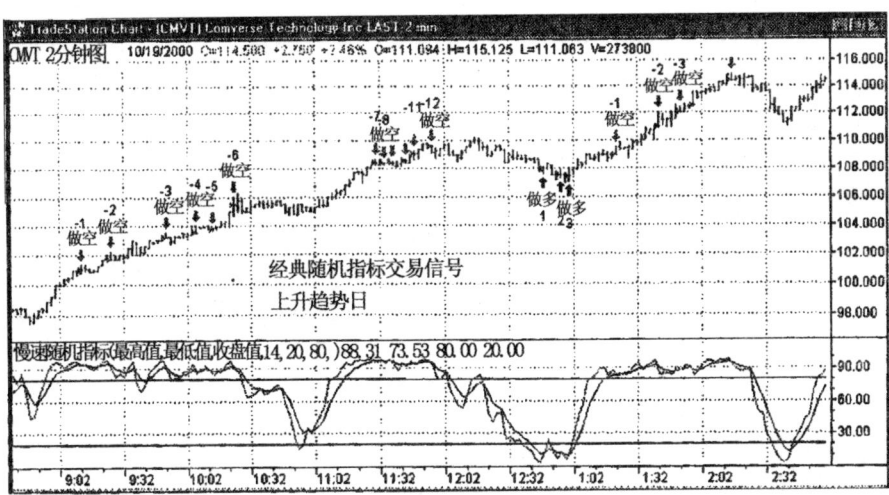

图 5.4 摆动指标的传统解释理论可能会发出很多与主要趋势方向相反的交易信号。本例中,强烈的上涨行情被随机指标理解为市场出现超买状态,从而导致它发出了一些很容易导致亏损的交易信号。在日内交易的中间靠后的时间段内市场出现了回调走势,在回调的衰竭点附近系统发出了可以获取利润的做多信号。本图采用欧米茄研究公司(Omega Research, Inc.)交易站 2000i(TradeStation® 2000i)软件平台制作。

你可以注意到,与前一天走势图形成强烈反差的是,同样一个指标驱动的交易系统在这个日内上涨趋势中发出交易信号的成功率却大打折扣。事实上，前面 12 个交易信号都是做空信号，要想利用做空机会来获取利润很明显是一件非常艰难的事情。大多数比较合理的止损策略都会让这 12 个交易机会中的大多数产生亏损。图表上值得注意的一个成功亮点就是这个交易系统准确地识别出了顺应日内主要上涨趋势的做多交易机会。你可以注意到下午 1：00 前系统发出的三个做多信号。对于这几个做多入场信号而言，不管交易者使用何种出场策略，它们都会带来一定的利润。在本书第十章我将会详细介绍专门用来及早确定这种单边趋势的单边趋势日过滤器的用法。它将会让我们的交易系统仅仅采用那些顺应日内主要趋势的入场信号。

这个图表走势深刻地揭露了大多数摆动指标在趋势状态下的主要弱点。从摆动指标的定义上我们就可以看出它们的指标值是不能够超越极限峰值的，本例中就是 100。对于像这一天走势一样的强劲上涨趋势而言，市场价格不断地创出新高。摆动指标指标值不断地接近上限极值。因此对于一个根据摆动指标来确定交易方向的交易系统而言，它很容易把图 5.4 展示的强劲上升趋势理解为市场出现超买状态。根据它的超买理论，这种系统就会在一个极端的上升波段高点发出做空信号。这种交易的结果就是一连串连续的亏损。而这种连续的亏损将会严重打击即便是经验最为丰富的老手交易者，迫使他们迅速回到零点再次寻找可以稳定获利的策略。

图 5.5 展示了我们演示的交易系统在一个比较温和但持续性非常强的下跌日内走势中的反应。这个日内走势同样是 CMVT 的两分钟图，这个走势出现在前面已经展示的市场走势的前几天。

从图中你可以看到，虽然交易系统最初发出的买入信号可能会在获一点小利的情况下出场，但是在随后时间内系统发出的 5 个做多信号当中，至少有 4 个信号会导致不可避免的亏损。另外就像前面那张走势图一样，你会注意到交易系统发出了一个可以获取丰厚利润的交

第五章 指标的传统用法

易信号，这里是做空信号。这主要是因为它顺应了日内的主要趋势方向。这个做空信号发出的时间是上午 11：30 后，刚好位于市场出现的上升反弹的衰竭点附近，这时候整个日内交易的时间段已经过去了一半多一点。在第十章我们将探讨如何让交易者足够早地确定日内的趋势方向，在避免亏损交易的同时，能够有充足的时间去获取一定的利润。

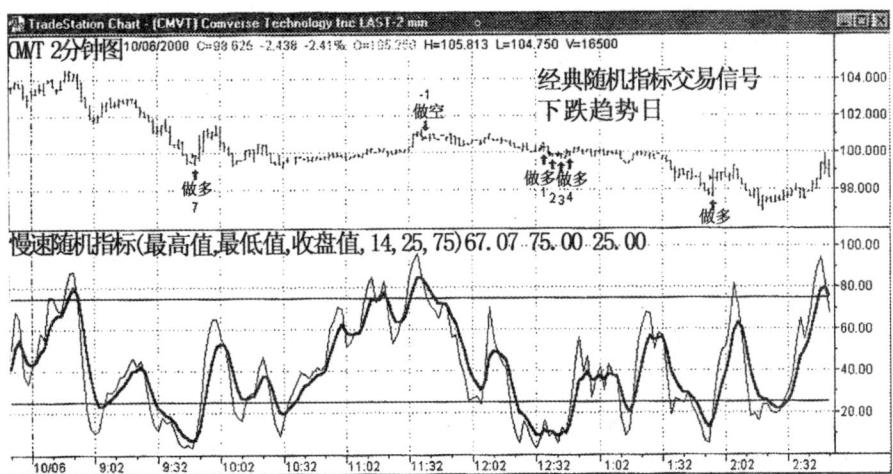

图 5.5 本例中，随机指标交易系统把下跌趋势理解为市场出现超卖状态，从而导致它发出了一些很容易导致亏损的做多交易信号。在日内交易的中间靠前的时间段内市场出现了上升反弹走势，在反弹的衰竭点附近系统发出了可以获取利润的做空信号。本图采用欧米茄研究公司（Omega Research, Inc.）交易站 2000i（TradeStation® 2000i）软件平台制作。

我们前面曾经提到，摆动指标交易系统的坚定信仰者将会不断地尝试着通过改变各种参数去构建可以获利的交易系统。通过提高超买线和超卖线的界限值，交易者可以把一个积极做多的倾向置入一个摆动指标交易传统。这样他就可以实现更积极的做多交易。他同样也可以相应地降低超买和超卖线去构建一个具有积极做空倾向的交易系统。非常不幸运的是，当这种具有积极做多或做空倾向的交易系统碰上与自身倾向相背的市场行情时，它的积极倾向只能是把事情搞得更糟糕。

交易者也可以通过改变时间结构和指标的期数设置来调整交易系统，最终达到改变系统交易结果的目的。不幸的是，没有一种对摆动指标交易系统的调整可以克服这种交易策略内在的弱点——极端地做空上升行情和做多下跌行情的倾向。

相对强弱指标

相对强弱指标 RSI 是在很多年前由威尔斯·怀尔德（Welles Wilder）创建的。它经受了时间的考验，至今仍然是非常流行的技术指标之一。就像前面探讨的随机指标一样，它也是一个摆动指标工具，它的指标值被严格地限定在 0 到 100 的范围内。

相对强弱指标 RSI 与随机指标的不同之处在于：前者更倾向于测定当前市场波动与近期市场波动之间的关系，而不是把它与近期高点和低点相比较。正是由于它测定的是当前市场波动相对于近期价格波动的强度和弱度，因此我们把它称为相对强弱指标。在它的指标值计算过程中，当前市场价格波动所占的比重更大。相对于其它交易工具，它具有更好的波动速率读数。因为 RSI 指标值的计算主要是依靠最新收盘价和前一个次新收盘价之间差额的绝对值，价格急剧上涨或下跌变化带给它的影响较小，所以它具有过滤噪音或者减缓价格随机变化的功效。

简言之，RSI 的计算过程首先是比较最新收盘价和前一个次新收盘价的关系。如果最新收盘价高于前一收盘价，那么这两个收盘价差

第五章　指标的传统用法

额的绝对值就被加入"上涨量";如果最新收盘价低于前一收盘价,那么这两个收盘价差额的绝对值就被加入"下跌量";以此类推汇总计算出指定期数内所有的上涨量和下跌量,指标的期数设置反映了多少根数据线或多少差额参与计算指标值,上涨量除以上涨量和下跌量的和得出的数值再乘以 100 就是 RSI 的指标值。

　　随着期数参数的降低,大多数摆动指标都会展示出更强的震荡性,这将会导致指标值更经常地接近指标极限值。在这一点上,相对强弱指标对于期数参数的变化比其它摆动指标更敏感。因此,为了减弱 RSI 指标对短期期数设置的敏感性,交易者可以把期数设置在大于 5 的范围内。

　　把期数设置调整过的 RSI 作为交易系统组成部分的交易者一定要注意较小的期数设置带来的负面影响。小期数设置的 RSI 指标将会发出更多的交易信号。喜欢高频积极交易策略的交易者会发现 RSI 的这个特色非常有用。由于 RSI 小期数设置会产生过多的交易信号,因此为了保持较高的成功率有必要过滤掉一些交易信号。过滤交易信号最有效的方法之一就是对于同一指标采用几个不同的参数设置,通常把慢速的指标参数设置作为一个过滤器来用。这方面的内容将会在第六章"指标参数设置"进一步详细探讨。

　　图 5.6 展示了 RSI 指标的传统用法。为了读者更好地对比观察,这张图的走势与前面展示随机指标用法的图 5.1 完全一样。你可以注意到本例中指标的超买线和超卖线分别设置在 70 和 30 指标值处。虽然这两个设置是比较传统的通常设置,但是交易者仍然可以根据自己对指标敏感度的需求来调整这两个位置,比如把它们分别调整到 85 和 15。对于不同的时间结构、不同的期数设置和不同的交易频率需求,可以对这两个参数作出很大的调整。

　　与随机指标至少两根指标值曲线不同的是,相对强弱指标只有一根指标值曲线。虽然这是传统的 RSI 指标用法，但是交易者可以在同一张走势图上应用两个不同的 RSI 期数设置，从而产生两条指标值曲线。交易者可以像使用随机指标的双线交叉一样使用它们。

相对强弱指标传统解释认为：RSI 发出买入信号的时机就是指标线到达超卖线下方后再向上穿越超卖线的时候。交易者可以在指标线向上穿越超卖线的时候买入。RSI 发出卖出信号的时机就是指标线到达超买区域后再向下穿越超买线的时候。交易者可以在指标线向下穿越超买线的时候买入。

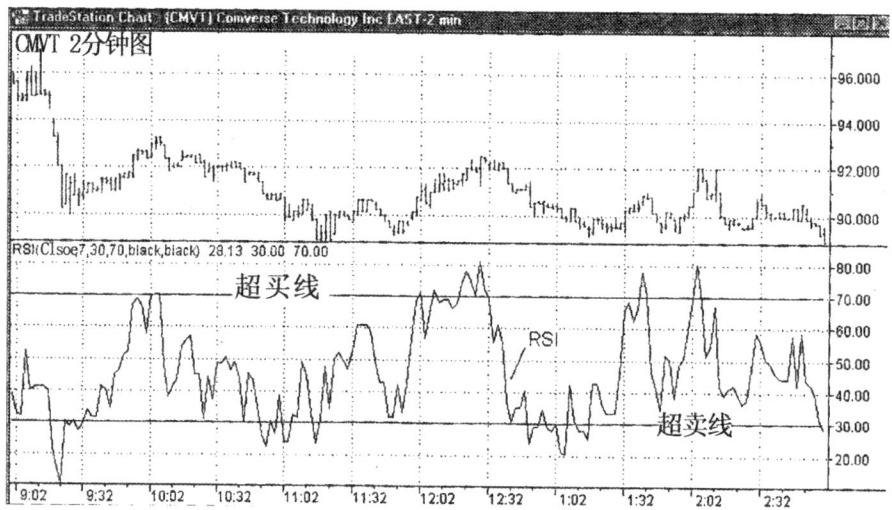

图 5.6 相对强弱指标发出交易信号的方式与随机指标非常相似。本例中超买线在 70 指标值处，超卖线在 30 指标值处。这两种设置是比较传统的典型设置。本图采用欧米茄研究公司（Omega Research, Inc.）交易站 2000i（TradeStation® 2000i）软件平台制作。

为了更清晰地展示指标产生的买卖信号，我使用一套自动化交易系统，它可以明确地标识出相对强弱指标发出的交易信号。图 5.7 展示了它们的位置。图中向下的箭头表示的是卖出信号，它是在 RSI 指标线到达超买区域后再向下穿越超买线的时候出现的。

第五章 指标的传统用法　　49

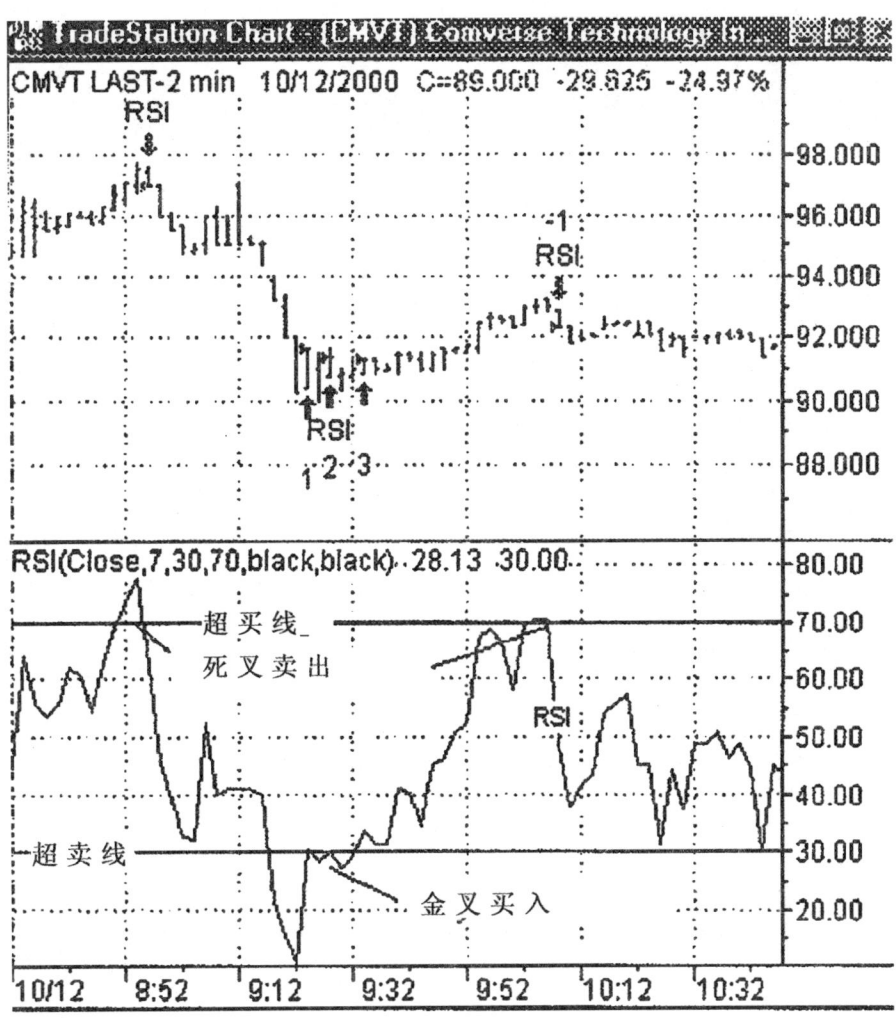

图 5.7　当 RSI 指标线向下穿越超买线时相对强弱指标发出卖出交易信号；当 RSI 指标线向上穿越超卖线时相对强弱指标发出买入交易信号。本例中价格棒线附近的箭头标识了这些交易信号出现的时机。本图采用欧米茄研究公司（Omega Research, Inc.）交易站 2000i（TradeStation® 2000i）软件平台制作。

　　当市场在为接下来的反弹做准备的时候，相对强弱指标的指标线来回穿越超卖线，这导致短时间内出现了 3 个买入信号。这些信号是在市场价格至少有一根棒线出现在超卖区后指标线再向上穿越超卖线时产生的。由于我们的这个展示性的指标交易系统是为了充分体现指标发出的每一个交易信号，所以才会有这种连续出现几个买入信号的情况。在实盘交易当中，这组信号只会有一个信号被交易者采用。正常交易模式的实盘系统在这种时候只会发出一个买入信号。向上箭头下面标识的数字在图中标明了这三个连续信号。

在这三个连续的买入信号当中，前两个信号对于普通交易者来说是比较难以观察到的，但是我们的自动化交易系统已经及时发出了这两个信号。虽然本例中前两个信号不如第三个买入信号那么明显的事实并没有造成什么不良后果，没有自动化交易系统辅助的交易者仍然可以依据最后一个买入信号做多入场，及时获得这个交易机会的潜在利润，但是前面两个金叉发出的买入信号仍然是合法有效的，交易者可能会因为这一点而丧失入场机会。

本例中下面一个卖出信号更加证明了这一点。你可以观察到相对强弱指标没有太多地进入超买区域就掉头向下产生了一个卖出信号。如果没有计算机辅助自动化交易系统的帮助，交易者就要集中精力仔细观察这些交易机会。

跟以前一样，这个系统没有包含资金管理止损策略和追踪止损设置。同样，这个系统要求采纳所有交易信号，而且经常会在同一方向上连续出现几个交易信号。因此，每一次 RSI 指标线上穿超卖线都会产生一个买入信号，因此，每一次 RSI 指标线下穿超买线都会产生一个卖出信号。同前面的系统一样，这个指标系统只是一个展示性的策略，而不是一个实盘交易系统。

为了展示基于 RSI 指标的交易系统，我们将会使用展示随机指标交易系统的同一张市场走势图。

图 5.8 展示了这个交易系统的交易情况。我用灰色矩形框标识了

第五章 指标的传统用法

前面展示的买卖信号出现的区域。

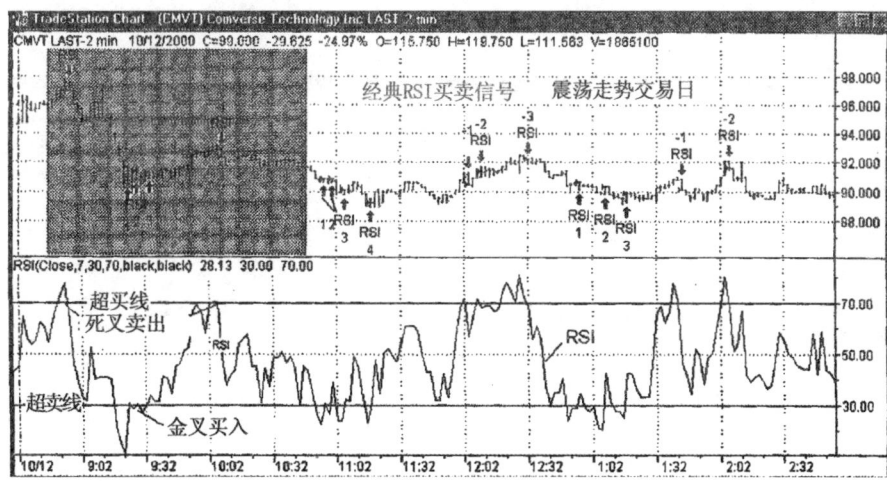

图 5.8 在市场盘整震荡的交易日，摆动指标是非常有效的。你可以看到本例中 RSI 指标发出的买卖交易信号是多么有效啊！本图采用欧米茄研究公司（Omega Research, Inc.）交易站 2000i（TradeStation® 2000i）软件平台制作。

你可以看到图中的买卖信号出现的位置是相当精准的。这是因为对于 CMVT 这只股票而言，这一天的走势基本上属于震荡走势，我们可以预期任何摆动指标交易系统都是比较精准的。市场出现震荡走势时，摆动指标线很少会穿越超买线和超卖线界定的区域。

图 5.9 的走势与图 5.3 一样，它们展示的都是 CMVT 这只股票在 2000 年 10 月 18 日的走势。图 5.3 是用它来展示随机指标交易系统在一个盘整震荡走势中发出的信号情况。

对比这两张图，你就会发现虽然买卖信号出现的位置稍有不同，但是它们基本上是一致的。尽管有些买卖信号出现的稍微早了一点，但大多数交易信号都在短时间内实现了获利。这两张图再次表明，在这种盘整震荡、没有明显趋势方向的交易日，基于摆动指标的交易系统是非常有效的。

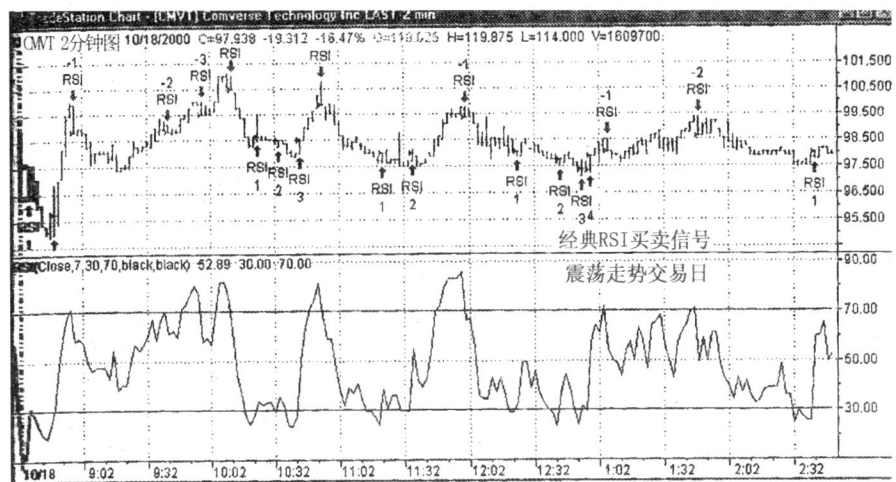

图5.9 向上的箭头表示的是相对强弱指标的买入信号，向下的箭头代表的是卖出信号。你可以再次注意到在这种盘整震荡没什么趋势方向的走势中摆动指标是多么有效。本图采用欧米茄研究公司（Omega Research, Inc.）交易站2000i（TradeStation® 2000i）软件平台制作。

图5.10展示的是同一指标系统在趋势日发出的买卖信号情况。

这张走势图与图5.4是一样的，它们都是CMVT在2000年10月19日的走势。我们可以再次观察到摆动指标交易系统在市场出现单边趋势日时的局限性。交易者要想利用这个上升趋势的前11个做空信号来获利是非常困难的。然而，另一方面，你也可以注意到在中午即将过去的时候这个交易系统在市场价格向下回调的末端发出了一系列近乎完美的入场做多信号。这些交易机会顺应了日内主要趋势的方向，都具有一个积极的获利预期。

第五章 指标的传统用法

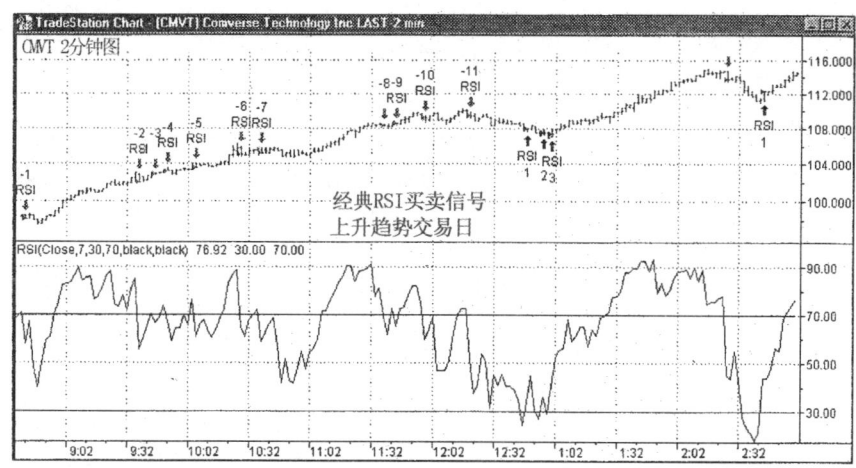

图 5.10 图中信号充分展示了基于摆动指标的交易系统在强趋势交易日内的局限性。但同时你也可以看到 RSI 指标交易系统在下午 1:00 前回调结束的时候准确地发出了做多信号。本图采用欧米茄研究公司（Omega Research, Inc.）交易站 2000i（TradeStation® 2000i）软件平台制作。

下面我来看看 RSI 指标交易系统在日内下跌趋势中的表现。如图 5.11 所示，为了对比，我们使用了与图 5.5 同样的走势图。我们前面利用图 5.5 展示了随机指标交易系统在同样市场条件下的具体交易情况。

与随机指标交易系统非常相似，这个 RSI 指标交易系统也确定了几块市场价格出现超卖的区域。基于这一点，系统发出了一些做多买入信号，以期市场出现上升走势。不幸的是，在日内的大部分交易时间内，市场一直处于一个下跌走势，这使得几次做多信号都出现了不同程度的亏损。另一方面，非常明显的是，顺应日内下跌走势的做空交易信号都具有获取丰厚利润的积极预期。

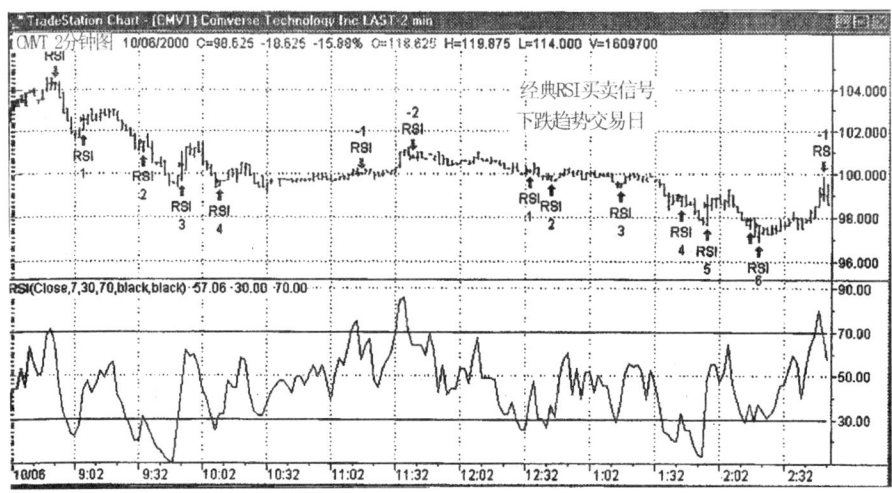

图 5.11 RSI 指标交易系统再次展示了基于摆动指标的交易系统在确定回调结束时的有效性。请观察上午 11 时左右系统发出的两个具有积极获利预期的做空交易信号。你同样也可以看到系统随后持续发出与日内主要趋势相反的做多信号。本图采用欧米茄研究公司（Omega Research, Inc.）交易站 2000i（TradeStation® 2000i）软件平台制作。

百分比指标

百分比指标（Percent R）是由拉里·威廉姆斯（Larry Williams）开发的。这个指标最早出现在他 1979 年出版的书籍《我去年如何从商品期货交易中获利一百万美元》中。迄今为止，该指标仍然是最常用的摆动指标之一。现在这个指标最广为人知的特点就是它指标值出现在 0 到 100 之间。其中接近 0 指标值的区域为超卖区域，接近 100 指标值的区域为超买区域。

百分比指标把当前的收盘价与前期一定数量（期数）的棒线代表的价格区间相比较。如果当前棒线的收盘价等于前期一定数量的棒线组合区间的最高价，那么这时的百分比指标值就是 100%。该指标经

第五章　指标的传统用法

典解释认为任何接近历史高点的市场将会很难在这种指标值接近100%的状态下继续演绎它的上升趋势，原因就是这是一个自然形成的阻挡位。因此，百分比指标经典解释把市场的这种状态称为超买状态，认为市场即将出现回调。

相反，如果当前棒线的收盘价接近前期一定数量的棒线组合区间的最低价，那么这时的百分比指标值就接近于0。百分比指标经典解释把市场的这种状态称为超卖状态，认为市场即将出现反弹。

百分比指标把前期一定数量的棒线组合区间内最高的高点定义为历史高点。很明显，随着时间的推移，历史高点将会持续不断地变化。其中比较重要的概念就是把当前棒线的收盘价与最近的最高点和最低点作比较。

与随机指标的使用者相似，大多数百分比指标的使用者把80%作为超买线，把低于20%的区域定义为超卖区域。

图5.12展示了百分比指标比较典型的摆动指标线。为了便于对比，我们将使用在刚开始展示随机指标和相对强弱指标时的同一张走势图。

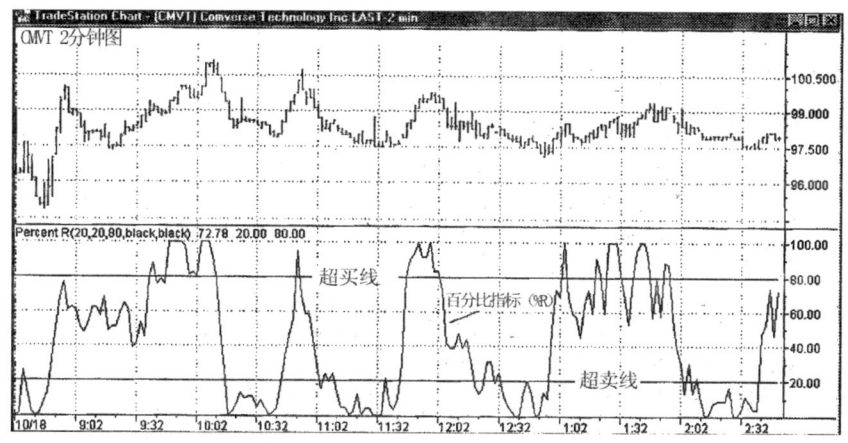

图5.12　百分比指标（%R）交易系统发出买卖交易信号的方式与随机指标和相对强弱指标类似。本图采用欧米茄研究公司（Omega Research, Inc.）交易站2000i（TradeStation® 2000i）软件平台制作。

我们可以再一次在副图窗口中看到熟悉的摆动指标图形。但是这个指标的图形与前面展示的摆动指标图形有一个重要的区别。你可以在图5.13中看到这个区别。

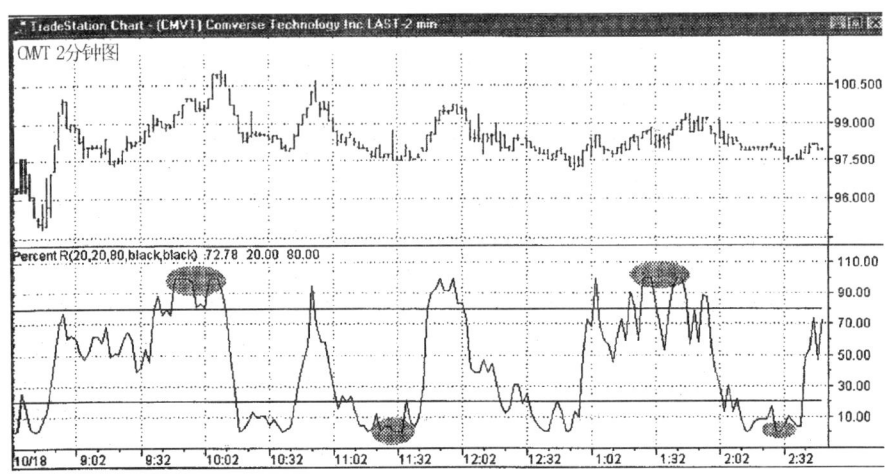

图 5.13　百分比指标线上的灰色平台区域与其它指标值仅仅一次性触及指标极限（100%或0）的重要性完全一样。它们都是一种极端的超买和超卖行为，没有太大的区别，交易者不要误解。本图采用欧米茄研究公司（Omega Research, Inc.）交易站2000i（TradeStation® 2000i）软件平台制作。

请注意观察一下图中灰色椭圆区域标识的百分比指标平台区域。对于一定期数范围内的棒线区间而言，当市场价格频创新高的时候，百分比指标经常会出现这种情况。随着收盘价创出新高，市场价格也为指定区间内最高的高点定义了一个新值，而这些新高就会导致对应的百分比指标值到达100%。只有当市场处于超买状态而且区域内棒线的收盘价刚好就是它的最高价时，或者当市场处于超卖状态而且区域内棒线的收盘价刚好就是它的最低价时，这些平台区域才会出现。因此，交易者不要过于看重这些类似高原平台的区域。你只需要把它们理解为收盘价恰好就是最高价或最低价时出现的一种极端超买或超卖情况即可。这种平台区域对应的价格活动与百分比指标值偶尔一次性地到达100%时对应价格活动没有太多的区别。图中也标识出了指标值到达0时的平台区域，这种平台区域对应的市场价格极端下延的行为与指标值偶尔一次性地到达 0 时对应价格活动也没有太多的区别。

百分比指标交易系统可以利用两种方法来产生买卖信号。这两种方法是非常相似的。它们都是充分利用前面所述的超买和超卖区域。

第一种方法在应用时要先等待百分比指标值完全到达它的极值（100%或 0），然后再根据随后棒线的收盘价情况发出买卖信号。比如某只股票处于超卖状态，在百分比指标触及 0 线后，只要随后任何一根棒线对应的指标值大于 0，那么这个系统就发出做多信号。同样，当指标值到达 100% 后，随后任何一根棒线对应的指标值只要低于 100%，系统就立即发出做空信号。

第二种方法发出买卖信号的方式与相对强弱指标给出交易信号的方式非常相似。百分比指标线从超卖区上穿超卖线时系统发出买入做多信号，从超买区下穿超买线时系统发出做空卖出信号。这是比较经典的用法。我们将会在下面依据这种经典解释来展现百分比指标交易系统给出交易信号的情况。

图 5.14 详细展示了百分比指标交易系统发出的具体买卖交易信号。与 RSI 指标交易系统类似，百分比指标交易系统在指标线下穿超买线时给出卖出信号，在指标线上穿超卖线时发出买入信号。

图 5.15 利用 CMVT 在 2000 年 10 月 18 日的日内走势展现了百分比指标交易系统给出的买卖信号。这张图涵盖了整个日内走势。图中的灰色矩形框代表的是图 5.14 中的走势。

虽然百分比指标交易系统发出的交易信号多了几个，但是你仍然可以观察到这第三个摆动指标交易系统确实能够发出具有积极预期的买卖入场信号。当前这个百分比指标应用的期数设置是 20。如果把这个期数设置提高到 30，系统的敏感性就会降低，交易信号的数量也会减少，交易的效果也可能随之改善。

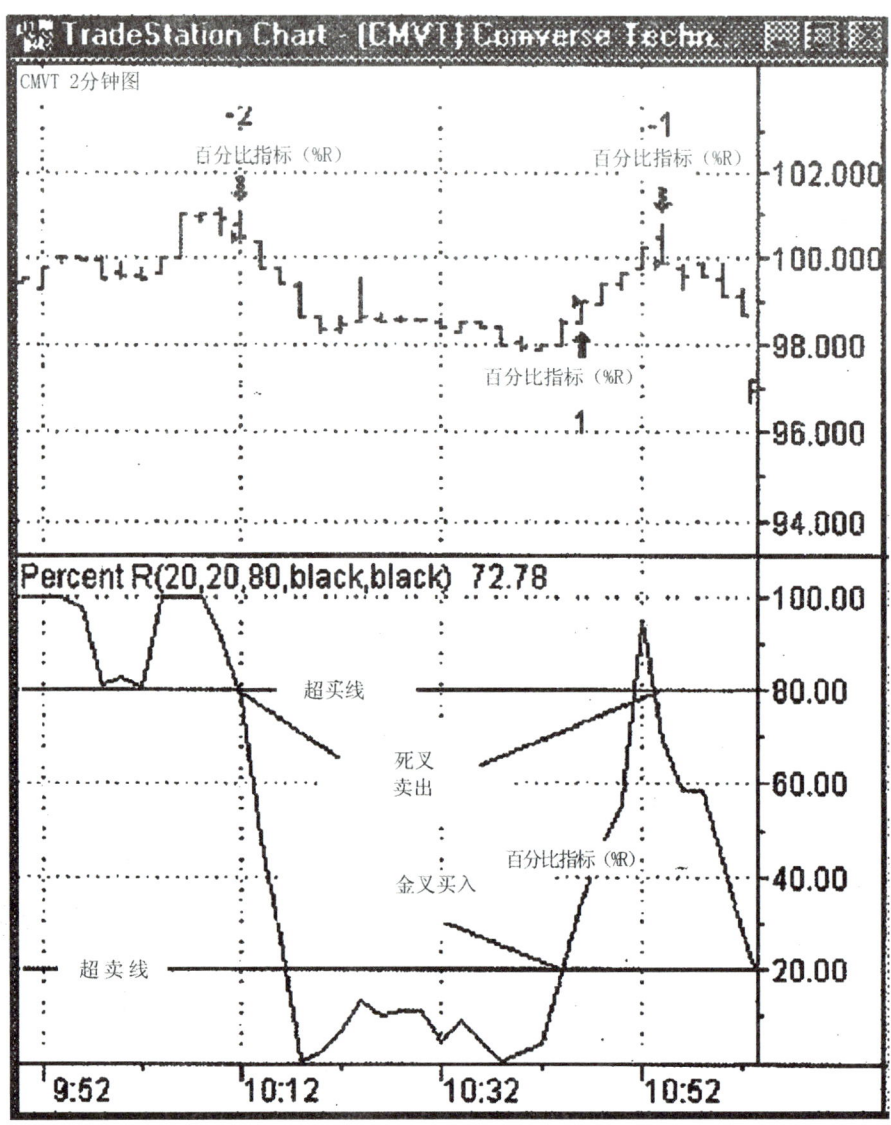

图 5.14 百分比指标（%R）交易系统在指标线上穿超卖线时发出买入交易信号，在指标线下穿超买线时发出卖出信号。在价格棒线上下方的箭头标识了具体的入场点。本图采用欧米茄研究公司（Omega Research, Inc.）交易站 2000i（TradeStation® 2000i）软件平台制作。

第五章 指标的传统用法

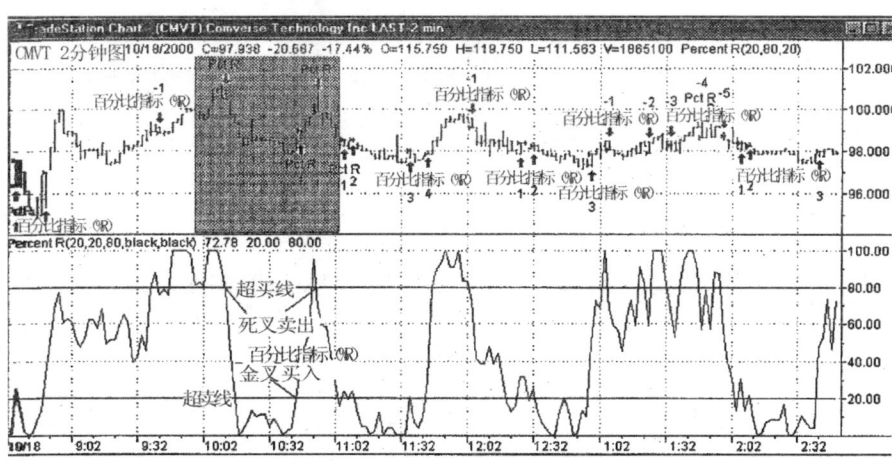

图5.15 百分比指标（%R）交易系统在这个日内震荡的走势当中展示了它的有效性。在这个2分钟时间结构走势图中，百分比指标采用的期数设置是20，系统发出了一系列非常有效的买卖信号。本图采用欧米茄研究公司（Omega Research, Inc.）交易站2000i（TradeStation® 2000i）软件平台制作。

图5.16反映了百分比指标期数从20调高到30后系统出现的变化。你可以从图中看到指标线本身也发生了一定的变化。

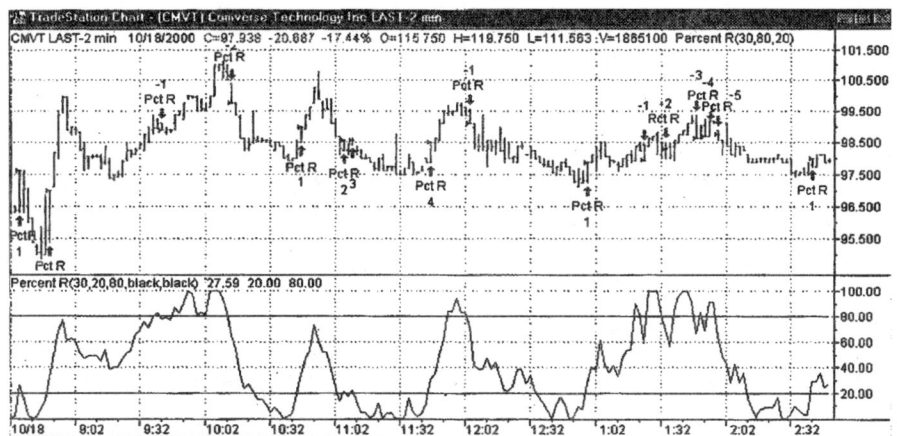

图5.16 把百分比指标（%R）交易系统的期数设置从20调高到30，交易信号的数量随之大幅减少，这在一定程度上提高了交易的准确率。但非常不幸的是，这种改变损失了一个比较优秀的做空信号。本图采用欧米茄研究公司（Omega Research, Inc.）交易站2000i（TradeStation® 2000i）软件平台制作。

你可以观察到期数设置调高后，交易信号的数量变少了，这在一定程度上改善了一些交易信号的最终效果。不幸的是，这种改变损失了一个原来在 11：00 左右出现的优秀做空卖出信号。

为了便于对比分析，图 5.17 展现了 CMVT 在 2000 年 10 月 12 日的日内走势，图中百分比指标应用的期数设置是 20。

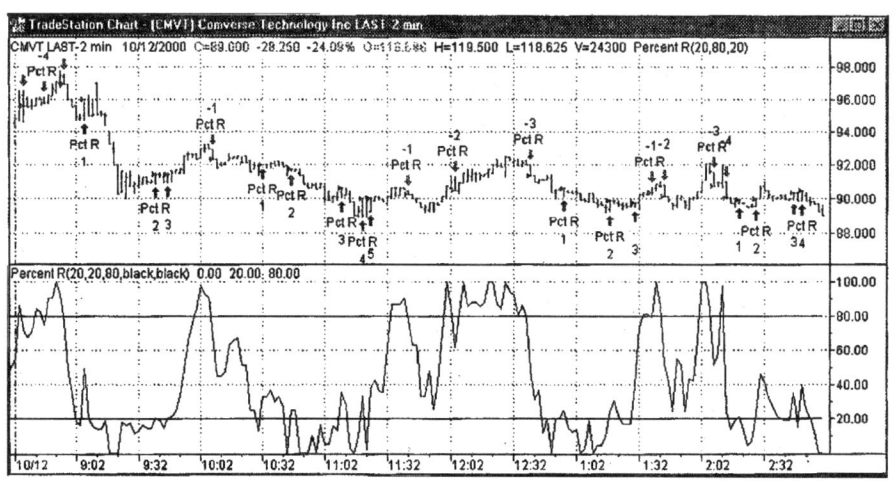

图 5.17　在这个震荡走低的日内走势中，期数设置为 20 的百分比指标（Pct R）交易系统发出了一系列比较令人满意的信号。本图采用欧米茄研究公司（Omega Research, Inc.）交易站 2000i（TradeStation® 2000i）软件平台制作。

在这张图中你可以再次感受到基于摆动指标的交易系统有着非常令人满意的一面，它在 9：15 左右开始展开的日内震荡走势中充分体现了它的有效性。我们在本书后面内容中还会再次应用这个日内走势，那时的目的是要展示经过优化的交易系统的交易情况。请记住这个日内走势被分类为下跌趋势交易日走势。这个概念是由单边趋势日过滤器来定义的。在这种走势下，交易者只能执行做空交易信号，要忽略做多交易机会。

图 5.18 展示了百分比指标交易系统在上升趋势日的日内表现情况。就像随机指标和相对强弱指标交易系统一样，百分比指标不断地在上升趋势中确认超买状态。在这种情况下，这个系统也不断地发出做空

第五章 指标的传统用法　　　　　　　　　　　　　　61

入场信号。由于做空信号与日内的主要上升趋势背道而驰，所以大多数做空信号都会导致亏损。拉里·威廉姆斯（Larry Williams）在他的书中，强烈建议交易者应该先在自己所交易的时间结构图上确定趋势方向，然后再使用他的指标。这个走势图和随后的一个日内走势图展示了大量的证据来进一步佐证威廉姆斯先生关于顺着日内主要趋势方向进行交易的思想。请观察一下中午时入场做多的交易信号，这些顺着日内主要趋势方向进行交易的入场信号，都具有积极的获利预期。

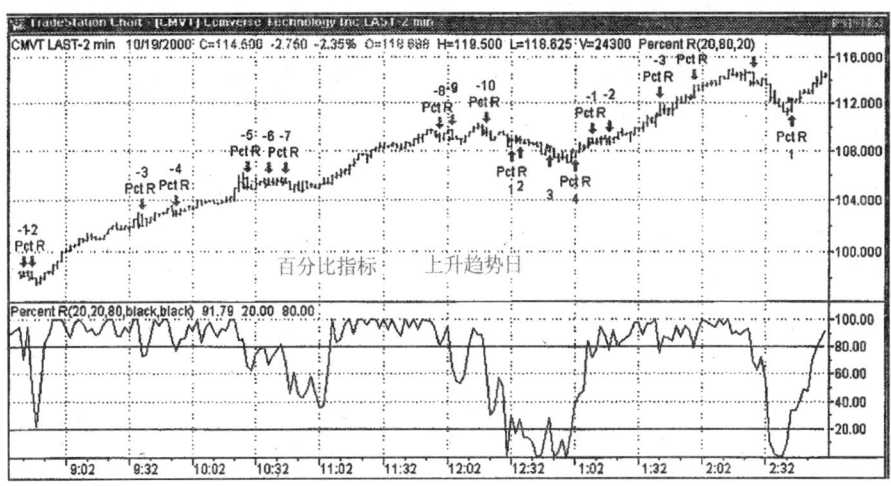

图 5.18　请观察一下在日内主要趋势方向上，百分比指标（Pct R）交易系统入场信号的有效性。本图采用欧米茄研究公司（Omega Research, Inc.）交易站 2000i（TradeStation® 2000i）软件平台制作。

图 5.19 再次使用了 CMVT 在 2000 年 10 月 6 日的日内走势。这里我们展示的是同一个百分比指标交易系统在一个比较温和的下跌趋势中的表现。我们可以再次看到基于摆动指标的交易系统会逆着主要趋势方向发出交易入场信号。而那些顺着主要趋势方向的交易入场信号都将会产生一定的利润。

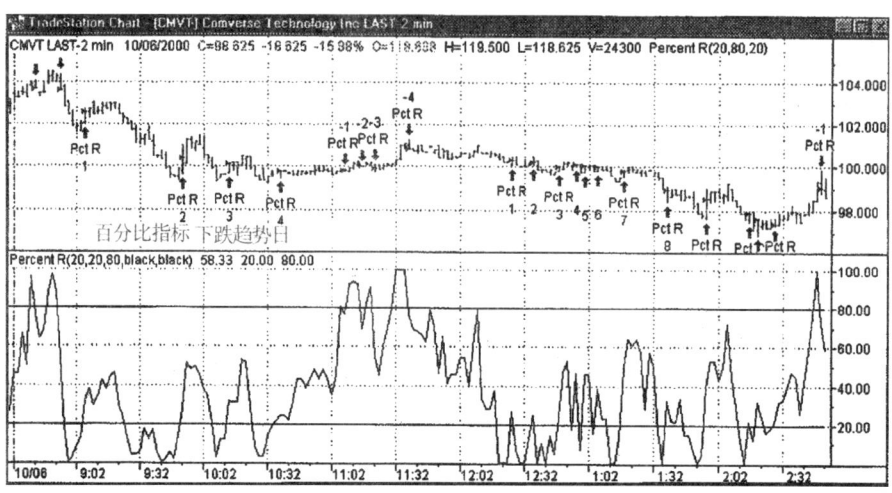

图 5.19 在第十章你将会学到如何在早盘就把这种走势确定为下跌趋势日走势，在这种趋势方向下，交易者只能选择做空交易入场信号，而要把所有的做多信号都放弃。本图采用欧米茄研究公司（Omega Research, Inc.）交易站 2000i（TradeStation® 2000i）软件平台制作。

本章内容回顾

1. 摆动指标及其交易系统在盘整震荡的无趋势日内走势当中是非常有效的。
2. 它们的主要缺点是持续不断地在与主要趋势方向相反的方向上发出入场信号。
3. 摆动指标在确认主要趋势当中的回调终结点时是非常有效的，它们也因此发出顺着主要趋势方向进行交易入场的信号。

第六章
指标参数设置

在前一章，我们通过几个走势图来展示摆动指标交易系统产生的交易信号，这种基于摆动指标的交易策略是本书探讨的交易策略的一个重要组成部分。走势图中大量的买卖箭头表示的是具体的交易时机。仔细观察图表我们就会发现这些指标交易系统产生的交易信号只有一部分具有实盘操作的意义。对于一个比较合理的交易系统而言，这些交易信号的数量太多了，我们必须构建一些交易策略来过滤掉一些交易信号，最好只保留那些具有积极获利预期的信号。

能够实现这一目标的一个比较有效的方法就是对于每一个指标都采用两个差异较大的敏感度参数设置。你经常可以注意到一个相对较低的参数设置会更快地发出买卖信号。这时候的问题就是信号的数量太多了，这种设置的指标经常会在我们需要捕捉的重要高低转折点之前发出多个不利的信号。虽然从历史走势上来看，具有这些指标设置的交易系统产生的交易信号的确是有用处的，但是在实盘交易中，交易者需要找到至少一种方法去过滤那些不合适的交易信号，并最终根据这些方法构建一套交易系统来进行实盘交易。

另一方面，慢速的、低敏感度参数设置通常能够有效地确定主要转折点，但是它们产生的信号一般会比理想信号晚几根棒线。

尽管这些滞后的交易信号准确性更强一些，但是它们滞后于主要市场反转点的事实的确会让我们的交易系统牺牲掉一些潜在利润。权衡一下这种情况，为了得到更好的结果我们就需要使用某种方法去选择快速指标线产生的交易信号。虽然慢速指标线产生的信号不可否认地会减少潜在的利润空间，但是我们可以用它来过滤快速指标线的信号。

快速指标参数设置和慢速指标设置联合在一起使用的确可以提高整个交易系统的有效性。

我们来展开分析一下这个过滤过程。我们先看一下慢速指标设置，对于交易者准备做多入场的信号，我们预期慢速指标线会在发出信号之前跌落到相对较低的位置。只有当慢速指标线到达这种比较低的位置时，我们才会考虑快速指标线出现的情况。通过这种方式我们就实现了用慢速指标线来过滤快速指标线交易信号的目标。这样一来，我们既能充分利用慢速指标线比较精准的性能，又能利用快速指标线提供的及时交易信号。交易者也可以把慢速指标线想象成一个分类检测器。只有那些慢速指标线到达比较理想状态时的快速指标线交易信号才是合格的。

为了最大程度地发挥过滤过程的作用，交易者可以摒弃仅仅使用一个超卖线和一个超买线的设置，改用多重超买超卖线设置。对于慢速指标线而言，较宽的超卖区和超买区设置意味着它过滤掉的信号数量会减少，这样一来，在快速指标线超卖区和超买区不变的情况下，快速指标线发出的信号将会更多地被交易者采用。另一方面，如果把快速指标线超买区和超卖区缩窄，那么系统发出信号的准确度就会提高。

虽然这个理念对于任何摆动指标交易系统来说都是适用的，但是它在随机指标上的效果更好一些。基于这个原因，我们下面先来看看过滤作用在这个指标上的效果。

为了展示低敏感度指标设置的过滤作用，我们首先观察一下ITWO

第六章　指标参数设置

股票（上市公司名称 i2 Technologies Inc.）在一个交易日的震荡走势（图 6.1）。图中显示的指标线是 45 期快速 D 线，大多数随机指标常用设置的一个重要指标线。超卖线和超买线分别设置在 30 和 70 指标值处。

在图 6.1 中的副图窗口中，你可以看到这根 45 期快速 D 线的图形。我已经通过编程的方式把这条线位于超卖区和超买区的部分加粗显示。这种设置可以让交易者仅仅关注这些加粗的指标线部分。再次说明，只有当指标线位于超卖区时，才可以考虑买入信号；也只有当指标线位于超买区时，才可以考虑卖出信号。你可以看到，这种设置的指标线为交易者入场交易提供了相当宽泛的区域。

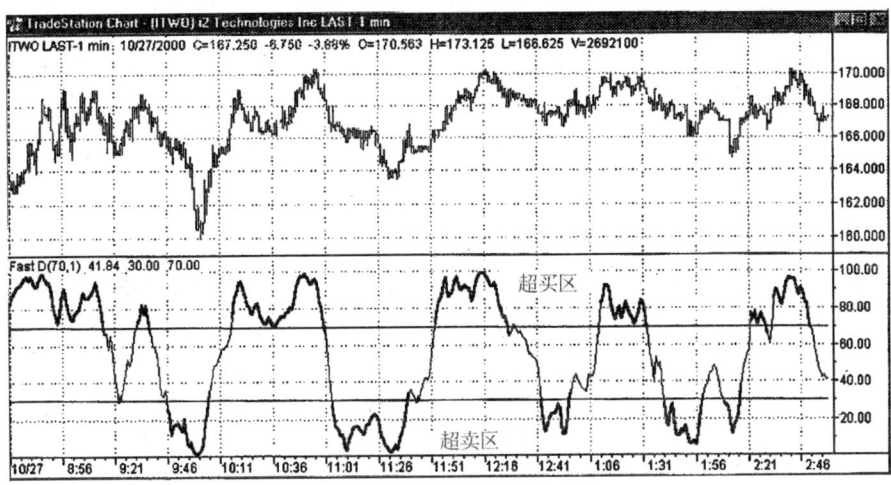

图 6.1　这里展示的是随机指标双重指标线中的快速 D 线，它的期数设置是 45，对应的超卖线位于 30 指标值处，超买线位于 70 指标值处。只有当这根线位于超卖和超买区时，才可以考虑小期数设置的指标线发出的交易信号。本图采用欧米茄研究公司（Omega Research, Inc.）交易站 2000i（TradeStation® 2000i）软件平台制作。

在图 6.2 中，我把超卖线和超买线分别调整到 20 和 80。你可以看到与前面那张图相比，交易者可以进行交易的区域变窄了。我们现在看一下图 6.3，图中的超卖线和超买线分别调整到 10 和 90，交易者可以进行交易的区域受到了更多的限制。顺便提一句，我们将会在产生交易信号的快速指标线上使用这些设置。

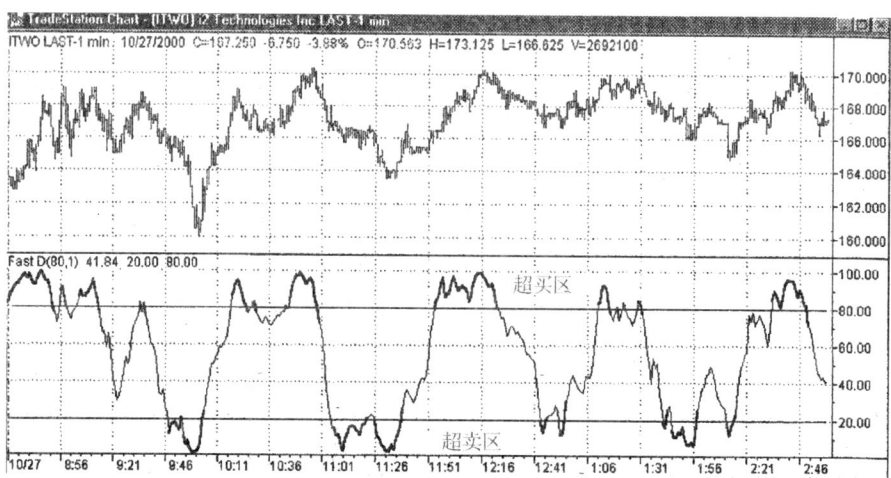

图6.2　当把超买线从70调高到80，把超卖线从30调低到20时，你可以看到可以产生交易信号的时间区域被大大地缩减了。本图采用欧米茄研究公司（Omega Research, Inc.）交易站2000i（TradeStation® 2000i）软件平台制作。

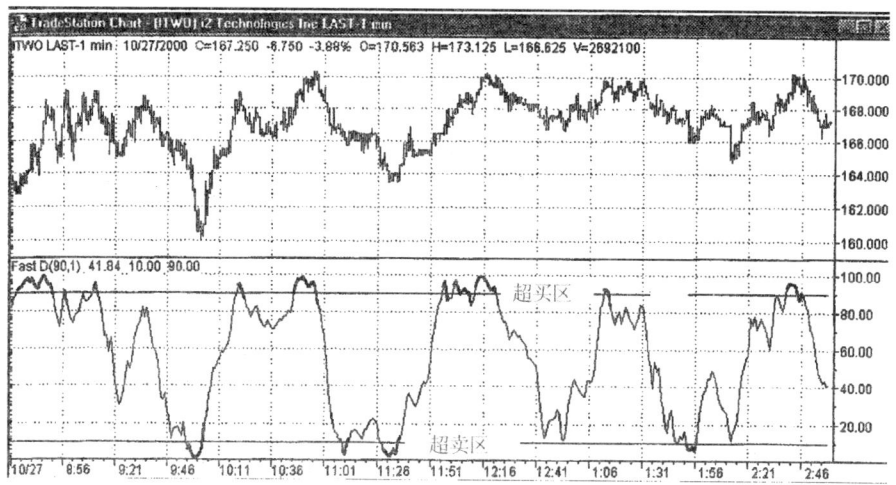

图6.3　把指标慢线的超买线和超卖线分别调整到90和10极大地缩减了交易机会，几乎到了一个没什么用处的地步。对于双线指标而言这两个设置可以有效地用于指标的快线。本图采用欧米茄研究公司（Omega Research, Inc.）交易站2000i（TradeStation® 2000i）软件平台制作。

第六章 指标参数设置

　　在这个指标线上，允许交易者进行交易的区域已经被限制到几乎没什么用处的地步，当然这主要是出于展示说明的目的。交易者看到这张图可能会有一种使用这种方法进行实盘交易的冲动。但是你要记住，摆动指标交易系统只是在震荡走势中表现优异。另外一点你也要清楚，这个走势是一种近乎完美的日内震荡走势，我们精心选择这个走势的目的就是想用它来展示摆动指标的双重参数设置理念。虽然走势图中显示出的交易机会看起来非常不错，但是当你把它放到一个包括上升趋势日和下跌趋势日的更长交易期间来观察时，你就会发现结果并不总是那么好。

　　现在我们来考虑一下双线指标的快线参数设置。图6.4在ITWO股票的同一天走势中展示了7期快速D线。

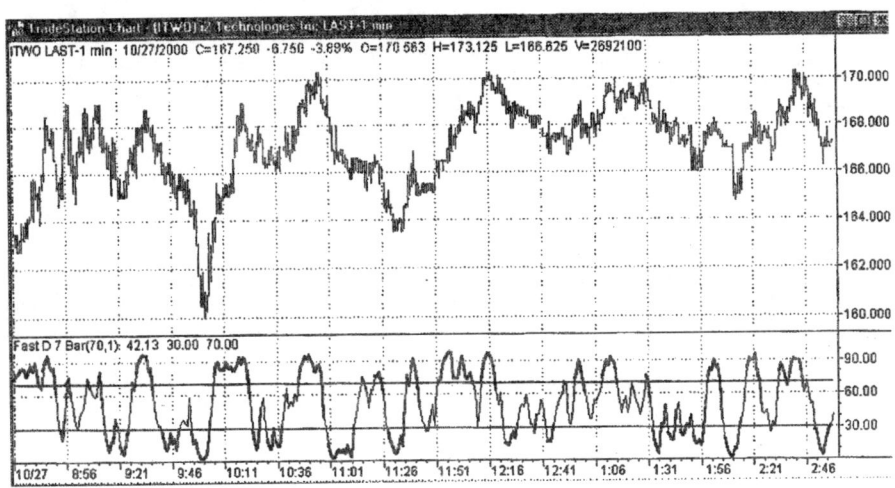

　　图6.4 把70和30分别作为超买线和超卖线的7期快速D线产生了太多无用的信号。图6.1中的指标线采用的是45期期数设置，超买线和超卖线也同样分别是70和30，你可以对比分析一下二者的交易机会。本图采用欧米茄研究公司（Omega Research, Inc.）交易站2000i（TradeStation® 2000i）软件平台制作。

这个 7 期快速 D 线分别把 70 和 30 指标值作为超买线和超卖线。这两个位置对于 45 期快速 D 线也是非常有效的。当你把这个走势图和前面展示指标慢线（45 期快速 D 线）的走势图相对比时，你就会注意到二者具有很多同样的入场区域。你也会发现在当前走势图上指标给出了更多的入场点，有些入场点出现的时机远远早于理想入场点。虽然加粗显示的指标线确实标识出了几个主要交易区域，但是你细心观察就会发现这种方法不能作为一套实盘交易的工具。

图 6.5 的价格走势与图 6.4 完全一样，但是图 6.5 中的指标对应的超买线和超卖线分别在 90 和 10 处。你一眼就可以看到指标线确认的主要交易区域被极大地缩窄了。另外你仔细观察就会发现有不少交易信号很容易导致亏损。图上已经标识出了不少这样的区域。

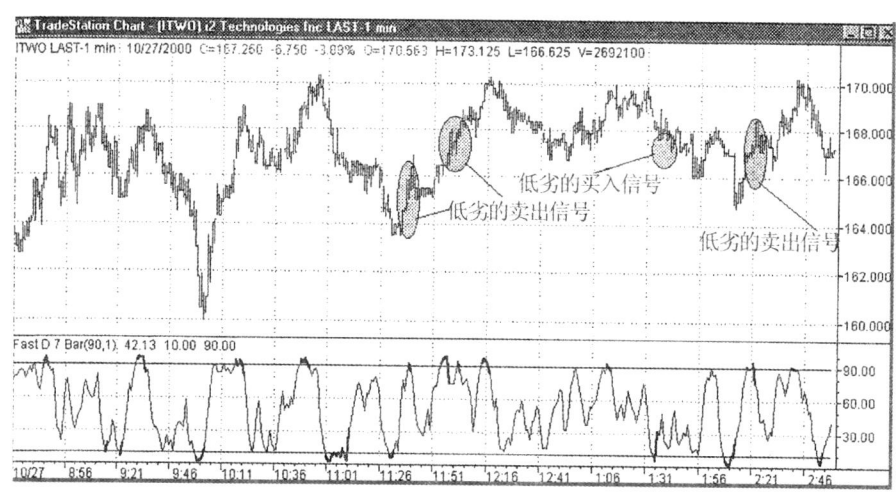

图 6.5　把 7 期快速 D 线的超买线和超卖线分别调整到 90 和 10 后，指标产生的交易信号被大幅缩减，但是，指标仍然发出了不少非常不合适的交易信号，图中已经标注出来了一些。本图采用欧米茄研究公司（Omega Research, Inc.）交易站 2000i（TradeStation® 2000i）软件平台制作。

第六章　指标参数设置

现在我们把两种不同期数设置的指标线同时展现在一张走势图上。请看图6.6，下面我们详细探讨一下这两条指标线共同作用产生的交易信号。

在这张图上，45期快速D线作为一个信号过滤器或者分类检测器，它的粗线部分可以更清晰地确认在哪些棒线上适合发出交易信号。图中7期快速D线对应的超买超卖区域与图6.5是一致的。

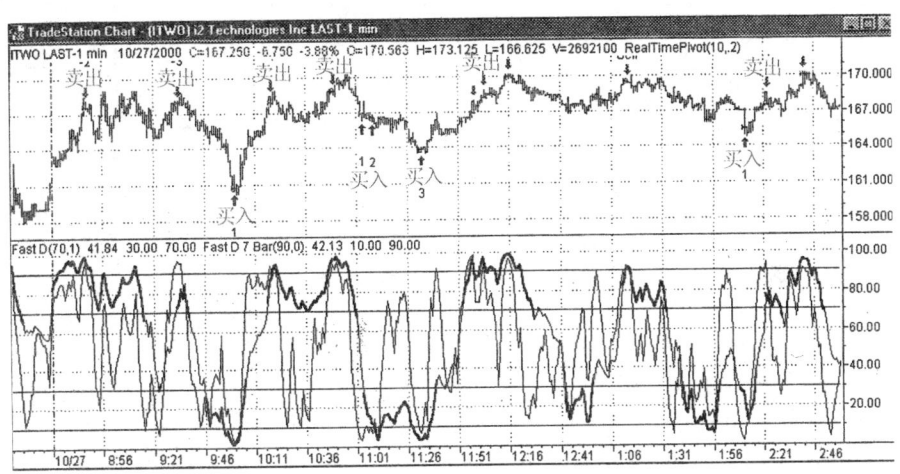

图6.6　具有不同超买超卖线设置的45期指标慢线和7期指标快线共同发挥作用，只有同时符合两条指标线要求的交易信号才可以被交易者考虑。本图采用欧米茄研究公司（Omega Research, Inc.）交易站2000i（TradeStation® 2000i）软件平台制作。

对于这个展示性交易系统，图中买卖箭头标识的就是它的入场点。它们依据的原则如下：

对于买入信号：

1. 45期快速D线必须低于30。
2. 7期快速D线必须低于10，而且必须在保持低于10的情况下以收盘价的方式拐头向下。

对于卖出信号：

1. 45 期快速 D 线必须高于 70。
2. 7 期快速 D 线必须高于 90，而且必须在保持高于 90 的情况下以收盘价的方式拐头向下。

图 6.7 详细展示了买卖信号产生的过程。

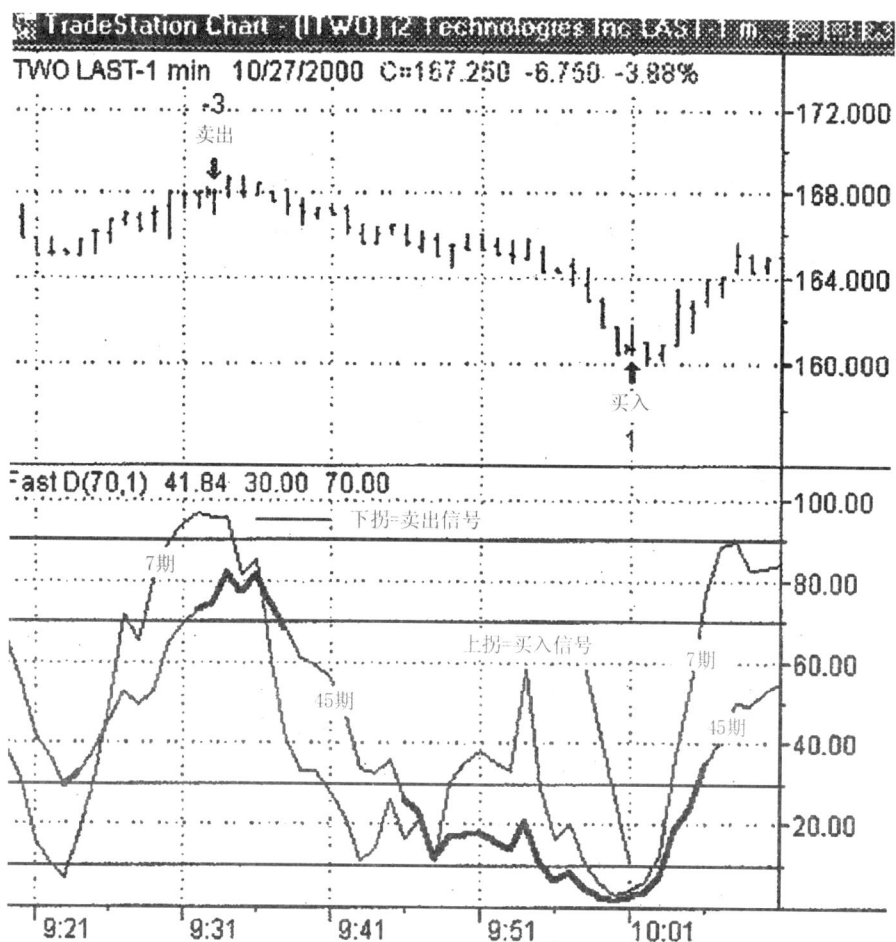

图 6.7　交易信号是由不同超买超卖线设置的 45 期指标慢线和 7 期指标快线共同发挥作用产生的，只有两条指标线都在超买或超卖区，而且快线以收盘价方式出现反向拐头时，系统才会发出交易信号。本图采用欧米茄研究公司（Omega Research, Inc.）交易站 2000i（TradeStation® 2000i）软件平台制作。

第六章 指标参数设置

我们先来看一下图中显示的做空卖出信号。首先随机指标的45期指标线必须高于70指标位，而且在信号发出之前它必须保持在70上方。我已经用粗线的方式标明了这一个可以产生做空信号的区域。其次随机指标的7期指标线必须高于90指标位。最后，这条7期指标快线必须以收盘价的方式向下拐头，只有在这个时候，系统才发出做空卖出信号。

做多买入信号产生的过程与做空信号是一致的。首先随机指标的45期指标线必须低于30指标位，而且在信号发出之前它必须保持在30下方；其次随机指标的7期指标线必须低于10指标位。最后，这条7期指标快线必须以收盘价的方式向上拐头，只有在这个时候，系统才发出做多买入信号。图中的买入信号就是在三个条件同时满足的情况下才产生的。

你可以从图中注意到，45期指标线表明了一个相当大的可以买入做多的区域。事实上，交易者应该从上午9：46开始保持一个比较警觉的状态，随时准备做多入场交易。当这条指标线低于30的时候，可以买入的窗口已经打开了，直到上午10：06这条线向上拉起超越30指标位做多窗口才关闭。在很多情况下，在这种窗口内出现的买入做多信号会比主要入场点提前几根棒线。但是如果等到这根指标线再回到30上方再入场做多，就太晚了，容易错过最佳入场点。我们的实际入场点是由随机指标的双线共同作用产生的。图6.6展示的整个日内走势中的所有买卖信号都是这种方式产生的。使用随机指标两条不同期数设置的指标线，我们可以在一个非常接近底部的位置入场做多。

所有使用这种方法的入场信号都是这么精准吗？当然不是。这个日内走势是我们为了展示交易信号产生过程而精心挑选的。你可以回想一下我们在前面章节中探讨过的内容，这种摆动指标只在盘整震荡走势中表现良好。我们下面来看一下这种双线组合在趋势状态下的表现。图

6.8 中的上升走势我们在前面探讨指标型交易系统具体表现时用过。

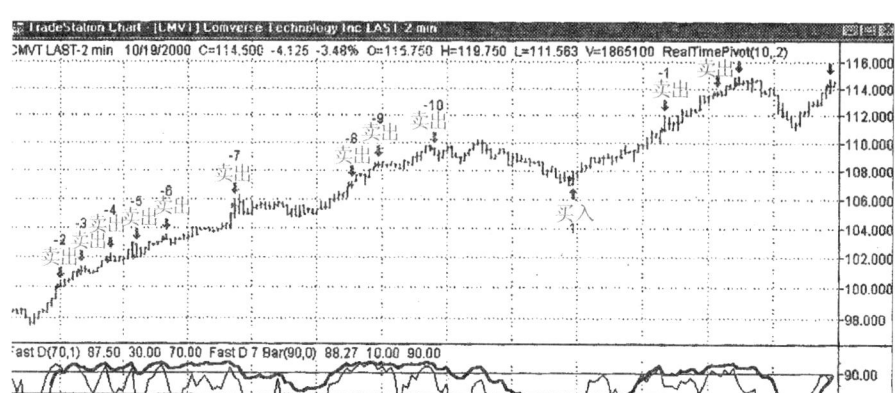

图 6.8　虽然基于随机指标双线共同作用的交易策略可以极大地减少交易信号的数量，而且可以提高那些顺着主要趋势进行入场交易的信号准确性，但是在这种仅仅把摆动指标作为交易策略的系统中，交易者很难避免会不断地进行逆势交易。本图采用欧米茄研究公司（Omega Research，Inc.）交易站 2000i（TradeStation® 2000i）软件平台制作。

仔细观察你就会发现，即使我们把指标双线融入到我们的交易系统中，系统也仍然会持续不断地逆着强烈上涨的走势发出做空卖出的信号。为了把我们调整过的随机指标双线交易系统与普通的单一参数设置随机指标交易系统进行对比，我们在图 6.9 中沿用了我们前面章节中用过的指标设置。图 6.9 的走势与图 6.8 完全一致。

对比这两张图，我们就会发现即使图 6.8 中的交易系统没有消除逆势交易的信号，但是交易信号的数量已经比图 6.9 中的少了很多。更为重要的是，图 6.8 中的交易系统仍然在下午 1：00 左右结束的回调走势末端发出了做多买入交易信号。这种交易信号是我们要在最终的交易系统中尽力捕捉到入场点。不论是何种参数调整，如果调整后的交易系统

第六章 指标参数设置

没有发出这样的交易信号,那么整个交易系统的获利预期就会大打折扣。在这个例子中,我们利用参数调整后的指标双线共同发挥作用的优势成功缩减了一些入场点,从而在不影响交易信号准确性的情况下消除了一些不利因素。

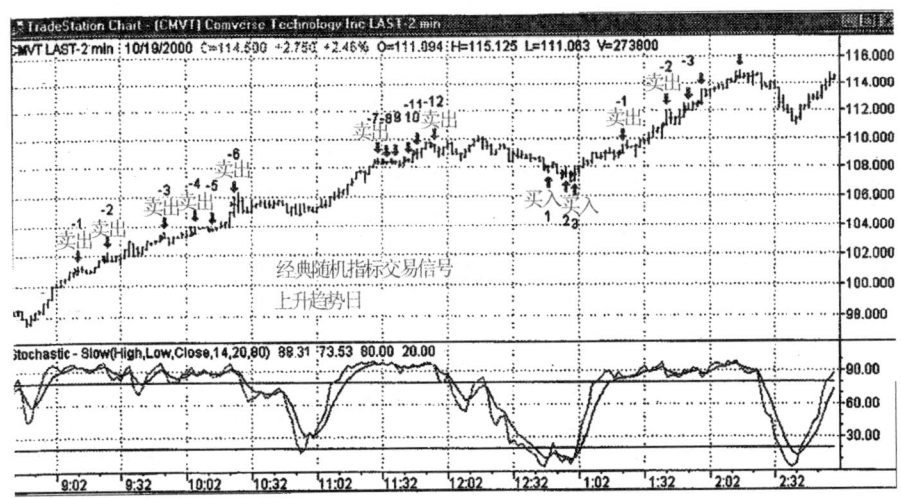

图6.9 单一参数设置摆动指标交易系统发出的交易信号,请把它与图6.8进行对比。本图采用欧米茄研究公司(Omega Research, Inc.)交易站2000i(TradeStation® 2000i)软件平台制作。

图6.10展示的是我们调整过参数的随机指标双线交易系统在一个温和下跌走势中的表现情况。

这种进行过参数调整的随机指标双线交易系统在这个温和下跌走势中改善了普通随机指标交易系统的缺点。你可以看到,即使调整后的交易系统仍然持续发出逆势做多的信号,但是很多早盘逆势做多的交易信号都获得了一定的收益。这是因为,在占整个日内走势三分之一区域的早盘走势中,经过参数调整的随机指标双线交易系统比较及时地识别出了急剧下跌走势的衰竭点并在相对底部附近发出了做多信号。虽然早盘整个走势也是下跌趋势,但是系统几次在反弹前发出买入信号,这也就相对地避免了逆势的亏损。对于那些为获取小利而多次进出场的交易者而言，尽管这种方法在这种走势中会获取一定的利润，但是它仍然是一种比较危险的逆势交易行为。当然这个系统也发挥出了它的优点，你可以观察到它在日内走势中间，上升反弹的顶部附近发出了一个近乎完美的顺势做空卖出信号，随后的下跌走势持续了差不多半个日内交易的时间。我们将会在以后解释支撑和阻挡用法以及单边趋势日过滤器辅助确定日内主要趋势方向的方法时再次用到这个温和的下跌走势。

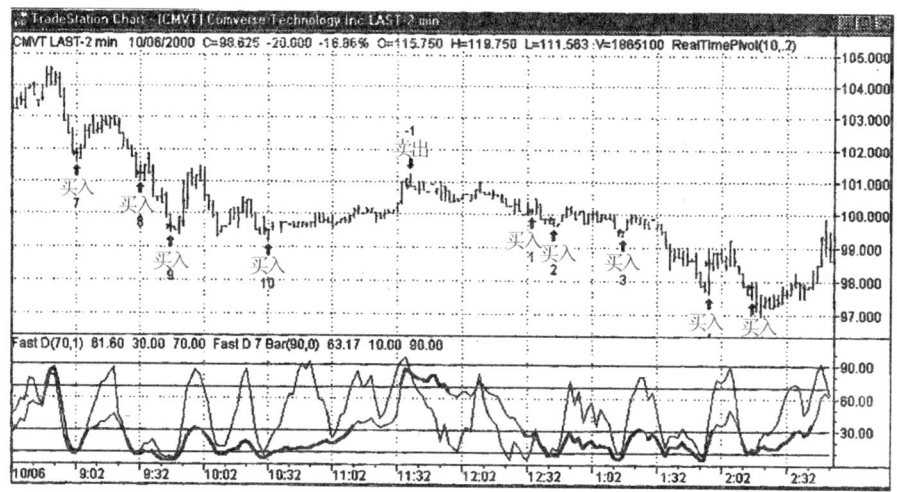

图 6.10　虽然早盘做多的几次交易属于逆势交易，但是摆动指标交易系统再次发挥了它的优势，准确识别了下跌趋势中的上升反弹高点，并及时发出了顺势做空的卖出信号。本图采用欧米茄研究公司（Omega Research, Inc.）交易站 2000i（TradeStation® 2000i）软件平台制作。

相对强弱指标 RSI 和百分比指标 Pct R 同属于摆动指标，它们具有与随机指标同样的特性倾向。图 6.11 展示了盘整震荡走势中 50 期和 75 期百分比指标线共同发挥作用产生交易信号的情况。

第六章　指标参数设置

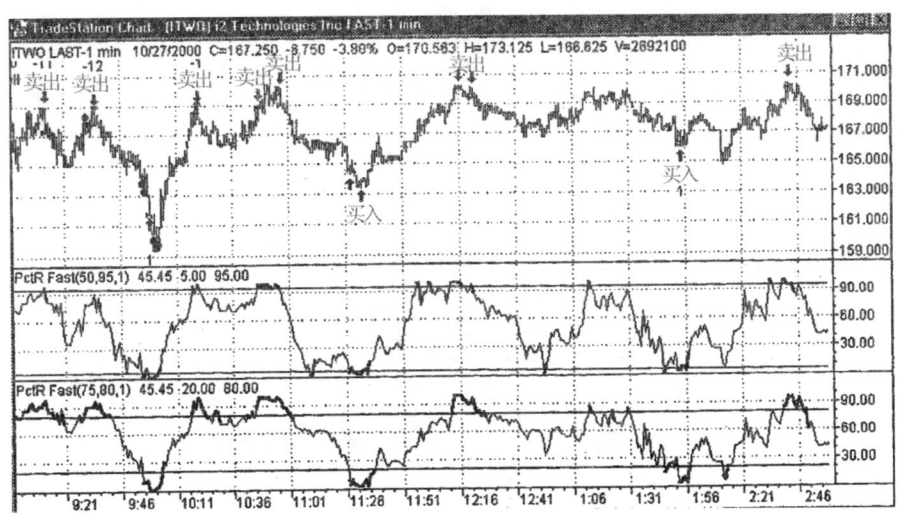

图 6.11　图中的交易信号是由 50 期和 75 期百分比指标线共同发挥作用产生的。两条线分别位于两个副图以便于清晰地展示它们的相互关联作用。本图采用欧米茄研究公司（Omega Research, Inc.）交易站 2000i（TradeStation® 2000i）软件平台制作。

本章内容回顾

1. 摆动指标快线会发出大量的交易信号，其中有很多信号都太过提前于市场主要反转点。
2. 摆动指标慢线发出信号的精准度较高，但是一般给出信号的时机都比较滞后。
3. 大多数进行过参数调整后的摆动指标双线交易系统虽然改善了交易入场时机，但是仍然会持续不断地在上升趋势中发出做空信号，在下跌趋势中发出做多信号。

第七章
支撑和阻挡类别

虽然支撑和阻挡的图表形态有好几种，但是我们在本章仅仅探讨 1 类、2 类和 3 类支撑和阻挡位的定义以及与它们有关的出入场技巧。

重要性

尽管我们将会在后面内容中详细探讨支撑和阻挡的用法，但是我们先来分析一下为什么这个形态分析的基本概念这么重要。简单说起来，这些点之所以重要，是因为它们对于计算出入场位置起着非常重要的作用。我们在后面的内容中也会详细解释用于出入场的各种交易单类型。但是现在你需要理解的一点就是，我们这里探讨的支撑和阻挡是用来确定出入场位置的关键点。另外，在我们展示的案例当中，这些关键点也会被用来设置追踪止盈位或者追踪止损位。

市场价格通过它本身的变动行为形成了这些支撑和阻挡位。因此，当这些关键点被突破的时候，市场本身就确认了一个潜在的趋势反转信号。关键支撑和阻挡位的突破通常是市场趋势发生重大变化的最后确认；也经常是主要的交易入场点。这种信息对于科学严谨的走势分析而言也是至关重要的。为了便于交易分析，我们分别定义三种支撑和阻挡类型。

构造

我们划分支撑和阻挡类型的依据就是这些关键点前后符合要求的棒线数量。比如，1类支撑点就是指那些支撑点本身所在棒线的前后各有一根也只能分别有一根最低价高于支撑点的棒线的支撑点。2类支撑点要求支撑点本身所在棒线的前后各有两根最低价高于支撑点的棒线的支撑点。以此类推，3类支撑点就是那些要求支撑点本身所在棒线的前后各有三根最低价高于支撑点的棒线的支撑点。我们下面要对这六种关键点进行更为精准的解释和定义。先从1类支撑和阻挡开始解说。

1类支撑和阻挡

阻挡

为了确定这种特定的阻挡位，市场价格棒线必须在支撑点前后出现特定的构造形态。首先，阻挡位所在棒线的前面（左侧）一根棒线的最高点必须低于我们的1类阻挡位（或者称为1类阻挡点）；其次，阻挡位所在棒线的后面（右侧）一根棒线的最高点也必须低于我们的1类阻挡位。很明显，1类阻挡位中的1就是指该类阻挡位所在棒线的前后各有一根棒线。这就是1类阻挡位的构造。

图7.1展示了几个1类阻挡点的例子。图中灰色椭圆区域展示的就是这种1类阻挡点的构造。

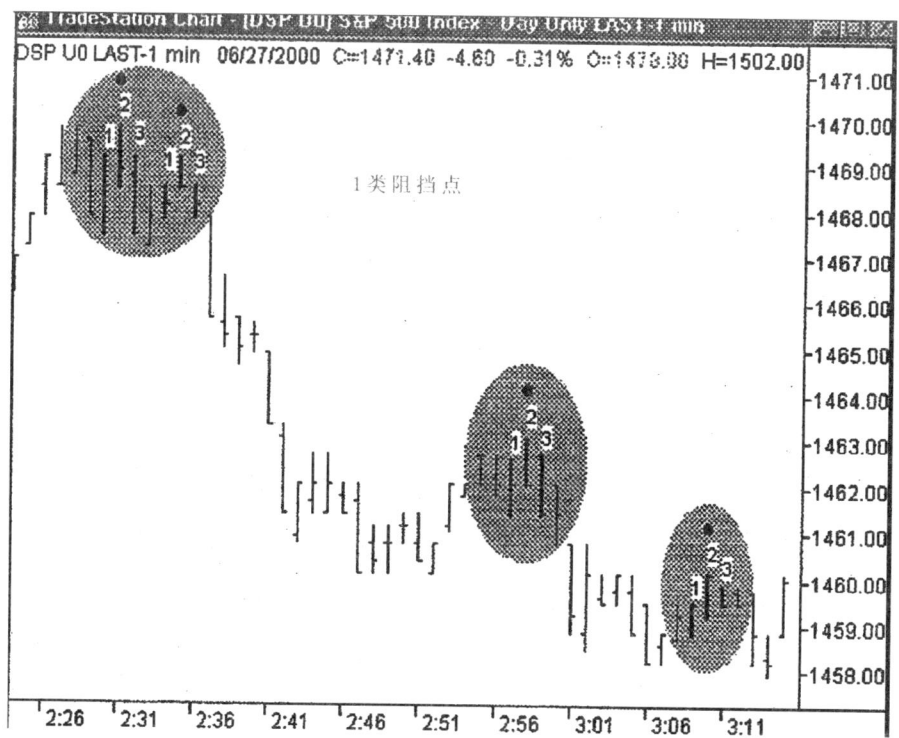

图7.11 类阻挡点指的是某一根棒线的最高点,这根棒线的前后各有一根棒线,而且前后两根棒线的最高点必须低于1类阻挡点。本图中标识出了几个这样的1类阻挡点构造。本图采用欧米茄研究公司(Omega Research, Inc.)交易站2000i(TradeStation® 2000i)软件平台制作。

在左上角的灰色椭圆区域中,有两个1类阻挡点。你可以看到阻挡点所在的棒线上方标注着一个黑点。每一个1类阻挡点构造形态都包括三根棒线。棒线2的最高点就是阻挡点,棒线2的前后各有一根棒线,分别标着1和3,棒线1和3的最高点都低于棒线2的最高点。这种构造形态就是我们所指的1类阻挡点(或称它为1类阻挡位)。

在灰色椭圆区域标明的每一个阻挡点构造形态内,来自市场参与者的卖压都是非常强大的,这种卖压足以把市场价格打压到一个较低的位置。我们先来看一下第一个灰色椭圆区域内的第一个1类阻挡点的三根棒线形态。这个构造形态是从棒线1开始的，棒线1的开盘价稍微低于它前面棒线的收盘价，然后市场价格开始迅速反弹，这个棒线1的上升反弹差不多收复了前一根棒线造成的所有失地。棒线2高开后遇到了前期高点的阻挡。由于种种原因（不论是技术面还是基本面的原因）市场在棒线2的高点遇到了强大的卖压。这种卖压不仅造就了棒线2的最高点，而且也限制了棒线3的最高点。棒线3的开盘价稍微低于棒线2的收盘价，然后市场价格开始反弹上升，市场卖压再次发挥主导作用，不但阻止了市场价格接近棒线2的最高点，而且把棒线3的收盘价压低到接近棒线3最低点的位置。

从图中你可以看到，市场价格在形成两个1类阻挡点构造后，这个阻挡区域发挥了非常有效的阻挡作用，市场价格开始在随后的十几分钟内出现了急剧下跌走势。然后市场开始反弹，形成了第三个1类阻挡点，这个阻挡点终结了整个反弹走势迫使市场继续下行。第四个1类阻挡点虽然仍然发挥了它的阻挡作用，但是由于它形成的时间接近收盘时间，因此它的重要性就差了一些。

从图中我们可以观察到四个1类阻挡点上方的黑点随着日内走势的展开而逐渐走低，非常有效地发挥了阻挡作用。但是它们并不是我们这种方法定义的1类阻挡点。我们所说的1类阻挡点是指这种三根棒线构造形态中的中间一根棒线最高点，而不是图中黑点代表的价格。你将会在以后的章节中看到，这种阻挡点对于我们确定出入场点具有很重要的意义。

支撑

图7.2中的灰色椭圆区域展示了几个1类支撑点。我们在每一个支撑点的下方都标注了一个小黑点。就像1类阻挡点一样，这种1类支撑点所在的棒线前后必须各有一根具有特定属性的棒线。一方面，出现在1类支撑点左侧的棒线最低点必须高于我们定义的1类支撑点；另一方面出

现在1类支撑点右侧的棒线最低点也必须高于1类支撑点。我们在图7.2中用数字1、2、3标识了每一个1类支撑点构造形态的三根棒线,其中这些构造形态中的棒线2代表的就是1类支撑点所在的基准棒线。

图中第二、第三和第四个灰色椭圆区域内都包括两个1类支撑点。每个椭圆区域的两个1类支撑点形成了一个复合支撑点构造形态。在其中的两处椭圆区域中,第一个1类支撑点构造形态的棒线3同时也发挥着第二个1类支撑点构造形态的棒线1的作用。虽然没有计算机自动化程序的帮助,交易者识别这些复合型1类支撑点构造形态的时候有点费劲,但是它们比简单的一个1类支撑点构造形态的支撑效果更好。

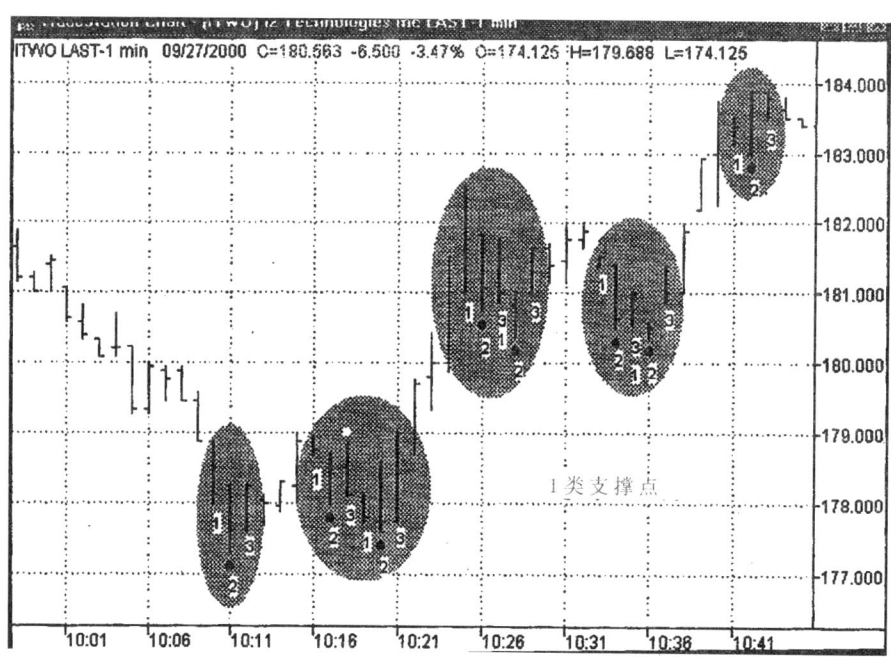

图7.2　1类支撑点是与1类阻挡点相对而言的。1类支撑点所在棒线的前后一根棒线的最低点必须高于1类支撑点。这种支撑点是由足够强大的做多力量造成的,因此它通常能够发挥比较重要的支撑作用。本图中标识出了几个这样的1类支撑点。本图采用欧米茄研究公司(Omega Research, Inc.)交易站2000i(TradeStation® 2000i)软件平台制作。

2 类支撑与阻挡

支撑

2 类支撑点也是价格走势图上的一个相对低点，市场在这个支撑点处出现了比较强大的买入做多力量。

为了确定这种特定的支撑点，市场价格棒线必须在支撑点前后出现特定的构造形态。首先，支撑点所在棒线的前面（左侧）两根棒线的最低点必须高于我们的 2 类支撑点（或者称为 2 类支撑位）；其次，支撑点所在棒线的后面（右侧）两根棒线的最低点也必须高于我们的 2 类支撑点。很明显，2 类支撑点中的 2 就是指该类支撑点所在棒线的前后各有两根棒线。这就是 2 类支撑点的构造。

请参照图 7.3，你首先可以注意到组成 2 类支撑点构造形态的每一根棒线都是粗体显示的。其次，我们在灰色椭圆区域中每一个 2 类支撑点的下方都标注了一个黑点。我们将会在后面介绍如何利用这种 2 类支撑点所在的价位来设置交易入场点。在这种由 5 根棒线组成的支撑点构造形态中，2 类支撑点所在棒线被标注为棒线 3。棒线 3 的最低点就是我们所指的 2 类支撑点。你可以看到，棒线 3 前面的棒线 1 和棒线 2 的最低点都比棒线 3 的最低点高；另外棒线 3 后面的棒线 4 和棒线 5 的最低点也都比棒线 3 的最低点高；这就是 2 类支撑点构造形态所必须具备的条件。顺便提一句，在图中的两处 2 类支撑点构造形态中，你或许会注意到棒线 1、2、4 和棒线 5 的最高点都高于棒线 3。虽然这种情况经常出现在市场走势中，但是它对于我们的 2 类支撑点构造形态来说并不是必需的。

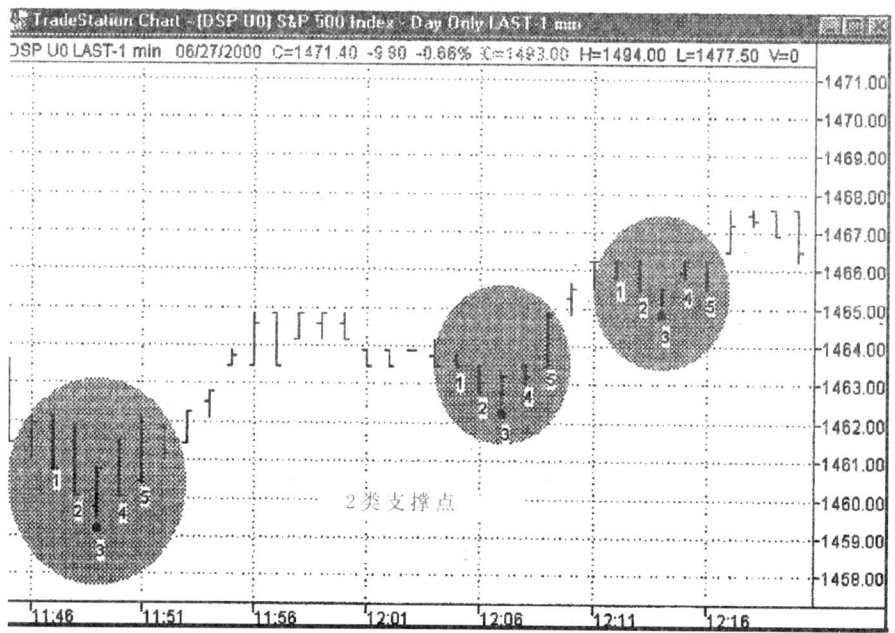

图 7.3　2 类支撑点所在棒线的前后各两根棒线的最低点必须高于 2 类支撑点。图中棒线 3 的最低点就是可以用来作为追踪止损点的 2 类支撑点。本图采用欧米茄研究公司（Omega Research, Inc.）交易站 2000i（TradeStation® 2000i）软件平台制作。

　　图 7.4 展示了这一点。你可以从图中看到另外几个 2 类支撑点的构造形态。在编号为 3#支撑点的 2 类支撑点构造形态中，2 类支撑点所在的棒线 3 的最高点就高于或等于形态内其它三根棒线最高点，在这个形态内只有一根棒线最高点高于棒线 3 的最高点。但是，你可以很明显地看到 2 类支撑点所在棒线 3 的最低点低于形态内其它 4 根棒线的最低点。这是 2 类支撑点具备的关键因素。我们想要在这里说明的是图 7.4 中的 2 类支撑点与图 7.3 中的 2 类支撑点是具有同等效力的。虽然你将来会看到很多类似图 7.3 中的 2 类支撑点，但是你必须明白这两种 2 类支撑点的重要性都是一样的。

第七章　支撑和阻挡类别

图7.4　交易者可以在市场突破这些2类支撑点时入场交易。你可以看到在前两个2类支撑点被突破后，市场开始加速下跌。提前设置在1#和2#支撑点突破处的做空交易单可以在加速下跌走势开始时自动触发入场。本图采用欧米茄研究公司（Omega Research, Inc.）交易站2000i（TradeStation® 2000i）软件平台制作。

或许你偶然会在图7.3和7.4中注意到同样的2类支撑点构造形态在一定区间范围内连续出现。当你把支撑和阻挡作为一个重要的常规分析手段时你会观察到这种现象经常出现。如果走势图中连续出现了几个类似的支撑点，而且它们中间没有阻挡点存在，那么图表分析者应当把这种现象作为确认市场价格主要支撑点已经出现的一个额外证据。回忆一下我们在第三章"人、价格、人性和胜算概率"中关于价格走势形成支撑和阻挡的市场力量的探讨，你就会立即明白在一个相对较短的时间内多重2类支撑点的出现是一个特定价位上买入力量占主导地位的又一证据。因此，在这种某一价位上供小于求的额外证据提醒下，交易者将会更加坚信市场中一个重要的支撑点已经出现。另一方面，对于我们的交易目的更为重要的是，一旦市场价格最终突破了这些支撑点，交易者就可以预期市场可能会出现一个加速下跌的走势。

虽然本书后面章节将会更加详细地探讨这方面的话题，但是图7.4展示的两个支撑点构造形态的用法值得我们在这里先解说一下。

请先看一下图中前两个标着1#和2#支撑点的两个2类支撑点，在市场走势形成这两个支撑点后不久，市场价格就快速突破了这两个支撑点。如果这些支撑点应该起到支撑作用，那么为什么当市场很容易突破它们的时候，它们变得反而重要了呢？

答案就是：既然我们已经确定这些支撑点确实是重要的支撑位置，那么市场价格变动对这些位置的突破就意味着这些支撑点是无效的。这一点对于交易上的意义就是在这些支撑点下方设置一个做空入场交易单，一旦市场突破这些位置，我们就顺势入场。当把这一点与单边趋势日过滤器和常用摆动指标交易策略给出的信号融合在一起的时候，它们就形成了一个强有力的交易工具。有关这一点，后面会有更多详细介绍。

阻挡

你可能已经预计到了，2类阻挡点的形成方式与2类支撑点是一致的。唯一的区别就是当我们定义阻挡时，我们考虑的是棒线的最高点而不是最低点。

为了确定一个2类阻挡点，一方面，这个阻挡点所在棒线的前面两根棒线的最高点必须低于这个阻挡点，另一方面，这个阻挡点所在棒线的后面两根棒线的最高点也必须低于这个阻挡点。当然这个阻挡点所在棒线的最高点就是我们所指的2类阻挡点。

图7.5展示了这种2类阻挡点的构造形态。图中左上角的灰色椭圆区域内展现的就是这样一个阻挡点。

第七章　支撑和阻挡类别　　　　　　　　　　　　85

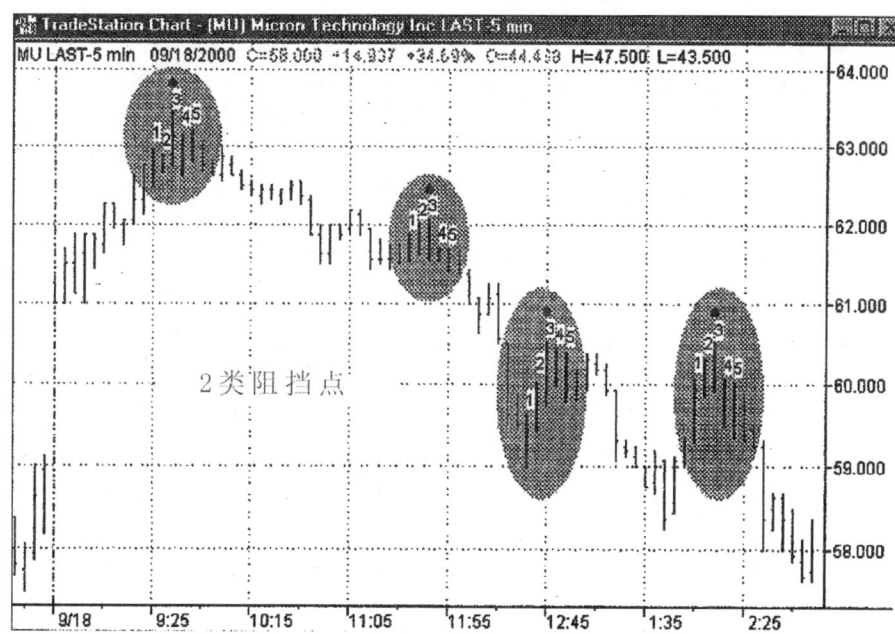

图7.5　2类阻挡点所在棒线两侧各有两根最高点低于2类阻挡点的棒线。只有当阻挡点所在棒线的后面两根棒线按要求形成后，才可以确认2类阻挡点，交易者才可以把它当作这种阻挡点来使用。在这个下跌走势中，这些2类阻挡点可以用来设置追踪止损位，从而有效地保护做空仓位既得利润。本图采用欧米茄研究公司（Omega Research, Inc.）交易站2000i（TradeStation® 2000i）软件平台制作。

就像前面探讨过的1类阻挡点一样，2类阻挡点所在的棒线也位于构造形态的中间位置，我们把这根棒线标注为棒线3，这根棒线的最高点就是我们所指的2类阻挡点。在图7.5中，我们在棒线3的上方都标注了一个黑点。你可以在图中看到，一方面棒线3前面的棒线1和棒线2的最高点都低于棒线3的最高点；另一方面，棒线3后面的棒线4和棒线5的最高点也都低于棒线3的最高点。虽然图中展示的这几个2类阻挡点构造形态在细节上有些不同，但是每一个构造形态中间的棒线3的最高点都高于其它4根棒线。图中第三个2类阻挡点构造形态的对称性要比前两个构造形态强一些。在第三个构造形态中你可以看到棒线2

的最高点高于棒线1的最高点,棒线4的最高点高于棒线5的最高点,这种结构形态是比较对称的。虽然形态比较对称的阻挡点构造更容易被交易者发现,但是它的有效性并没有因为它的对称性而增强。不论形态中棒线1和棒线2以及棒线4和棒线5之间有着怎样的相互关系,它们的重要性都是一样的。最为关键的一点就是棒线1、2、4、5的最高点都要低于棒线3的最高点。

3类支撑和阻挡

尽管每一个交易者都会使用这些工具去优化他们自己的交易策略,但是我发现很多交易者并没有把握好这一点。事实上,当交易者确定具体的入场点时这一点起着非常关键的作用。

3类支撑和阻挡与2类支撑和阻挡唯一的不同之处在于前者在中间棒线的两侧分别多了一根棒线。

支撑

图7.6展示的是微软公司的一个日内走势,我在图中标注了三个3类支撑点。你可以看到每一个3类支撑点所在的棒线两侧都分别有3根棒线,这六根棒线的最低点都高于中间棒线的最低点。这根中间棒线的最低点就是我们所指的3类支撑点。

当我们在后面探讨高胜算日内交易的入场点时,我们会再次使用到这个走势图。对于这个走势而言,在开盘一个小时后,市场价格的走势就表明了剩余的日内走势很可能是一个下跌走势。我们也会详细说明在9:30到10:00之间出现的那个逐渐衰竭点上升反弹走势。最后我们将会根据3类支撑点的理念把具体的做空入场点确定在59.375。这个做

第七章　支撑和阻挡类别　　　　　　　　　　　87

空入场点让我们顺利捕捉到了随后的下跌趋势。

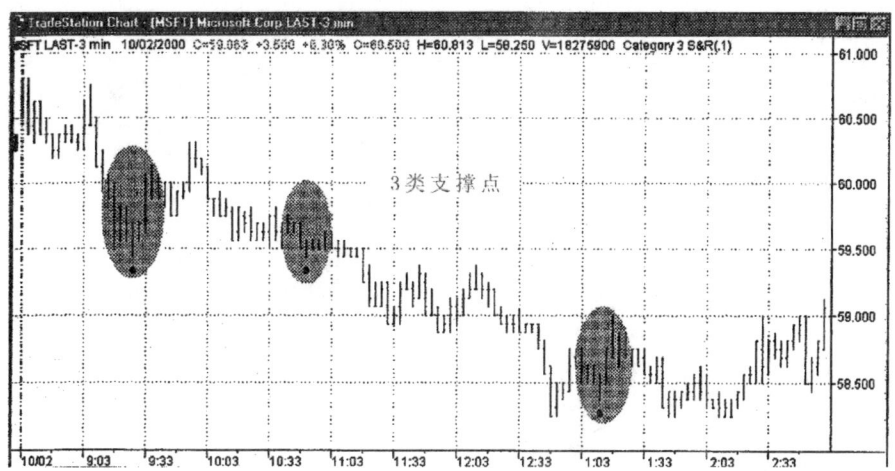

图7.6　3类支撑点构造形态要求中心棒线两侧必须各有三根最低点高于3类支撑点的棒线。我们将会在后面章节中使用这个走势图来展示如何根据这些关键点设置入场点和最初保护性止损位。本图采用欧米茄研究公司（Omega Research, Inc.）交易站2000i（TradeStation® 2000i）软件平台制作。

阻挡

本书主要定义六种支撑和阻挡，我们下面来探讨一下3类阻挡点。

图7.7展示的是SUNW股票（公司名称：Sun Microsystem Inc.）5分钟日内走势，这个走势中出现了5个3类阻挡点。

请记住在3类阻挡点所在棒线的两侧必须各有三根棒线，这六根棒线的最高点必须低于中间棒线的最高点。只有这种形态才能确认为3类阻挡点构造形态。

在第十和十一章，我们将介绍如何在开盘后不久就辨别出这个上升趋势以及如何确定上升趋势中的回调衰竭点。正是在这个过程中我们才能真正地根据3类阻挡点的理念把做多入场位分别确定在104.625

和 108.50。

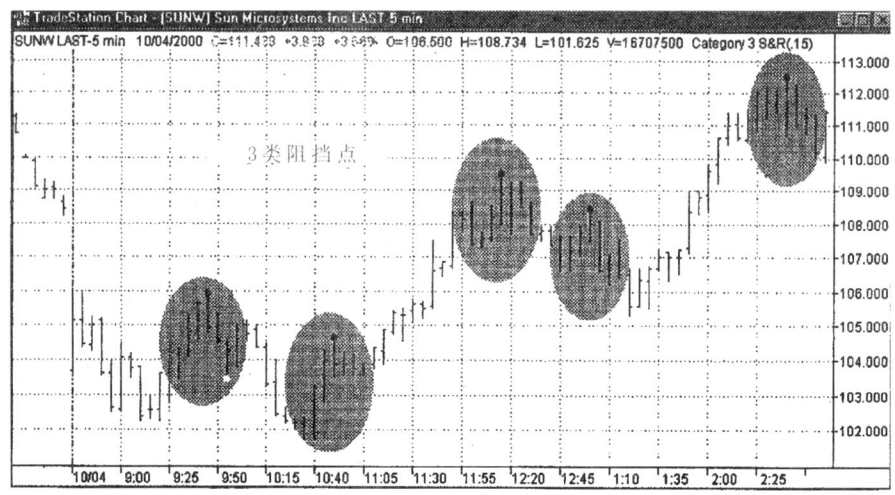

图 7.7 3 类阻挡点构造形态要求中心棒线两侧必须各有三根最高点低于 3 类阻挡点的棒线。请注意第二个和第四个 3 类阻挡点，虽然它们分别比第一个和第三个 3 类阻挡点低一些，但是它们的有效性都是一样的。本图采用欧米茄研究公司（Omega Research，Inc.）交易站 2000i（TradeStation® 2000i）软件平台制作。

多重复合支撑和阻挡构造形态

随着你对本章描述的这些支撑和阻挡构造形态的逐渐熟悉，你将会很快认识到各种类别的支撑和阻挡点经常在一起重叠出现。很明显，所有 3 类支撑和阻挡构造形态都包含 2 类和 1 类支撑和阻挡构造形态。中心棒线两侧分别各有三根符合要求棒线的 3 类构造形态也很容易符合 1 类和 2 类构造形态的要求，它们要求两侧分别具有的合格棒线的数量更少。其它类型的支撑和阻挡复合构造形态就不是这么明显了。为了展现那些复杂的复合构造形态，我们先来观察一个前面用过的走势图中出现的 1 类支撑点。

第七章　支撑和阻挡类别

在图 7.8 中，灰色椭圆区域标识出了几个 1 类支撑点，其中的两个支撑点构造形态在一定程度上出现了重叠现象。

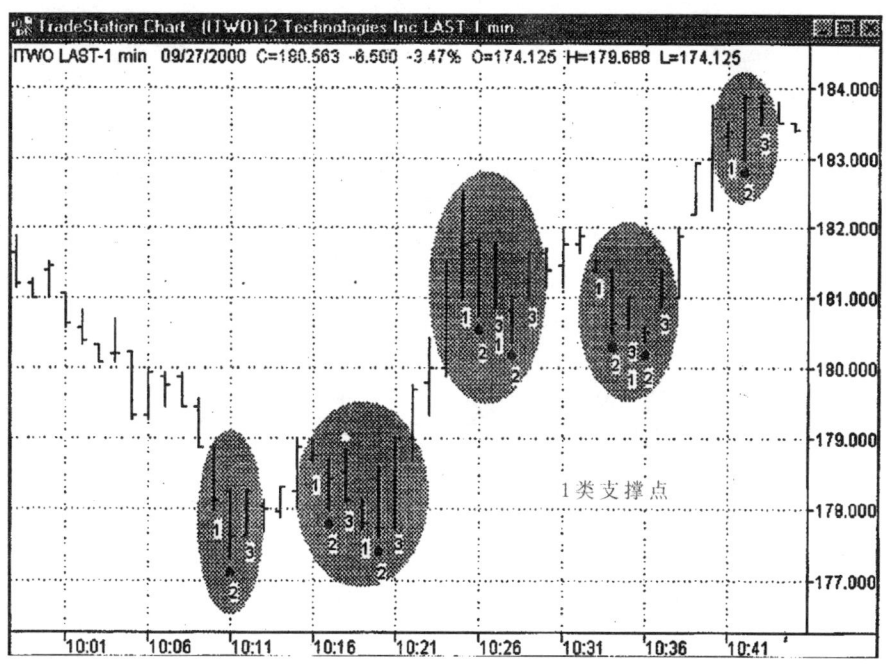

图 7.8　重要支撑区域出现多重复合 1 类支撑点构造形态。本图采用欧米茄研究公司（Omega Research, Inc.）交易站 2000i（TradeStation® 2000i）软件平台制作。

图 7.9 中的市场价格走势与图 7.8 中的完全一致，但是图 7.9 中标注的是 3 类支撑点构造形态，把 1 类支撑点的标注去掉了。你可以看到每一个 3 类支撑点下方都有一个黑点标识，而且每一个 3 类支撑点构造形态的棒线都是粗体显示的。

图 7.9 中的 3 类支撑点构造形态在走势中分布的位置也是比较经典的。你可以看到在上午 10：20 形成的 3 类支撑点比 9 分钟前形成的那个 3 类支撑点稍微高一点。这种形态分布清晰地展示了随着市场价格的逐步走高关键支撑点也逐步抬高的过程。第二个 3 类支撑点的形成充分

地体现了在第一个支撑点（177价位附近）出现的做多力量仍然在持续地发挥作用。

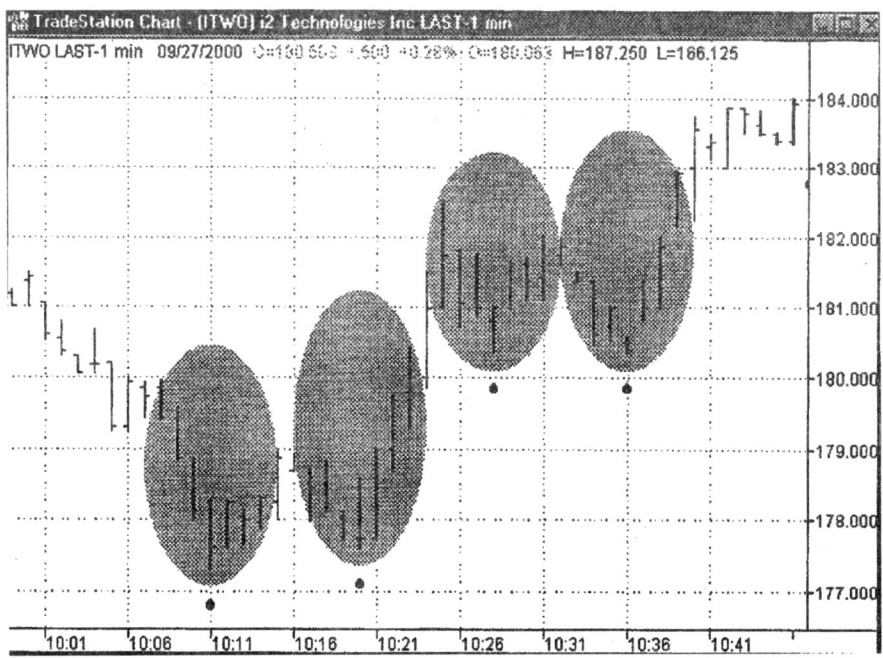

图7.9　在设置追踪止损位的时候3类支撑点具有非常重要的价值。本图采用欧米茄研究公司（Omega Research, Inc.）交易站2000i（TradeStation® 2000i）软件平台制作。

同样有意思的是下面两个3类支撑点的相互关系。你可以看到这两个支撑点刚好处于同一价位，它们形成了一个广为人知的双底结构。本例中，市场在第四个3类支撑点的行为再次测试了前期第三个3类支撑点（180.375）的支撑作用，做多力量在这个价位再次涌现，把价格迅速推到一个较高的位置。

我们在本章前面内容中曾经提过，一旦市场价格突破这些支撑点，我们就会利用这些价位进行做空入场。我们将会在后面再次使用这个走势图来解释为什么做空入场位不能直接设置在这些支撑点代表的价位

第七章 支撑和阻挡类别

上。把做空入场位设置在稍低于支撑点的价位上有利于避免我们在一个双底的位置做空入场，就像这个走势图中的最后两个位于同一价位的3类支撑点的情况。设置在一个稍低的位置要求市场价格必须击穿支撑点的位置才能使我们的交易单入场。这就避免了我们刚在支撑点上做空入场就由于市场价格立即受到了支撑开始迅速上涨而导致的亏损。本书后面章节中我们将对这种入场点设置的技巧进行更多探讨。

图7.10与前两幅图的走势是一样的，我们这次除了详细标识出了1类支撑点构造形态外，也用大一点的黑点标识了3类支撑点。

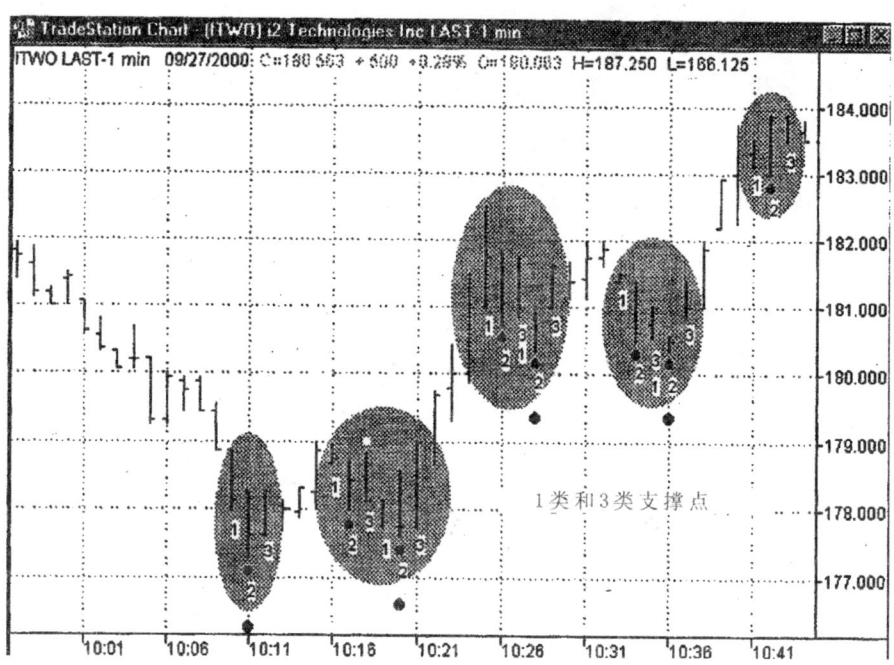

图7.10　1类支撑点构造形态经常处于3类支撑点构造形态的包裹之中。这种情况下，3类支撑点具有更为重要的意义。本图采用欧米茄研究公司（Omega Research, Inc.）交易站2000i（TradeStation® 2000i）软件平台制作。

请仔细观察图7.10中两类支撑点构造形态在确认不同级别支撑点过程中的相互作用。对于交易入场而言，3类支撑点的重要性要比1类支撑点更强一些。1类支撑点由于构造形态要求相对较为简单，因此在走势图上出现得更频繁一些。虽然3类支撑点由于构造复杂而需要等待更长的时间才能确认，但是这种等待却是值得的。

当你把这些图表形态分析方法应用于你所关注的市场品种走势图中去的时候，你就会很快注意到哪些形态和指标更具有实盘交易的意义。很明显，在本例的ITWO股票1分钟图中3类支撑点比1类支撑点更具有效力。如果你多研究一些这个股票的1分钟图，你就会发现哪类支撑点最有效。如果你把同样的分析方法应用到微软股票的5分钟图上，你可能就会得出一个不同的结论。正是由于这个原因，我们才在本章中把三类支撑和阻挡全都详细介绍了一遍。不同的支撑和阻挡在不同的市场品种和时间结构图上会发挥不同的作用。

当我们探讨与支撑和阻挡有关的指标时，我们经常会提到它们具有不同的敏感度（或叫灵敏度）。对于各类支撑和阻挡而言，灵敏度就是指市场走势形成它们的难易程度。只需要较少的市场变化就能形成的支撑或阻挡具有较高的灵敏度。高灵敏度的支撑和阻挡更容易受到市场价格波动的影响。因此，1类支撑和阻挡的灵敏度要比3类支撑和阻挡高，这主要是因为市场走势的一个小幅波动就能形成1类支撑和阻挡，它的难易程度要远小于3类支撑和阻挡。高灵敏度的指标信号通常更容易在市场走势中出现。

我们来举例说明一下，你可以从图7.11中看到高灵敏度的1类支撑和阻挡比低灵敏度的3类支撑和阻挡更多地出现在市场走势图中。

使用者经常会发现，当使用小周期走势图时，较高灵敏度的指标会发出很多杂乱无用的信号。这种情况下低灵敏度指标工具就会更可靠一些。虽然在这种小时间结构的走势图上应用高灵敏度指标信号可以产生一些持续不断的小额利润，但是在这种小周期图上使用低灵敏度指标会让交易者更容易看清方向，更可靠地获取应得利润。

第七章 支撑和阻挡类别

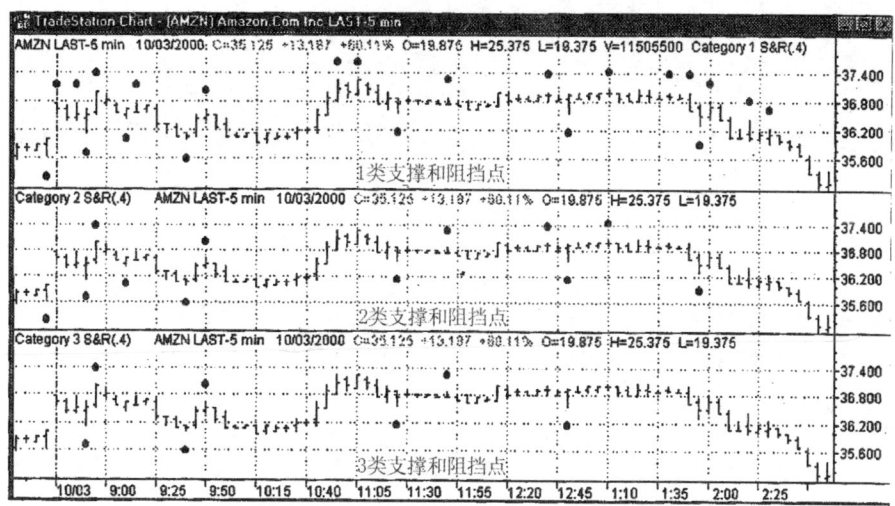

图 7.11 同一 5 分钟走势图分三个窗口分别展示了 1 类、2 类和 3 类支撑和阻挡点出现的频率。不同类别支撑和阻挡点的灵敏度是不同的。本图采用欧米茄研究公司（Omega Research, Inc.）交易站 2000i（TradeStation® 2000i）软件平台制作。

另一方面，那些使用 15 或者 30 分钟等大周期走势图的交易者可能会发现低灵敏度指标信号根本就没有在他们关注的图表上出现。有时候即便是出现了，可能也远远错过了最佳时机。在这种情况下，仅仅需要几根棒线就能出现交易信号的高灵敏度指标是一种不错的选择。

灵敏度与出入场

交易者经常会发现某种指标的同一灵敏度设置在产生入场信号时非常有用，但在设置最初保护性止损位和追踪止损位时却不那么有用。

由于市场价格突破 3 类支撑和阻挡点时通常会引起剧烈的走势，因此交易者或许可以选择利用低灵敏度的 3 类支撑和阻挡点进行入场设置。另外由于 3 类支撑和阻挡点需要较多的市场价格变动才能形成，如果依据它们来设置追踪止损位就可能会损失很多利润，所以交易者可以使用高灵敏度的 2 类或 1 类支撑和阻挡点来设置追踪止损位。这样可能更能保护来之不易的利润。但是有关支撑和阻挡点方面的灵敏度设置还是要依据个人的交易风格来定。

为了比较不同类别的支撑和阻挡，图 7.11 分三个窗口展示了同一个 Amazon.com 公司股票的 5 分钟图，三个窗口从上至下分别标识出了 1 类、2 类和 3 类支撑和阻挡点出现的位置。我们可以一眼看出它们之间不同的灵敏度。

现在你或许会问："有这么多指标灵敏度和时间结构需要选择，我应该选择哪种组合呀？"这个答案存在于你自己的偏好和个人的交易风格之中。我们前面探讨过，成功交易者的交易策略和风格都是与他们的人性、风险偏好和交易目标相匹配的。他们不但把他们的交易策略升华到了一个至高境界，而且他们可以精准地执行他们的交易策略。当你体验了各种指标组合和不同时间结构走势图之后，你就会发现哪种组合最适合你个人的交易风格，哪种组合对你最有用。

识别形态

本章内容到现在为止，已经详细地解说了六种支撑和阻挡构造形态。我们将在后面内容中依据它们来设置具体的出入场点。在实盘交易当中，关于这些支撑和阻挡点的正确识别问题还有一些需要注意的地方。

首先，在介绍每一类支撑和阻挡点的时候，我们都曾说过在我们关注的支撑和阻挡点所在棒线的后面必须出现一定数量的符合要求的棒线才能构成整个形态。这样一来，只有在这些符合要求的棒线完全形成以后我们才能确认和使用这些关键的支撑和阻挡点。在我们使用历史数据

第七章　支撑和阻挡类别

进行演示探讨的时候，这看起来好像是一件非常轻松的事情，但是在把它们具体应用于实盘交易之前充分理解识别过程中的难度是非常重要的。在解释这些关键点用法的历史数据走势图中，看起来好像在我们具体利用它们设置出入场点位之前我们有充足的时间去识别确认它们，但是在实盘交易当中并不是这么回事。事实上，交易者可能只有非常短的时间去识别这些点位，而且一旦确认了这些点位，就必须立即设置好合适的交易单。这个过程的时间有时候是非常有限的。接下来的几个走势图展现了这种情况。

对于我们实盘交易的例子，我们选用的是 Amazon.com 公司股票在 2000 年 10 月 4 日的 1 分钟图。图 7.12 展示的是早盘数据。到图中最后一根棒线为止，我们唯一可以观察到的一点就是当前市场价格在 33 美元附近漫无目的地来回震荡。我们下面把数据线增加到可以展现阻挡点构造形态的时候。

添加三根棒线后，我们现在可以在图 7.13 中看到一个构造形态正在形成。乍一看，好像当前的走势只不过是开盘后日内震荡走势的延续。对于一个漫不经心的观察者而言，市场走势好像正在 33.00 到 33.25 美元之间形成一个三重顶形态。

图 7.14 中又添加了三根棒线，我们前面关于三重顶的猜测好像马上就要形成了。

我们在图 7.15 中又增加了一根数据线。请仔细观察市场出现了什么变化。图中最后一根棒线是第三根最高点低于前期最高点的棒线，这几根棒线形成了一个由 7 根棒线构成的形态。这 7 根棒线的形态完全符合了 3 类阻挡点的构造形态。本例中，自动化程序已经确认了这个构造形态。现在这个具有关键意义的阻挡点所在的价位是 33.313 美元，这个位置就是这 7 根棒线组合形态中的中心棒线最高点。我们的交易策略是在稍高于这个阻挡点的价位处设置一个做多入场单。如果市场价格突破了这个关键位置，我们就顺着突破方向做多入场。在这个关键时刻，我们想强调的是我们所关注的关键阻挡点就是整个构造形态的中心棒线最高点，在这个中心棒线上方的黑点只是我们用来标记关键阻挡点所在位置的标识。黑点所在的价位对于设置交易出入场点来说没有任何意义。当我们使用这六种支撑和阻挡点的时候，关键点价位就是这些支撑和阻挡点所在的价位。虽然我们不会直接把这些支撑和阻挡点所在的价位作为出入场价位，但是这些关键价位却是我们确定出入场价位的依据。

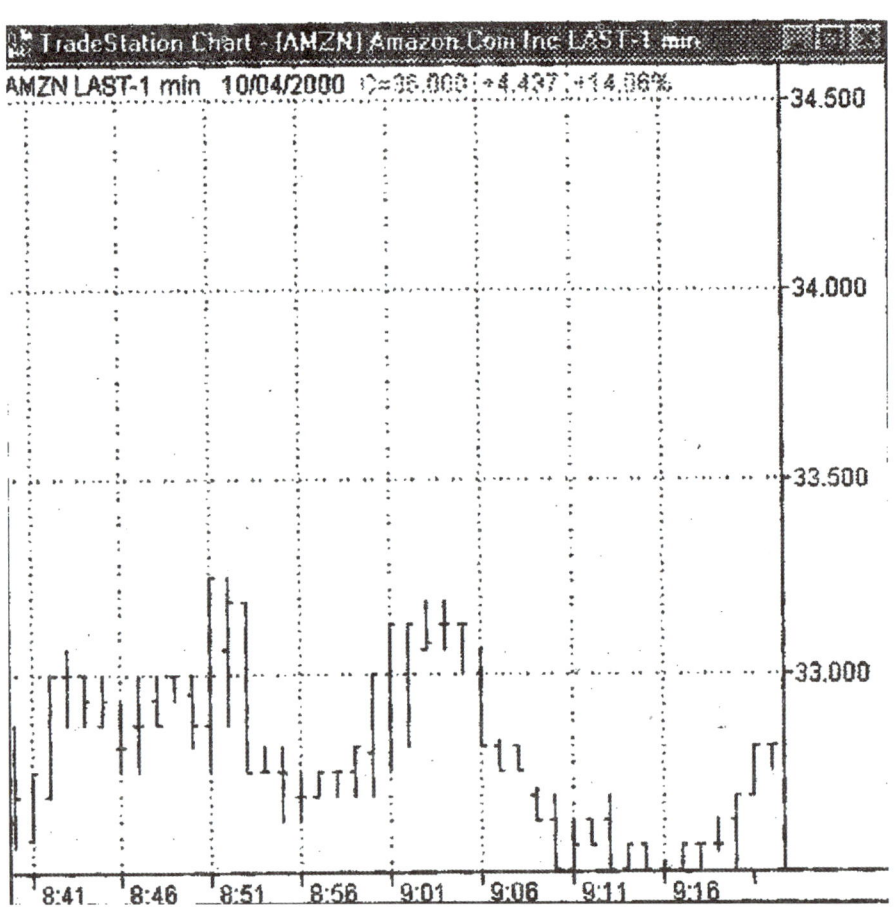

图7.12 当前的走势好像是一个盘整震荡的行情。本图采用欧米茄研究公司（Omega Research, Inc.）交易站2000i（TradeStation® 2000i）软件平台制作。

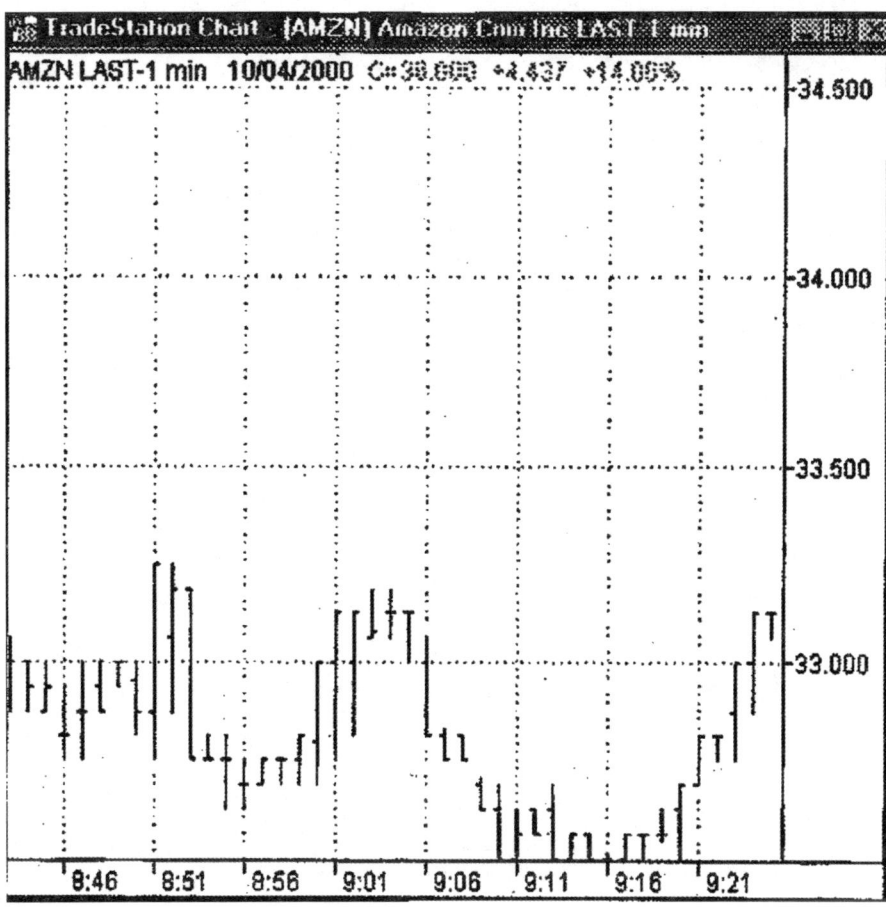

图 7.13 在图 7.12 的基础上添加了三根棒线后,市场走势好像在形成一个三重顶形态。本图采用欧米茄研究公司(Omega Research, Inc.)交易站 2000i (TradeStation® 2000i) 软件平台制作。

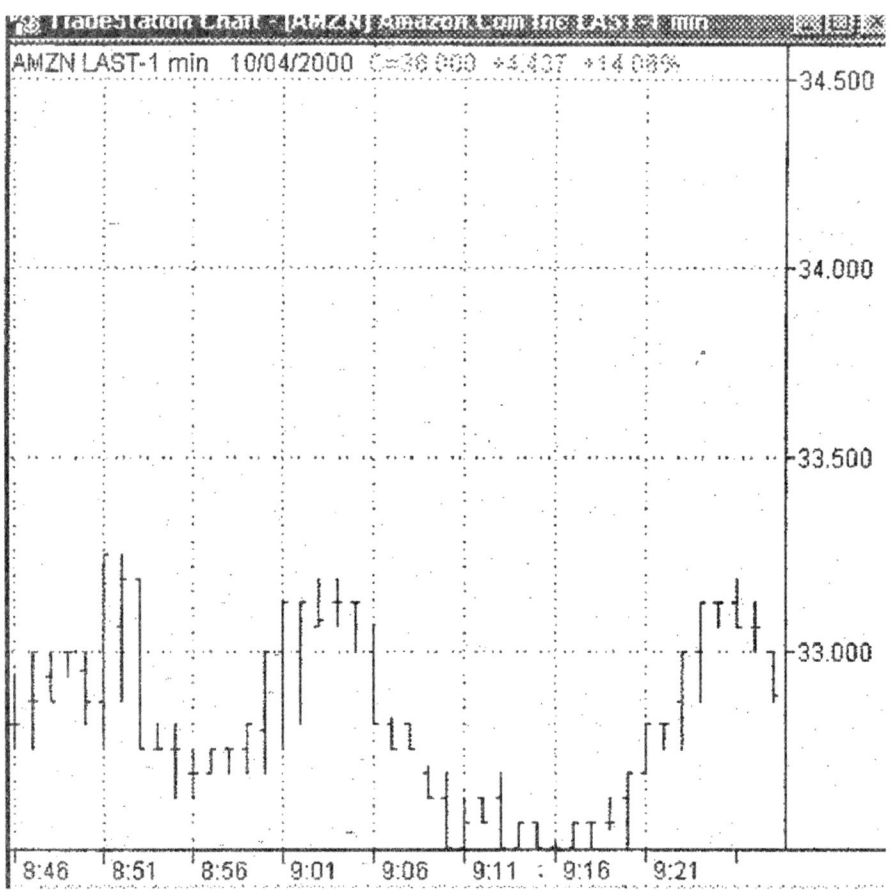

图7.14 在图7.13的基础上再加上三根棒线后,市场走势好像确认了一个三重顶形态。本图采用欧米茄研究公司(Omega Research, Inc.)交易站2000i(TradeStation® 2000i)软件平台制作。

第七章　支撑和阻挡类别　　　　　　　　　　99

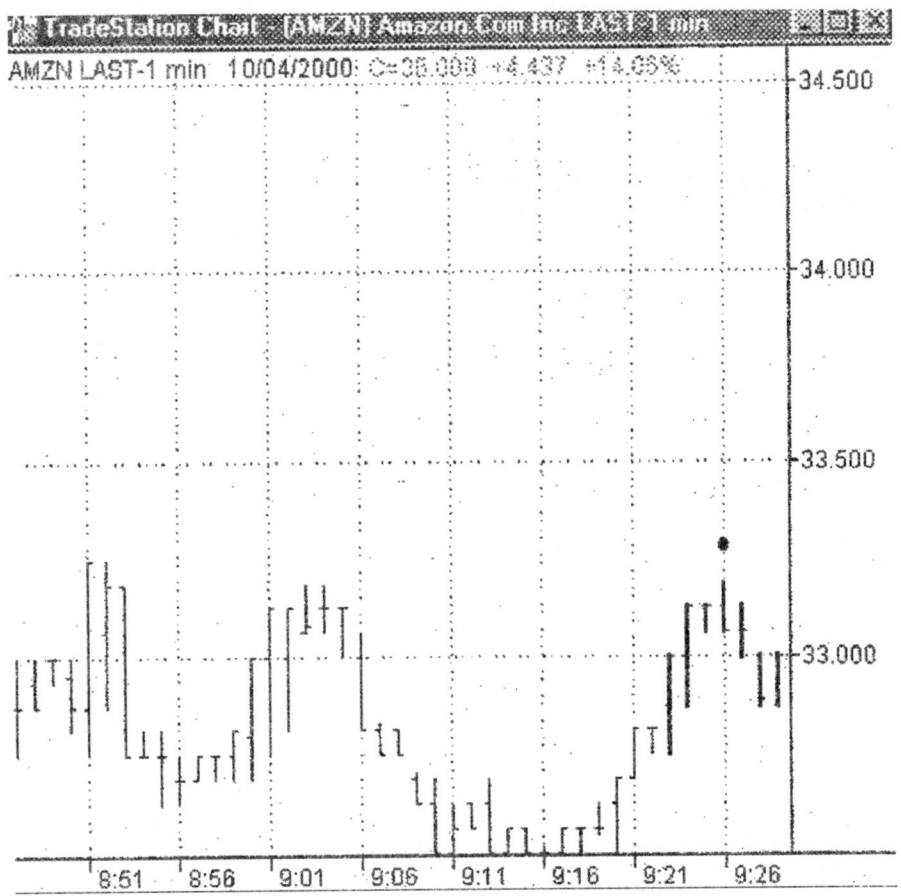

图 7.15　在图 7.14 的基础上添加了一根棒线后，市场走势中出现了一个 3 类阻挡点构造形态。你可以看到在 3 类阻挡点所在棒线的后面出现了三根最高点低于 3 类阻挡点的棒线。本图采用欧米茄研究公司（Omega Research, Inc.）交易站 2000i（TradeStation® 2000i）软件平台制作。

当前的关键点就是直到关键阻挡点所在棒线后面的三根棒线完全按要求形成以后，我们才能确认这个关键点。当交易者查看历史数据走势图时，容易犯的一个错误就是认为在实盘交易中当黑点所在的棒线形成时就能确认关键支撑和阻挡点。我们需要在这里掌握的经验教训就是：虽然从这些关键点出现到最终确认这些关键点之间存在着一段不短的时间，但是在实际操作中，交易者在确认这些关键点后，可以利用这些点位设置交易单的时间要比在历史数据走势图中感觉到的时间少很多。图7.16进一步解释了这种现象。

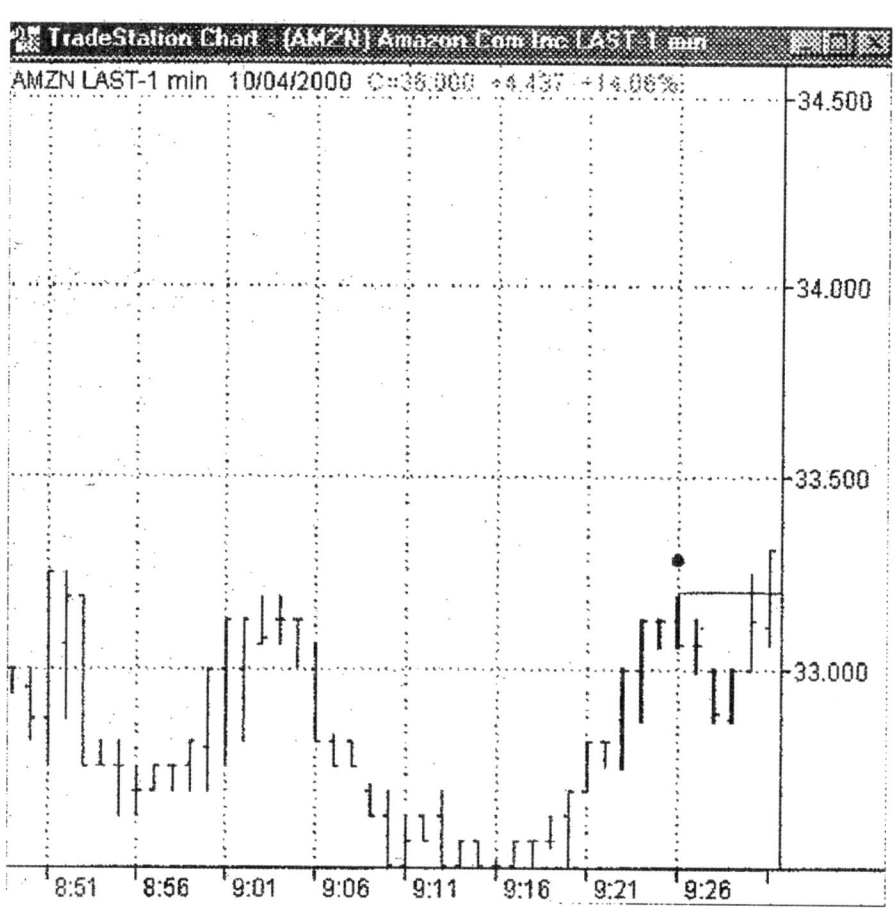

图7.16　3类阻挡点构造形态确认之后，紧接着的一根棒线就突破了这个阻挡点，立即触发了做多交易入场单。虽然在历史数据走势图中，交易者好像具有几分钟时间来设置交易单，但是在实盘交易中，留给交易者利用这个关键阻挡点来设置交易单的时间不足一分钟。本图采用欧米茄研究公司（Omega Research, Inc.）交易站2000i（TradeStation® 2000i）软件平台制作。

第七章 支撑和阻挡类别

在这张走势图中，我们又添加了两根数据线。图中的水平线表示的就是3类阻挡点所在的33.313美元价位。你可以看到就在我们刚确认这个3类阻挡点构造形态之后，紧接着的一根棒线就突破了这个阻挡点，从而触发了做多交易入场单，为我们建立了一个多头仓位。在这个过程中，留给交易者可以设置交易单的时间不足一分钟。假如在这个3类阻挡点构造形态确认之后出现的第一根棒线没有突破关键阻挡位，那么随后出现的第二根棒线也会触发做多交易单入场。图7.17进一步展示了在这些关键点确认以后交易者必须及时操作的必要性。

图7.17又添加了Amazon.com股票在当天的10根棒线数据。你可以看到我们的每股多头仓位产生了1美元多的浮赢利润。这里想再次强调的是：即使我们的关键阻挡点是在9：26出现的，但是直到三根棒线也就是3分钟后我们才能确认这个3类阻挡点。如果本例中交易者没有快速地设置好交易单，那么他就会很快丧失这个可以获利的交易机会。如果考虑到3类阻挡点构造形态出现前市场呈现出来的走势，那么交易者错过这次做多获利交易机会的可能性更大。你还记得早盘出现的那种盘整震荡没有任何方向的市场走势吗？趋势经常在这种百无聊赖盘整震荡的行情中产生。如果交易者没有集中精力关注市场，那么他就会失去这么好的一个交易机会。

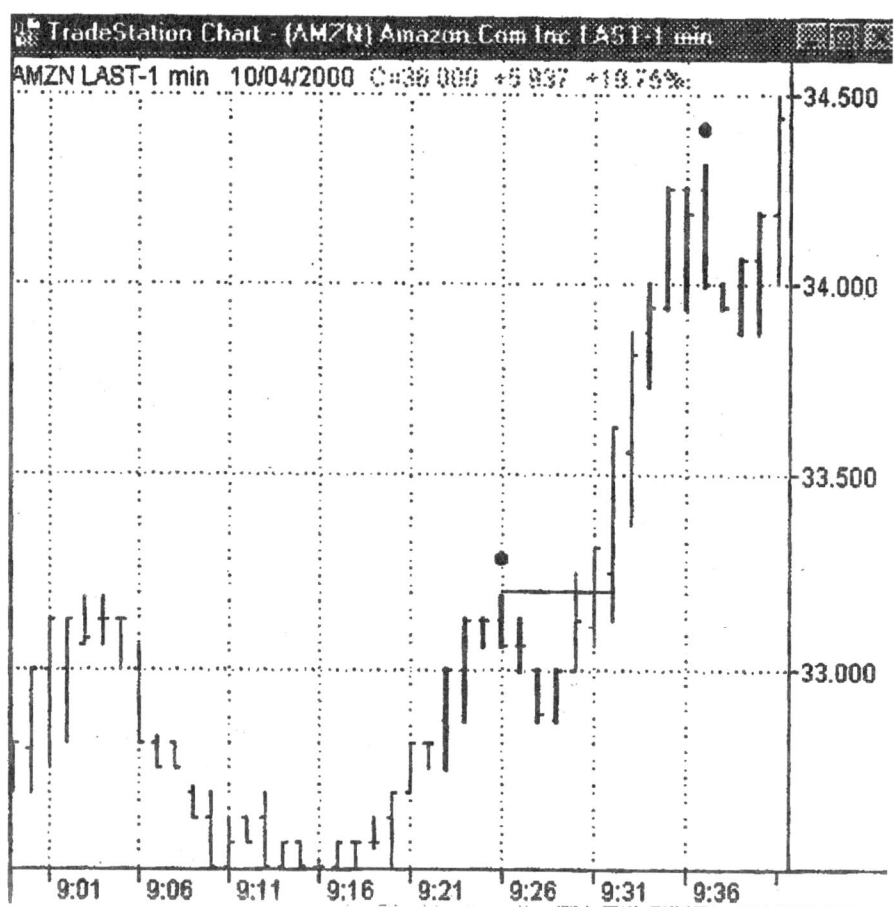

图7.17 在利用阻挡点设置突破交易入场单时,仔细观察市场走势是非常必要的。本图在图7.16的基础上增加的10根数据线更加证明了这一点。本图采用欧米茄研究公司(Omega Research, Inc.)交易站2000i(TradeStation® 2000i)软件平台制作。

　　顺便提一句,你可以观察一下图中最后几根棒线,它们也形成了一个3类阻挡点构造形态,在形态刚确认后,市场就立即突破了这个阻挡点。这种情形是不是与前面我们关注的那个3类阻挡点很相似?答案是肯定的。这一次市场留给交易者操作的时间也很少。

第七章 支撑和阻挡类别

主观判断与自动识别

完全依靠交易者自己对价格棒线的观察去判断支撑和阻挡点是完全可能的。对于使用大时间结构走势图比如 30 分钟图、60 分钟图甚至是日线图来交易的交易者来说,利用肉眼观察进行主观判断这些关键点是非常有效的。这主要是因为在构造形态确认后交易者有充足的时间去思考和解决交易入场的问题。

然而,对于那些使用 1 到 5 分钟图进行交易的交易者来说,或许会发现没有足够的时间去先识别确认正确的构造形态再确定合适的交易策略。在这种情况下,计算机化的自动程序系统就发挥出它们的绝对优势,它们可以辅助交易者构建和应用各种定制的交易分析指标和策略。

本章内容回顾

1. 短期支撑和阻挡对于实盘交易具有重要的意义。
2. 交易者可以利用关键支撑和阻挡点来设置交易出入场点。
3. 各种时间结构走势图中三种类别的支撑和阻挡可以被交易者用来构建短线和长线交易策略。
4. 多种类别的支撑或阻挡或许会同时出现在走势图中的某个点位或区域。
5. 交易者可以利用自身的主观判断,也可以利用自动化的程序系统来识别确认各种支撑和阻挡。

第八章
实盘交易中的支撑和阻挡

在前一章我们利用大量的篇幅详细介绍了各种类别支撑和阻挡形态的具体构造。本章中你将会发现我们多次强调这一点的原因。

我非常坚信当涉及到出入场点位设置的时候支撑和阻挡是每一个想获得成功的交易者的最重要概念。就这么简单！

在各种场合利用各种方式教授这个理念以后，我坚信对于大多数交易者来说它也是最难理解和执行的交易策略。

及时准确地在走势图中识别这些关键点对于交易成功起着至关重要的作用。这就是我们在前一章中反复强调这些构造形态形成过程的原因。

依据支撑和阻挡点确定每一次交易出入场点位可能是你可以用来提高交易成功率的最有效工具。把这种方法与单边趋势日过滤器联合应用将会进一步提高交易成功率。

既然说到这里，我们先来探讨一下有关这个关键理念的动态变化过程。

你可以这样想象：市场价格和图表走势只不过是市场中交易者行为的图表反映。当买入做多的人多于卖出做空的人时市场价格就会上涨。

反之,当买入做多的人少于卖出做空的人时市场价格就会下跌。

为了更形象地说明问题,我们假定一个资金雄厚的交易者或者一群交易者依据他们的判断想在某一个股票价位买入尽可能多的股票。他们耐心地等待时机,直到市场价格跌到他们想要的价位他们才开始买入股票。这种买入活动开始把市场价格逐渐推高,价格一直高到这些做多买入者不愿意买入的价格。当这些买入者不做任何买入活动销声匿迹的时候,市场上出现的卖出压力把价格逐渐打压到这些买入者愿意买入的价位。他们立即重新开始买入股票一直到价格超出他们愿意接受的价格区间。这种现象可以反复出现很多次。最终很多市场参与者认识到在这些价位附近存在很强的做多买入力量,于是出现越来越多的买入做多力量,市场价格开始加速上升。

这个例子中那些积极买入者买入股票的价位就是这只股票的支撑点。这是那群交易者决定去买的价位,或者说是决定去支撑市场价格的价位。

同样当一群假想的交易者决定在某个价位卖出的时候市场上就会出现完全相反的事情。每一次市场价格上升到一个特定的点位他们都会分批卖出一部分。这种情况下我们把这种特定的点位称为阻挡,那群卖出者正是在这个价位不断地做空卖出,引起了市场价格的下跌。

由于这些价位附近的市场变动对于预测短期市场行为来说非常有用,因此市场很快就确认了这些关键点。

当市场价格突破我们定义的支撑或者阻挡点时,市场价格可能会顺着突破方向加速变动。你可以再次把这种现象归结为是由交易者行为造就的。

我们再次回到那群买入做多的交易者身上,他们在一个特定的价位买入股票,市场价格反复回到他们希望的价位。什么事情都有一个极限。当然也包括这些交易者的交易账户。因此他们必须停止买入,等待市场价格出现预期的上涨。但是,一群力量更大的交易者注意到了这种在一个特定价位上的股票吸筹活动。他们知道如果他们可以强迫市场价格向下突破那个价位，前面那一群交易者就会被惊吓到投降认输，市场上就会出现大量的抛盘。根据他们的市场观察经验，他们知道大多数做多仓位都会有保护性卖出止损单。当股票价格下跌到这些止损位的时候，这些卖出止损单就会从幕后走向前台成为真正的卖单。经验也会告诉市场中的其他参与者前期买入做多仓位的卖出止损单很可能会在什么价位。当前力量比较强大的一组交易者也很清楚一旦他们能够成功地把市场价格打压到低于支撑位的那些卖出止损位上，他们就能获得市场的额外奖赏。这种行为被称为"启动止损单"。当机敏的市场参与者试探寻找那些止损位时，市场中就会出现这种现象。

毫无疑问，力量强大的第二组交易者再加上市场中的其他参与者通过他们的卖出做空活动把市场价格打压到前期支撑点下方，被触发的卖出止损单也增加了卖出的力量。随着市场价格的持续下跌，那些原来没有用止损单保护做多仓位的交易者紧张地看着他们的浮亏逐渐扩大。由于内心的恐惧或者迫于保证金的压力他们被迫割肉砍仓以防止亏损进一步扩大。这种大规模的集中砍仓割肉行为触发了恐慌性抛盘，迫使市场价格迅速下行。随着新空头的持续加入，市场价格不断创出新低。

上面这个假想情节说明了实盘交易中支撑和阻挡点的重要性。交易者可以把这些点位作为卖出价位或者买入价位。一些交易者预期市场价格会在支撑点开始上涨的时候，他们就会在支撑点附近买入多头仓位，以期获得上涨利润。另一些交易者可能会在阻挡位附近卖出做空建立空头仓位，以期获得下跌利润。操作适当的话，这些交易策略可以产生利润。在大多数情况下，保护性止损单可以锁定一个较小的亏损风险。位于支撑和阻挡点另一侧的止损位通常被设置在距离入场位不太远的地方。当它们被市场价格触发的时候，通常会产生一个可以接受的亏损。

支撑和阻挡的用法取决于市场可能会在这些关键点上发生的转折。交易者必须在某一个价位上做空或者做多，然后等待着市场价格在那些

第八章　实盘交易中的支撑和阻挡

关键支撑和阻挡点的影响下出现对交易者有利的走势。换句话说，交易者是由于预期某些关键支撑和阻挡点是否会发挥作用而建立空头或多头仓位的。在很多情况下，这种交易策略仍然依靠的是交易者对市场中还没有形成事实的走势的预期，他们预期市场中的某个关键点会发挥支撑或者阻挡作用。

对于支撑和阻挡点附近入场点的设置问题，我们选择的方法是有一点不同的。

就像我们前面在假想情节中描述的那样，当市场价格突破重要支撑和阻挡点的时候，市场行为走势可能是非常突然的、剧烈的和具有决定意义的。我们想参与的正是这种走势。

这里的策略就是把你的买入做多单设置在稍高于市场定义的阻挡点的价位上，把你的卖出做空单设置在稍低于市场定义的支撑点的价位上。所有以这种方式设置的交易单都是条件单。也就是当市场价格到达这些价位后可以自动入场的交易单。目的是在可能会发展成剧烈走势的早期进入市场。

以上述方式设置交易单，我们期望的市场走势是让前面提到的第一组交易者止损出局或者割肉出局。这种前面提到的第二组力量强大的做空交易者赖以获利的做空力量也是我们做空仓位获利的源泉。随着市场价格突破因第一组交易者的买入而形成的支撑位，我们的做空交易单被自动触发了。我们的做空仓位就是在这种由止损盘推动的下跌走势中获利的。另外，直到这个时候才认识到市场趋势已经发生变化的新空头也在不断地建立新的做空仓位，他们的行为进一步推动了市场的下跌走势。

很明显，在期货市场上交易者更容易执行这种做空的行为。股票市场上由于"提价做空交易规则"的实施而很难实施这种做空行为。美国股票交易历史上曾经出现过这种限制做空的交易规则。它要求新做空的价格要高于前一成交价。然而任何市场上的价格都很少会出现直线下跌或直线上升的走势。按照交易所交易规则，交易者可以利用正常市场走势中经常出现的反弹走势来进行做空交易。

很多时候，当看到这种支撑和阻挡点交易策略给出的交易机会成功获利的时候，有些交易者会问："既然我们知道市场价格会突破这种支撑点，而且我们可以在一个更高的位置做空入场，那为什么要等那么长时间才做空入场呢？"

这个问题的答案是非常简单的。虽然从历史数据走势图上来看可以很明显地看到我们的那种交易机会是获利的，而且如果在市场价格突破支撑点之前就入场，会从市场上获取更多的利润，但是在实盘交易中，我们不会得到那么多恩赐。非常明显的一点是：前期市场走势确立的支撑点可能会发挥作用，它将会导致市场价格从这个价位一跃而起，这就会导致在支撑点上方提前入场的做空仓位立即出现亏损。在很多情况下，在高于支撑点的价位上卖出做空与在支撑点价位上做多具有几乎一样的风险。对于做多的交易者而言，他们预期这些支撑点会发挥作用，市场价格会因此走高。对于做空的交易者而言，他们预期这些支撑点会被突破，市场价格会因此走低。在这两种情况下，交易者都是先建立了交易仓位，然后期望市场走出他们预期的走势。

如果我们不是先建立交易仓位，然后期望那些支撑点或者阻挡点发挥作用，而是看到市场对某一个特定情况产生反应后再开始行动，那么这是不是一种比较合理而且胜算概率更高的方法呢？从本质上来讲，让市场价格对支撑点的突破来触发做空入场单遵循的就是这种原则。如果市场走势确实突破了支撑点并因此触发了你的做空入场单，那么你这次交易获利的概率就比较大了。在把做空卖出入场单设置好以后，你就跟市场打了一个赌。你赌的是市场价格会突破那个支撑点而且随后会继续下跌。如果你错了，市场价格受到那个支撑点的支撑作用而不断走高，你也就是判断错了，并没有亏钱。这是因为原来的支撑点重新发挥作用，市场价格并没有到达触发你做空入场单的卖出价位，你也就没有在

第八章　实盘交易中的支撑和阻挡

上涨的行情中持有空头仓位。你也因此没有亏一分钱。你只是隔岸观火，牢牢看管着你账户上的弹药。静静地等待着下一个高胜算的交易机会浮出水面。

市场走势每一次都会突破支撑或阻挡点并且顺着突破方向走上一段来保障我们每一次交易都顺利获利吗？当然不是。很多时候，市场会测试这种支撑和阻挡点，先是突破这些位置，然后发现没有卖出止损单潜伏在支撑点下方，最后沿着与交易者刚入场的空头仓位相反的方向持续上升。对于这种情况，如果交易者要想保护好自己的本金，及时止损是非常必要的。

因此，对于技术分析型交易者来说，尽一切努力保持交易的高胜算概率是非常重要的任务。很明显，在哪一个支撑点附近设置交易单是非常关键的决策。这就像打猎时选择在隔离篱笆的哪一侧设置捕捉猎物的圈套一样。为了实现高胜算获利的目标，我们在构建交易策略时融入了两个基本的工具，它们提高了我们的胜算。我们将会使用单边趋势日过滤器来确定日内主要趋势方向，同时也会使用一套特别设置的摆动指标交易策略来确定合适的买卖交易窗口。

我们在这里想再次强调，当市场价格突破我们确定的某个支撑或阻挡点的时候，价格走势可能会顺着突破方向加速前进。正是由于这个原因，我们才利用支撑和阻挡点来设置我们的买卖交易单。我们将使用一些前一章中使用过的走势图来展示一些交易入场点的价位设置技巧。

我们曾经在前一章中利用图 8.1 中的走势来讲解 2 类支撑点的定义。为了便于说明这些关键点的用法，我在这些支撑点的右侧绘制了三条水平线。如果我们的摆动指标交易策略或者单边趋势日过滤器或者它们两个一起给出了一个有效的卖出做空窗口，那么我们就可以利用这些关键点来确定一个做空入场点。比如我们可以在第一个支撑点构造形态确认后立即在支撑点下方一点设置一个做空入场单。当市场突破这个支撑点时我们的交易单就被触发了，我们也就建立了一个空头仓位。

当第二个支撑点构造形态出现的时候,市场出现了几乎一样的走势。市场价格对第二个支撑点的突破也同样可以触发我们的做空交易单。最后在这一天日内交易的尾声,后期产生的支撑点发挥了支撑作用,市场价格没有继续下行。

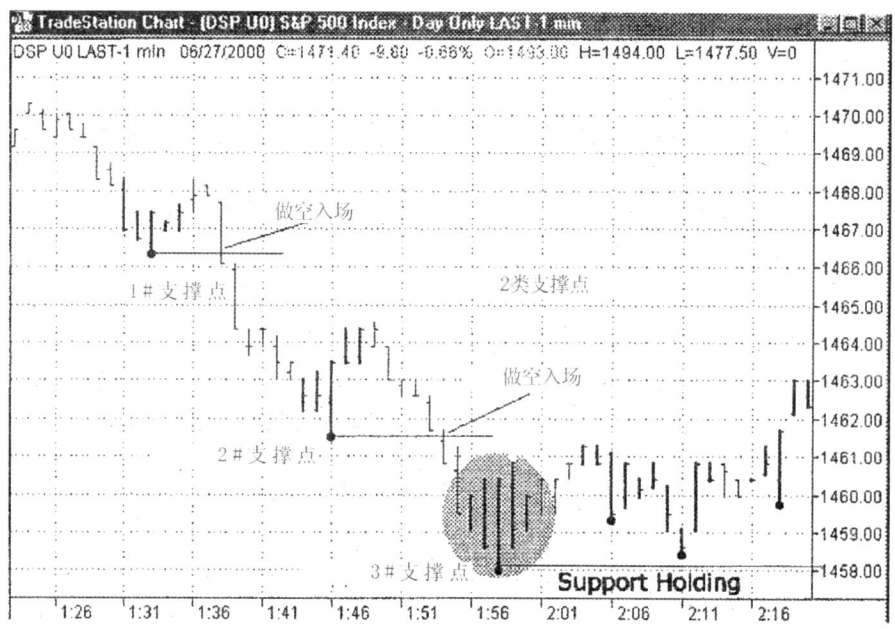

图8.1 利用前两个支撑点成功地进行了两次做空交易。同样的交易策略也有效地阻止了日内走势低点附近的第三次做空入场。本图采用欧米茄研究公司(Omega Research, Inc.)交易站2000i(TradeStation® 2000i)软件平台制作。

关于第三个和最后一个2类支撑位有一点需要说明一下。我们的交易策略不但成功地捕捉了前两次做空机会,而且它也成功地阻止了我们利用第三个支撑点做空卖出。对于那些不守纪律的交易者而言,由于整个日内走势属于下跌趋势,而且前两次入场交易都是成功获利的,因此他们很可能会经受不住诱惑而提前入场。但是市场随后就受到了这个支撑点的支撑作用开始逐步上升反弹,当然这种反弹会让那些不按规矩提

第八章 实盘交易中的支撑和阻挡

前追加的空头仓位蒙受亏损。如果我们按照与前两次入场做空同样的交易策略在市场走势确认第三个支撑点时设置好做空入场单,那么我们的交易单就根本不会被市场走势触发,当然我们也不会遭受不按规矩进行交易的痛苦。

图8.2展示了另外一个例子。在单边趋势日过滤器确定了日内的下跌走势后,微软公司(Microsoft Corp.)股票(代码MSFT)市场走势形成一个编号为1#的3类支撑点。当市场价格再次接近这个支撑点时不但没有突破这个支撑点,而且由于受到这个支撑点的支撑而小幅反弹了一下,并在稍高于1#支撑点的价位处形成了第二个3类支撑点(编号为2#)。这个2#支撑点的出现加强了这一价位附近的支撑作用。当市场价格最终突破这个支撑点价位的时候,市场出现一个逐渐下行的走势。

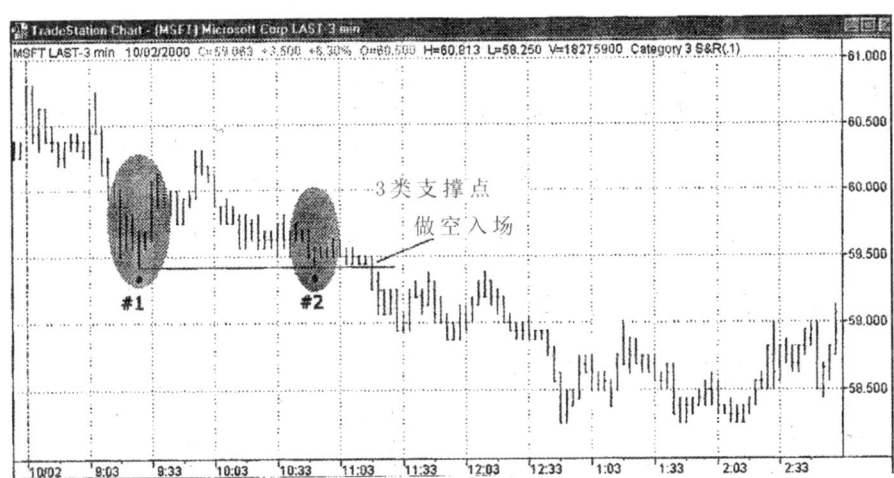

图8.2 两个连续出现的3类支撑点构造形态形成了一个双底形态。交易者可以依据这个支撑点来设置做空入场交易单。本图采用欧米茄研究公司(Omega Research, Inc.)交易站2000i(TradeStation® 2000i)软件平台制作。

图8.3中的日内上升趋势展示了阻挡点的另一种使用技巧。假定开盘一个半小时后,我们在单边趋势日过滤器的帮助下确定了日内的上升

走势，而且摆动指标交易策略也确认了一个做多窗口，我们当前的任务就是寻找一个高胜算的顺势做多入场点。

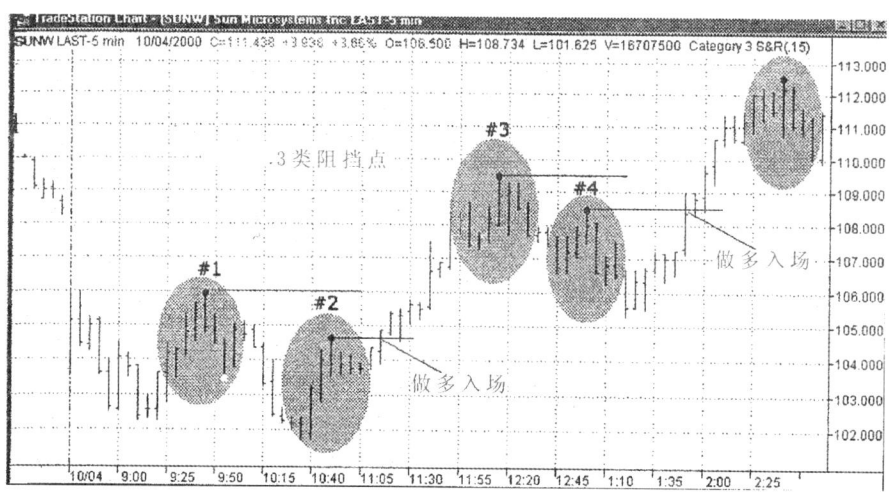

图8.3　3类阻挡点提供了两次做多入场机会。本图采用欧米茄研究公司（Omega Research, Inc.）交易站2000i（TradeStation® 2000i）软件平台制作。

在上午10：00后不久，我们就确认了编号为1#的3类阻挡点，按照我们的交易系统，我们及时根据这个阻挡点设置了一个做多入场单。提醒一下，直到应该在10：00形成的那根棒线完全按要求出现以后我们才能最终确定1#3类阻挡点。

又过一个小时多一点，市场走势中出现了2#3类阻挡点。这个阻挡点的价位比1#阻挡点的价位低了一些。我们现在拥有了一个在更低价位入场做多的机会，而且这两个入场点位的胜算概率是完全一样的。因此我们就取消了前面那个入场位较高的做多交易单，换成了一个在2#阻挡点上方入场的更有利的入场单。请注意我们只能在2#阻挡点所在棒线的右侧第三根棒线完全形成以后也就是这个3#阻挡点确认以后才可以把突破入场单价位变换到2#阻挡点上方。当市场价格突破2#阻挡点的时候我们就开始了第一次做多交易。虽然在不调整做多入场单价位的情况下,我们的交易单也会随着市场突破1#阻挡点而成功入场,但是第二个在更低价位处形成的3类阻挡点给我们提供了一个更有利的入场价位,这种价格较低的做多入场位扩大了我们这次交易机会的利润空间。

这个交易日随后的日内走势出现了一个与前两个阻挡点类似的情况。市场走势先是形成了可以用来再次入场做多的3#3类阻挡点,随后在我们的这个做多入场单被触发之前,市场又在一个更低的价位处形成了一个同样有效的4#3类阻挡点。在这个4#阻挡点被确认以后,我们立即把入场单的价位调整到这个4#阻挡点的上方。这个更低的入场位为我们的这个交易机会增加了每股1美元左右的额外利润。

图中出现的任何一个3#阻挡点都具有同样的有效性。因此当交易者需要把入场位调整到一个更有利的价位上时不应该有任何犹豫。在一个应该最终形成上升趋势的市场中出现了一个价位更低的阻挡点会让交易者很自然地去怀疑做多入场的有效性。但是如果你判断趋势的指标仍然表明当前的走势属于上升趋势,那么在你需要把入场位挪到一个更有利的价位时你就不应该再有丝毫的犹豫。

图8.4中的下跌走势展示了一个类似的交易入场情况。这次我们利用的是波动较大的纳斯达克100股指期货(Nasdaq 100 index futures)的日内走势。

图中没有显示摆动指标,但是摆动指标交易策略在这一天很早就打开了做空交易窗口。这让交易者开始放心地寻找高胜算的做空入场点。上午8:55,在3240价位处,市场走势确认了第一个支撑点,但是它出现得太早了,我们的各种指标分析工具还没有确定日内的走势方向和合适的交易窗口,因此我们没法使用它,但我们把它编为0#支撑点。

图8.4 设置在3类支撑点处的做空入场单成就了三次成功获利的交易。本图采用欧米茄研究公司（Omega Research, Inc.）交易站2000i（TradeStation® 2000i）软件平台制作。

1#支撑点出现在9：15形成的那根棒线上，但是直到9：30才最终确认这个3类支撑点。这个时间点勉强进入可以利用的交易时间段。为了展示，我已经把它标注在图上了。

在上午10：10，市场走势在3275价位处确认了一个编号为2#的3类支撑点。到了这个时候，我们就把做空入场位从前期1#支撑点的3252调整到2#支撑点的3275。在10：35形成的那根棒线突破了2#支撑点价位，触发了我们的做空入场单。

在后来的日内走势，市场价格在3207处形成了3#支撑点，它给我们再次提供了一个做空入场机会。在12：10形成的那根棒线突破了3#支撑点价位，触发了我们的做空入场单。市场价格顺着突破方向一直下跌到4#支撑点。后来市场走势把这个支撑点也确认为3类支撑点。几根棒线后，市场走势又在一个更高的价位处确认了一个编号为5#的3

类支撑点。在下午 2：00，市场走势突破了 5# 支撑点价位 3180，再次触发了做空入场单。随后市场展开了它在当天的最后一波下跌走势。

精确调整入场位

交易者可能会经常在价格走势图上观察到被称为双底或者双顶的走势形态。它们就是市场价格在间隔几根棒线后在同一价位附近再次出现支撑点或者阻挡点的走势形态。这种走势形态对我们的交易入场方式产生了极大的威胁。图 8.5 中的市场走势在 10：30 左右在稍高于 180 美元的价位处确认了一个支撑点。几分钟后，市场走势在同一价位再次确认了一个同样有效的支撑点。如果交易者在前一个支撑点确认后就在支撑点价位处设置了一个做空入场单，那么几分钟后当市场价格再次到达这个价位的时候，他的做空交易单就很可能会被触发。本例中，这种做空仓位会立即产生亏损。

我们在图中也标识出了调整后的做空入场位。这个做空入场点比在 10：30 左右确认的支撑点价位稍微低一点。这种稍微低于支撑点的入场位设置避免了被双底形态触发做空入场的风险。如果市场走势在突破支撑点价位后继续下跌到触发做空入场单的价位处，我们的做空交易单就会入场。因使用较低的价位做空入场而放弃的利润避免了在支撑点处触发的做空仓位可能立即出现亏损的风险。当交易者在考虑构建他们的交易策略时，如何具体设定入场位的问题是值得好好考虑一下的。

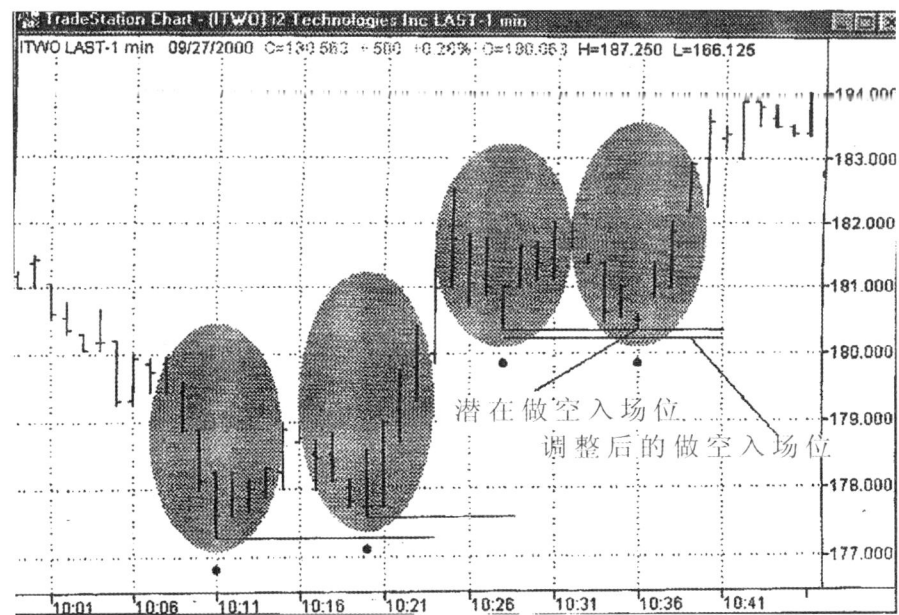

图 8.5 当交易者设置买入或者卖出入场单时，应该把入场位设置在低于支撑点或高于阻挡点一点的价位处，以避免在市场走势并没有真正突破支撑或阻挡点的时候触发交易单入场。本图采用欧米茄研究公司（Omega Research, Inc.）交易站 2000i（TradeStation® 2000i）软件平台制作。

本章内容回顾

1. 利用支撑和阻挡点设置交易入场位的理念是交易者最应该精通的重要理念。

2. 根据支撑和阻挡点交易者能够在市场确认了它的下一步走势后再进入市场。

3. 同类别的支撑和阻挡点构造形态对于设置入场位来说具有同样的效力。

4. 精确调整入场位对于避免双底或双顶形态造成的亏损风险具有重要的意义。

第九章
双重信号、支撑和阻挡

"买入窗口"和"卖出窗口"

在本章和随后的章节中,我将会把各自指标融合在一起来展示买入和卖出位置。出于这个原因,我仍然会使用上下箭头来标识特定情况下交易者可以选用的特定买卖位置。

为了便于读者理解我们将要使用的指标联合体,你可以把各种情况下指标联合体发出的可以买入或卖出的时间段理解为买入或者卖出窗口。当我们说到卖出窗口开放时,我们指的是指标或指标联合体确认了一个可以进行卖出交易的区域。如果卖出窗口开放了,那么交易者只需要等待市场走势突破关键支撑点就可以做空卖出入场。反之,如果买入窗口开放了,那么交易者只需要等待市场走势突破关键阻挡点就可以做多买入入场。

应用支撑和阻挡设置入场点

图9.1中的走势是我们经常用来展示各种指标联合体和参数设置的一个上升趋势。在第五章"指标的传统用法"中，我们曾经指出虽然摆动指标的双线设置可以有效地减少交易信号的数量，但是这种系统仍然会持续不停地发出与日内主要趋势相反的交易信号。这是一个令人非常心烦的问题。本例中我们使用2类支撑和阻挡点作为交易入场的依据。这种做法消除了几乎全部容易亏损的逆势交易信号。这种方法也成功地在中午形成的回调走势结束后不久确认了利润空间最大的一次交易机会。

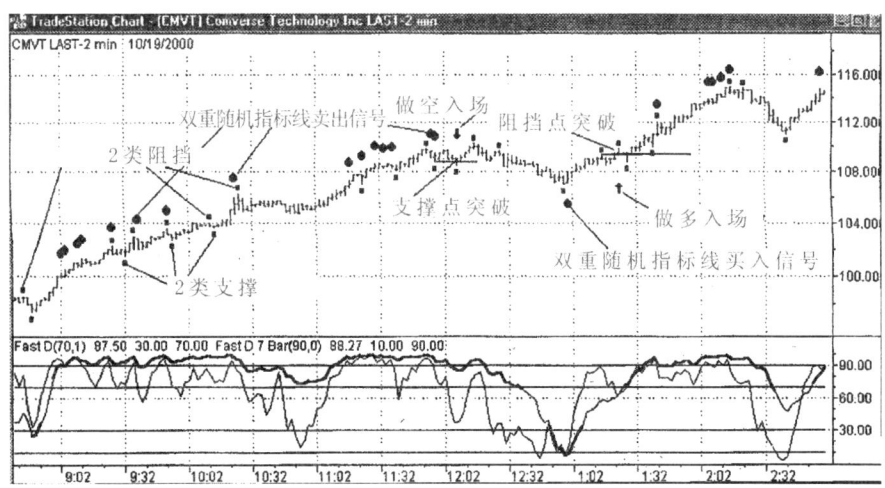

图9.1 双重随机指标线先开放了一个买入窗口，然后又开放了一个卖出窗口。图中标识的买卖信号就是在这些窗口内支撑和阻挡点交易方法发出的入场信号。本图采用欧米茄研究公司（Omega Research, Inc.）交易站2000i（TradeStation® 2000i）软件平台制作。

为了清晰起见，我用比较大一点的黑点在图中替换了原来用以标明

第九章　双重信号、支撑和阻挡

随机指标买卖点的箭头信号，并在旁边标注了"双重随机指标线卖出信号"和"双重随机指标线买入信号"。图中箭头表示的是买卖窗口内支撑和阻挡点交易方法给出的具体出入场信号。

你可以在这个上升趋势中看到双重随机指标线联合体在前一半日内走势的大部分区间内开放了一个做空窗口。由于前期上涨的力度非常强劲，所以指标没有发出一个做多信号，而且整个卖出窗口在这个期间一直保持着开放状态。另外你也可以观察到这个过程中价格走势确认了一连串的 2 类支撑点。如果市场走势向下突破其中任何一个支撑点，我们就会得到一个有效的做空入场点。

事实上，当市场价格在中午出现回调走势时，就出现了这种情况。在中午 12：00 过后不久，市场走势突破了一个关键的支撑点，形成了一个有效的做空入场点。图中已经标识出了这个位置。

就在下午 1：00 前，双重指标线交易策略开放了一个做多窗口。它是这个上升趋势日的第一个买入窗口。24 分钟后当一个小幅回调走势出现时市场走势中出现了一个 2 类阻挡点。我们把做多入场位设置在稍微高于这个阻挡点的位置。随后市场价格走势突破了这个阻挡点，我们的做多入场交易单被顺利触发入场。

虽然当我们把前期的空头仓位转换成后来的多头仓位时我们的交易出现了一点微幅亏损，但是我们后来一直持有到尾盘的多头仓位产生的利润不但可以完全抵消前期的亏损，而且还会留下不少的利润。为了对比分析，你可以想一下，如果上午强劲上升走势中出现的做空信号都被用来作为卖出入场信号，那么交易者该会蒙受多大的损失。大多数交易者都会被这种一系列的亏损交易所挫败，心理上的恐惧很可能会使他们错过下午小幅回调后出现的最佳做多交易机会。如果你遵循支撑和阻挡点交易策略，那么在支撑点没有被突破的情况下你就不会真正地入场做空那些仅仅由指标产生的交易机会。在我们把支撑和阻挡点交易策略作为双重指标线交易信号的过滤器情况下，我们就能够充分利用双重指标线交易系统的优势。

图9.2中我们使用的是CMTV股票在2000年10月6日的日内走势，我们下面来看一下把图中的2类支撑和阻挡点与双重指标线交易系统结合在一起使用的情况。

在这一天的早盘走势中，市场展现了一个显著的下跌趋势，图中出现了一系列连续降低的2类阻挡点。双重指标线交易系统也连续发出做多买入信号，我们可以在稍高于这些阻挡点的价位处设置做多入场单，但是这些阻挡点的价位连续降低，市场走势并没有突破这些点位，我们的做多入场单也因此没有在一个下跌的趋势当中逆势做多入场。后来在11：34市场走势在100.25美元价位处触发了我们的做多入场单。图中的短水平线标识出了这个入场位。

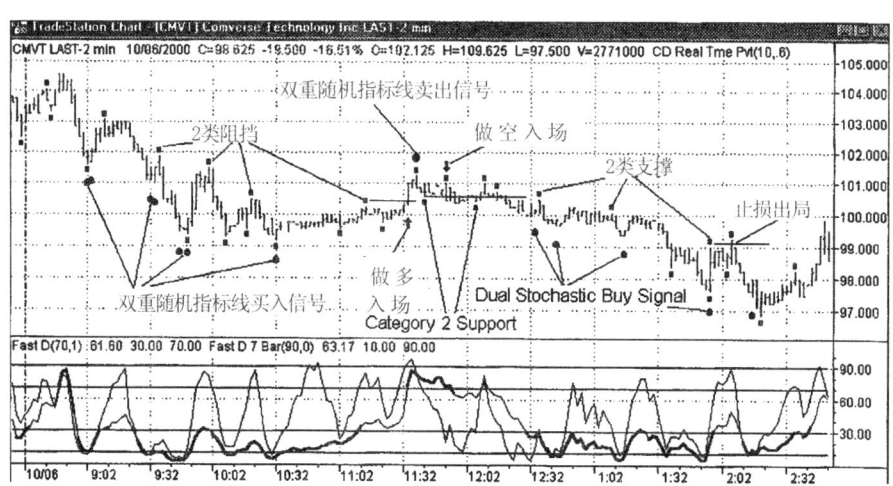

图9.2 双重随机指标线交易系统与2类支撑和阻挡点交易方法联合在一起确定了两次交易机会。本图采用欧米茄研究公司（Omega Research, Inc.）交易站2000i（TradeStation® 2000i）软件平台制作。

千言万语抵不上一张小图。图9.3放大展示了我们在图9.2中关注的一个关键区域。

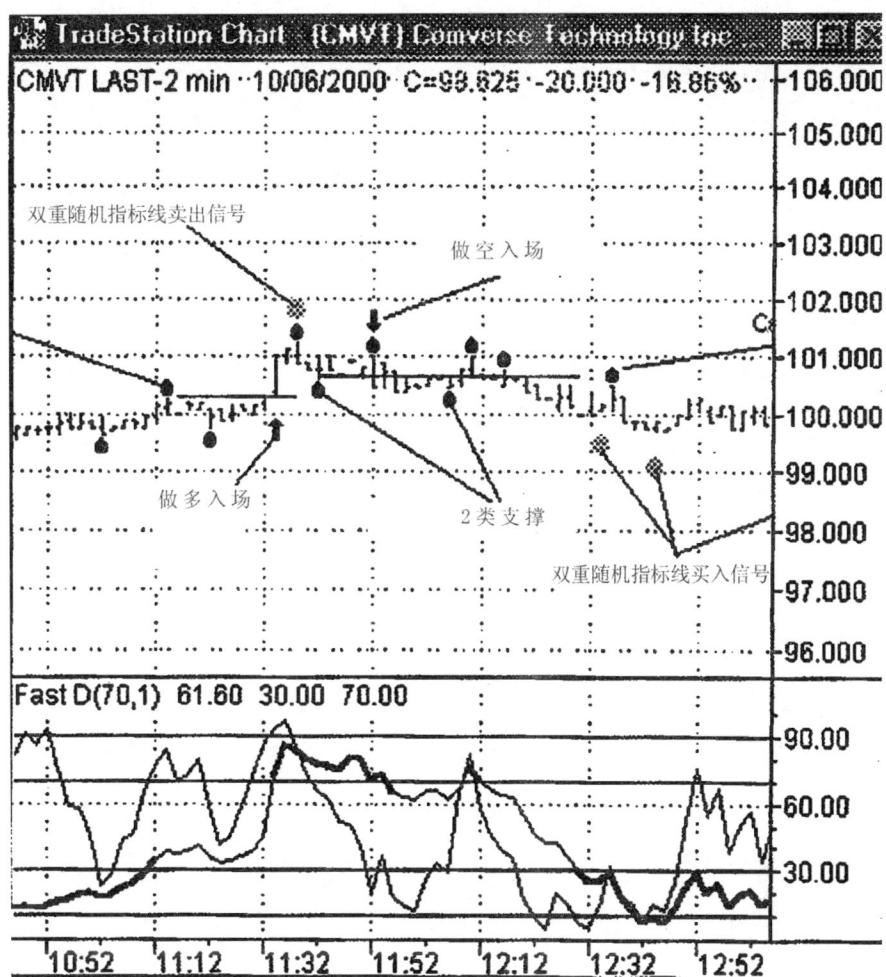

图9.3 双重随机指标线交易系统与2类支撑和阻挡点交易方法联合在一起确定了一次反手做空的交易机会。本图采用欧米茄研究公司（Omega Research, Inc.）交易站2000i（TradeStation® 2000i）软件平台制作。

在我们做多入场后仅仅两根棒线的时间，双重指标线交易系统就发出了一个做空卖出信号。在这个期间，你可以观察到伴随着一个小幅温和上涨的反弹走势市场上出现了一系列逐渐小幅抬高的2类支撑点。但是双重指标线交易系统一发出做空卖出信号，我们就开始寻找最近形成的 2 类支撑点，准备利用它们来设置做空入场单，或者采取更保守的做法——为我们的多头仓位设置新的止损位。是把这个点作为反手做空的入场位，还是仅仅把它设置成准备平掉多头仓位的止损位取决于交易者自己的交易风格和自身特定的情况。为了保持我们交易方法的一致性，我们在这里采取反手做空的做法。

你可以看到，当市场走势触及到我们设置在 100.625 美元的做空入场位时，我们就建立了一个空头仓位。再次提醒一下，对于 2 类支撑或阻挡点，只有在这些关键点所在棒线右侧的两根棒线完全按要求形成以后，才可以把这些点当作 2 类支撑或阻挡点来使用。本例中，可以使用这个支撑点的时间是 11：48，仅仅过了 4 分钟，市场价格就突破了这个点位，从而把我们已有的多头仓位反转成空头仓位。

随着我们的做空入场，市场价格非常配合地展开了一波下跌走势。从图 9.2 中我们可以观察到，这个下跌过程中，当每一次小幅反弹遇到强大的卖压时，就形成了一个 2 类阻挡点。同样你也可以看到双重随机指标线交易系统开始不断地产生买入做多信号。每一次这种做多买入信号出现的时候我们就需要在最近形成的 2 类阻挡点上方设置一个反手做多交易单。很明显，在这种下跌走势中没有一个做多入场交易单被触发。这样一来，在做空入场后剩余日内走势的大部分时间内，我们就一直持有着利润不断增长的空头仓位。

从设置追踪止损位的角度出发，当你看着这些持续降低的阻挡点的时候，你就可以从容不迫地欣赏这种利用市场走势形成的阻挡点来保护不断增加的利润的方式有多美妙。如果交易者使用这种方式来保护交易利润并最终退出交易仓位，那么他就可以直接把这些阻挡点所在的价位设置成追踪止损位。随着市场走势确认一个又一个不断降低的阻挡点，交易者可以不断地把止损位调整到更有利的价位上。当市场走势突破最

第九章　双重信号、支撑和阻挡

后一个追踪止损位的时候，或者当日内走势即将收盘的时候，这种日内交易的仓位就到了它胜利的终点。随着电子化自动交易单的出现，交易者可以非常方便地来回调整追踪止损位。而原来的那种老式的调整方式则给交易者、经纪商平台和场内操作人员带来了很多额外的负担。

在尾盘的日内走势中，建立可以获取较大利润的新仓位的可能性越来越小。这主要是因为在剩余的日内走势中留给我们期望的走势发挥的时间空间越来越少。交易者当然可以利用我们的交易规则再次建立交易仓位，而且可以把它持有到随后的交易日内。但是本书的重点是探讨日内交易，所以在日内走势的最后一个小时，我们很少会再建立新的交易仓位。

在每个交易日最后一个小时停止建立新的交易仓位当然不是一个硬性规定。但是对于美盘市场品种而言，这是一个不错的经验法则。交易者是否具体执行这条经验法则，还要看他个人的交易方式。每一个日内交易者都可以根据他个人的交易系统和他所关注的市场品种来确定停止建立新仓的时间。

假定在这个日内走势的最后一个小时，我们不再建立新的交易仓位。那么我们就可以专心于把最新确认的 2 类阻挡点设置成追踪止损位，以保护我们在 CMVT 股票的这个日内走势中获得的丰厚利润。在日内走势的尾盘使用这种追踪止损交易单保护交易仓位是非常重要的，特别是当日内走势经历了一个不论是上升趋势还是下跌趋势的显著趋势时。当某个交易日出现这种走势时，市场中很可能会出现很多获利情况或多或少的新仓。很多交易者发现他们的仓位处于这种情况时会选择在收盘前获利了结。这种平仓行为会给日内的主要趋势增加相当大的压力。另一方面，或者是更重要的一方面，那些在错误的位置顺着日内主要趋势方向进行建仓的交易者越来越忍受不了他们已经产生亏损的仓位，开始担心他们的仓位会在随后的交易日产生更大的亏损，在这种恐惧的影响下，为了阻止亏损进一步扩大，这些交易者开始疯狂地平仓。这种平仓行为与前面提到的那种获利平仓行为具有同样的扭转日内主要趋势方向的作用。不论是针对那种情况，日内交易者都可以得出一个在单边趋势日走势的尾盘需要使用保护性止损单的结论。如果交易者没有使用一个合适的保护性策略，那么他可能会看到当尾盘回调行情出现的时候，他在日内辛辛苦苦顺势积累的丰厚利润瞬间化为乌有。

你可以在图 9.2 中看到，在这个趋势日的尾盘，一个保护性的止损单被设置在最近的 2 类阻挡点价位上，事实表明，市场走势在下午2：06触发了这个止损单。本例中，保护性止损单的应用没有发挥太大的作用，这是因为市场收盘在与我们出场位非常接近的位置。

在这两个案例中，我们以图示加解说的方式说明了双重指标线交易系统和支撑与阻挡点交易方法共同发挥作用的机制。它们的联合应用极大地减少了仅仅由双重指标线交易系统产生的容易导致亏损的交易信号的数量。第十一章将向你介绍如何把双重指标线交易系统与单边趋势日过滤器结合在一起使用的方法。其中单边趋势日过滤器把交易者日内交易的方向限定在了日内的主要趋势方向上，解决了逆势交易的问题。在第十二章中我们将探讨如何把单边趋势日过滤器与双重指标线交易系统和支撑与阻挡点交易方法结合在一起使用的过程。

本章内容回顾

1. 当把各种摆动指标线联合使用时，就可以确定一个可以进行交易的"卖出窗口"或者"买入窗口"。
2. 当市场走势突破前期已经确认的支撑或阻挡点时，交易单才真正入场。

第十章
单边趋势日过滤器

请考虑一下你的日内交易情况

交易获利时你非常兴奋,感觉市场终于对你的努力有了回报。

交易亏损时你非常难受,感觉市场诡异莫测、残酷无情。

赢得次数多当然非常好

但是,较少的亏损次数却可以把你的日内交易变成你当初梦想的蒸蒸日上的事业。

有一句经常被引用的交易俗语"放飞盈利,快速止损。"对于今天的你来说,这句格言就像它很多年前被人总结出来的时候一样有用,一样值得你考虑。但是现在我们准备在这个交易思想中加入另外一条理念。

如果你拥有一种精准的方法,它可以把你的亏损交易次数减少15%到20%,那么你觉得你的交易结果会怎样。

本书的宗旨之一就是要教会你如何极大地提高你日内交易的成功率。下面这一条就是你实现这一点的根本理念：仅仅交易那些顺着日内主要趋势方向的交易机会可以极大地减少在你忙碌的日内交易中可能产生亏损的交易次数。

单边趋势日过滤器就是专门为实现这个目的而设计的。它在日内交易开盘后的早期阶段就确定了可以在日内大部分走势中使用的日内主要趋势方向。

运行基础

请仔细观察一下任何一只股票或者任何一种期货品种日内价格走势的早盘部分。研究一下早盘区间出现日内高低点的可能性。如果你细心观察分析这些日内价格走势图，你就会发现整个日内走势的最高点或者最低点经常会出现在这些日内走势的早期阶段。有些品种日内最高点或者最低点经常出现在日内开盘后 60 分钟内，有些品种日内最高点或者最低点经常出现在日内开盘后 90 分钟内。总之日内走势前 60 到前 90 分钟内出现日内最高点或最低点的概率很大。这个市场行为的基本事实是单边趋势日过滤器发挥作用的基础。

市场参与者大众心理正是在这个阶段造就了这个基本事实。也因此让这个交易工具得以发挥作用。

对于一个在日内走势中市场价格不断走高的股票或期货品种而言，做多买入的交易者力量肯定大于做空的力量。比如当利率调整、政府报告、公司收益情况或者其它一些额外的因素综合在一起吸引某个股票或期货品种上的一些市场参与者做多的时候，他们就会在早盘积极地买入。随着这些消息的蔓延，其他一些市场参与者逐渐被吸引过来加入了做多的队伍。当然已经进入卖空的交易者也对市场的上升趋势起到了推

第十章　单边趋势日过滤器

波助澜的作用。另外，像我们这样的技术分析型交易者在技术走势上确认上升趋势的情况下也加入了做多的队伍。

因为关于某个市场品种的基本面消息在一个交易日内很少会出现特别的变化，所以这种利多消息会一直刺激着日内的做多力量。

单边趋势日过滤器在这种情况下就会统计分析做多行为，并根据它来预测日内的主要趋势方向。

这种过滤器是一种非常高效而又简单的工具，它能够在当天日内走势的早期阶段就预测出潜在的日内基本趋势方向。在你掌握了这种工具的使用方法以后，你就可以在早盘高胜算地预测出上升趋势日、下跌趋势日或者无趋势的盘整震荡日。

精准理解和应用交易指标的过程与其说像科学还不如说像艺术。对于单边趋势日过滤器这样的指标工具，大多数交易者只有在大量细心的观察研究以后，才能够把它熟悉到一个有信心在实盘中应用的程度。请仔细研读下面这几页内容，等你掌握了这个工具，它就可以为你日内的交易甚至是隔夜的交易提供强有力的帮助。

我们将会首先详细探讨单边趋势日过滤器的概念和构成。在介绍完这些基础知识之后，我们将会用各种日内走势历史数据来展示它的实际使用方法。仔细研究这些精选的走势图，你就可以理解到应用这种指标的各种方法。但是只有你在实践中根据这个工具精心观察分析了大量日内走势图后你才能有效地充分应用这个独特的指标。

日内的趋势

我们曾经提到过，这个工具的主要用途是为日内走势的中后期阶段确定趋势方向。老练的图表分析者会同意整个日内走势的最高点或者最低点经常会在开盘后一个小时内就出现的说法。单边趋势日过滤器努力解决的就是整个交易日最高点或者最低点是否在日内走势早期就已经出现的问题。如果最低点已经出现，我们就预期市场价格会在日内走势中后期上涨，并超过早期高点。换言之，假如我们确认了整个交易日的最低点，我们就开始预期市场价格在接下来的走势中会出现一系列不断抬高的高点。反之，如果我们在很大程度上确认了日内最高点，那我们就很可能看到市场价格在随后的中后期走势中出现一个下跌走势。

根据单边趋势日过滤器我们把上升趋势日定义为——在日内走势早期阶段出现日内最低点，在中后期阶段出现一个或一个以上新高点的交易日。

与之相对应的是我们对下跌趋势日的定义——在日内走势早期阶段出现日内最高点，在中后期阶段出现一个或一个以上新低点的交易日。

充分掌握这些概念对于你理解后面章节中的交易案例有很大帮助。

为什么这一点这么重要？

最基本的交易理念之一就是顺着主要趋势方向进行交易。认真的交易者不应该忘记"趋势是你的朋友"这句古老的格言。它是关系到你能否在交易上生存的重要理念。

不论你交易日线图、周线图、月线图或者日内走势图，顺势交易这句话都是至关重要的。

单边趋势日过滤器可以帮助交易者对整个日内走势有一个更宏观的理解。比较激进的日内交易者在做日内超短线交易的时候，经常会太过注重局部的小周期细节走势，而忽略了对日内走势的整体性把握。

这个交易理念是非常简单的。如果你在日内走势早期阶段确认了一个上升趋势日，那么你就只可以做买入做多的顺势交易。如果你在日内走势早期阶段确认了一个下跌趋势日，那么你就只可以做卖出做空的顺势交易。这两种情况下你做的交易都是顺势交易。如果你日内走势早期阶段确认了一个无趋势的盘整震荡日，那么你就可以认为在剩余的日内走势中很可能不会出现趋势性的走势，从而可以自信地进行多空双向交易。

顺着主要趋势方向进行交易的理念不仅对交易入场有用，而且它也可以帮助交易者出场。

在整个日内走势中，摆动指标会发出做多买入和做空卖出两种信号。在上升趋势日，由于做空卖出交易的方向与主要趋势方向相反，所以交易者不应该使用摆动指标发出的做空卖出信号进行做空交易，但是这种做空卖出信号可以被用来退出多头仓位。相反，在下跌趋势日，交易者也可以使用做多买入信号来平掉做空仓位。

在第一章"日内交易方法和哲学理念"中，我们曾经提到过日内长线交易策略。这种交易方式就试图在日内的大部分走势中持有仓位，以期获得较大的日内趋势利润。使用单边趋势日过滤器来帮助你进行这种日内长线的顺势交易当然是很值得考虑的。

它是如何工作的

与其说单边趋势日过滤器是一个指标，不如说它是一个日内走势图阅读工具。虽然它可以像其它指标一样被编成自动化程序在走势图中显示出来，并发出具体的交易提示，但是没有必要那样做。交易者利用这个工具简单识别一下开盘后日内早期的价格走势就可以大概率地确定出当天的主要趋势方向。

每个交易日开盘后5分钟，你可以先记录一下当时日内走势的最高点和最低点。请确保你使用的市场价格数据都是当天的日内数据，不要包含隔夜的价格数据。然后你计算一下前面记录的最高点和最低点的算术平均值。这个算术平均值价位就是你将要用来确定日内趋势方向的关键价位。

图 10.1 展示了这个简单又重要的计算过程。

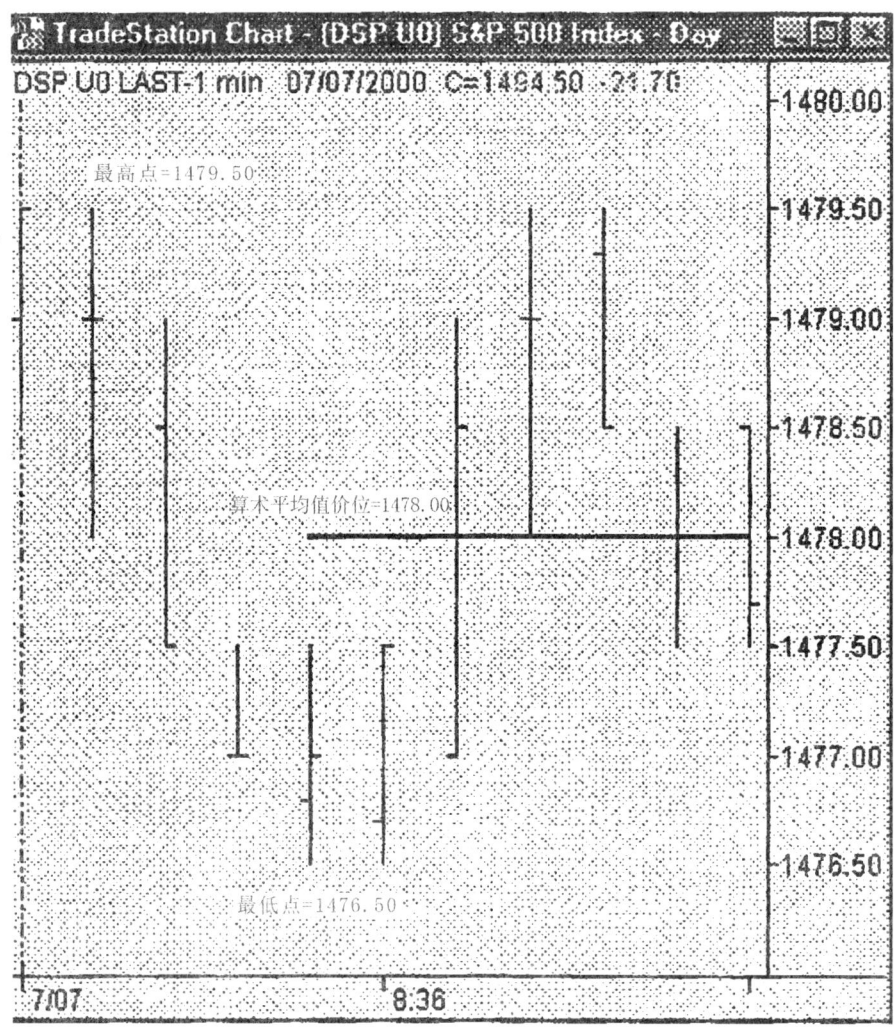

图 10.1 单边趋势日过滤器计算的第一步就是确定前 5 分钟日内走势最高点和最低点的算术平均值价位。本图采用欧米茄研究公司（Omega Research, Inc.）交易站 2000i（TradeStation® 2000i）软件平台制作。

第十章 单边趋势日过滤器

我们在这个图中使用的是标普 500 股指期货在 2000 年 7 月 7 日的日内一分钟图数据。每一根棒线代表了市场在每一分钟内的交易情况。你可以看到前 5 分钟走势的最高点出现在 1479.50，它也是第一根棒线的最高点。前 5 分钟走势的最低点在 1476.50，它出现在第四根和第五根棒线的最低点上。通过计算它们的算术平均值，我们得到了 1478 这个算术平均价位。根据这个价位，我在图中从 8：35 开始向右绘制了一条水平线。

虽然我在本书中使用了标准的 5 分钟时间段来计算算术平均值价位，但是我提醒你其它股票或者期货品种可能适用不同的时间段设置。交易者应该针对自己关注的市场品种展开大量细心的研究分析来确定最适合自身交易方式的时间段参数。

图 10.2 把这个日内走势的 1 分钟棒线数据增加到一个小时。正是在这个时间节点上你将会大概率地确定出日内的主要趋势方向，以便于为以后的当天日内交易做好准备。

我在这个日内走势发展到 60 分钟的时候，从当时的日内最高点到最低点绘制一条垂直竖线，我们用它来标明这个时间节点，同时把这条线做为时间节点线。对于大多数情况，交易者可以在这个时间节点上做出关于单边趋势日过滤器的最初判断。最关键的是要辨别出截止到这个时间节点上市场交易活动是出现在前面那条算术平均值价位水平线上方的多还是下方的多。

如果在这个时间节点上，出现在那条算术平均值价位水平线上方的交易活动明显多于下方的交易活动，那么剩余日内走势的趋势方向很可能是上涨的。反之，如果出现在那条算术平均值价位水平线上方的交易活动明显少于下方的交易活动，那么剩余日内走势的趋势方向很可能是下跌的。

另外有一个需要注意的关键点就是那根位于关键时间节点上的棒线

的收盘价。对于我们这个例子来说，它就是位于 60 分钟时间节点上的棒线的收盘价。如果这根棒线的收盘价明显高于前面提到的那条算术平均值价位水平线，那么在剩余的日内走势中市场价格将更可能会出现上升趋势。如果这根关键棒线的收盘价明显低于那条算术平均值价位水平线，那么在剩余的日内走势中市场价格将更可能会出现下跌趋势。另外，如果这根关键棒线的收盘价比较接近于那条算术平均值价位水平线，那么在剩余的日内走势中市场价格将更可能趋向于一个无趋势的状态。

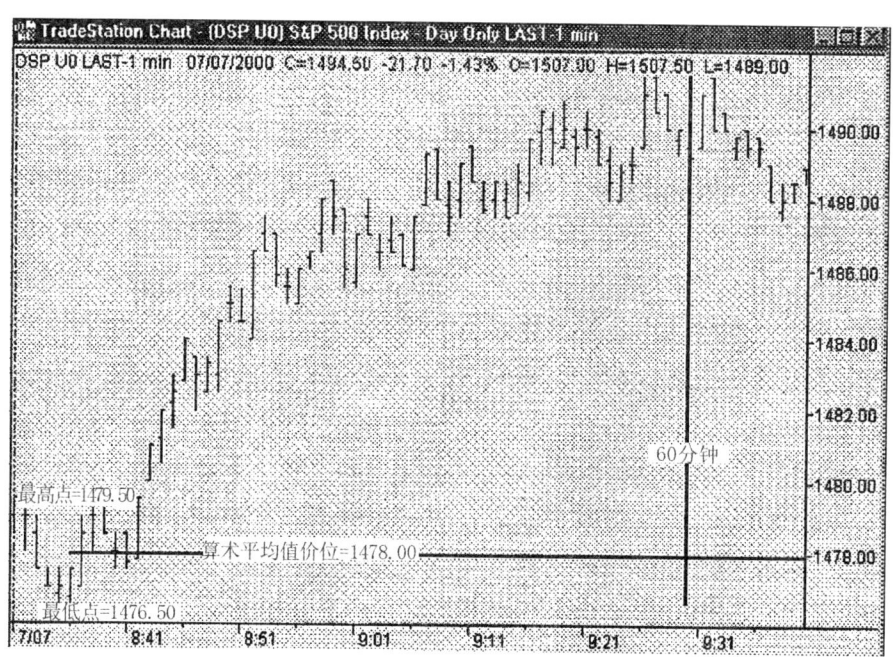

图 10.2 单边趋势日过滤器计算的第二步就是在日内交易进行到 60 分钟的时候从当时的日内最高点到最低点绘制一条时间节点垂直竖线。本图采用欧米茄研究公司（Omega Research, Inc.）交易站 2000i（TradeStation® 2000i）软件平台制作。

在比较算术平均值价位水平线上下方交易活动的多寡时，我们比较的不是收盘价的数量以及最高点或最低点的数量，也不是纯粹的棒线数

第十章 单边趋势日过滤器

量。我们比较的是水平线上下方交易活动的总量。

虽然随着日内走势的进展动态来统计计算关键水平线上下方出现的交易笔数是完全可能的，但是我们通常没有必要那样做。我们曾经说过，很多交易指标之所以有用，是因为有很多市场参与者在使用它们。这些交易者中的大多数都是通过观察分析来确定这一点的。因此对你来说，比较英明的做法就是进行同样的观察分析。

在日内走势的关键时间节点上通过观察正确比较分析关键水平线上下方的交易活动是我们应用单边趋势日过滤器的重要基础。虽然市场中存在着很多容易比较区分的日内走势，但是也存在着不少我们难以比较确定的日内走势。如果交易者很难确定水平线上下方哪一方存在的交易活动多一些，那么他可以采取以下两种方式来解决这个问题。

第一种方式，交易者通常可以把这种日内走势归类为无趋势的盘整震荡走势。在这种预期下，交易者在剩余的日内走势中可以自信地进行双向交易。既然日内走势很难出现一个明显的主要趋势，那么那些小级别的趋势在时间和空间上都不会走得太远。因此在这种无趋势的震荡走势中，做空和做多的交易机会都会有一些潜在的利润空间。

第二种方式，交易者可以把比较分析关键水平线上下方交易活动多寡的关键时间节点向后推移一点，等到了新时间节点再重新比较分析水平线上下方交易活动多寡的问题，看看是否能够确定日内的主要趋势方向。特别是当交易者从基本面或者技术面分析出市场应该出现日内主要趋势的时候，交易者更应该这样做。虽然把单边趋势日过滤器预测趋势方向的时间推迟一下是可以接受的，但是我个人不会把这个时间节点推迟到开盘两个半小时后。我之所以把这个关键时间节点限制在这个范围内主要是因为大量分析表明日内走势前60分钟到前90分钟内做出这种判断的准确率是比较高的。当你发现某个技术指标在某种设置下发出的信号非常精准的时候，请不要过度利用这种信号。在过去的那么多年，我曾经与很多交易者共事。我经常听到这样的话"如果我遵循了自己的交易原则，我就不会遇到这么多麻烦，把交易搞成这个样子。"

本书第二章探讨了交易者的各种心理问题。我曾经提到不能始终如一地遵循一个交易系统是很多交易者亏损的重要因素。我们这里就有一个展示这种问题的例子。如果对于你交易的市场品种你确定了60分钟这个时间节点，那么你就要一直坚持这个参数设置，直到进一步的研究分析表明你必须更改这一点为止。不要因为你在上一次交易中如果使用50或70分钟做为时间节点你的交易结果会更好一些就轻易地改变原来的基本时间参数设置。

我将会在本章的后面内容中近一步讨论这一点。交易者可以使用不同于60分钟的其它时间节点来比较交易活动的多寡。你自身的交易方式不仅决定了你使用单边趋势日过滤器的方式，而且也决定了你使用本书探讨的其它指标工具的方式。其中的关键一点就是你在应用这些工具时要保持与自身风格相适应的各种参数设置的前后一致性。

同样，各个市场品种对于本书探讨的各种交易分析工具而言也会展示出各自的特性。因此对于某个具体的市场品种来说，会存在一些能够最有效地帮助交易者确定日内趋势方向的特定时间节点。

通过研究分析几只日内走势早期特性差异很大的股票后，我们发现对于单边趋势日过滤器用来为当天中后期日内走势确定方向的时间节点来说，不同的股票需要使用不同的时间节点才能最大化地发挥单边趋势日过滤器的优势。这些时间节点分布在从开盘后30分钟到90多分钟的区间内。

本书附录中列出了一些股票的单边趋势日过滤器辨别趋势方向的时间节点。如有需要，可以参考。

在图10.2中我们可以观察到在这个日内走势的前60分钟内，几乎所有的交易活动都出现在算术平均值价位水平线上方。这预示着剩余日

第十章　单边趋势日过滤器

内走势应该具有上涨的趋势倾向。另外在 60 分钟时间节点上的那根棒线的收盘价也在算术平均值价位水平线上方，这也更加确认了日内的上升趋势倾向。图 10.3 展示了这个交易日的所有日内走势。

在这个走势图上，我标记了五个黑色的箭头，它们标识着在确认上升趋势后日内走势出现的五个新高点。你可以看到整个日内的最低点出现在这个日内走势的早期阶段，一直没有变化，而日内的新高点在开盘60 分钟后的走势中出现了五个。这说明这种日内走势符合我们定义的上升趋势日。

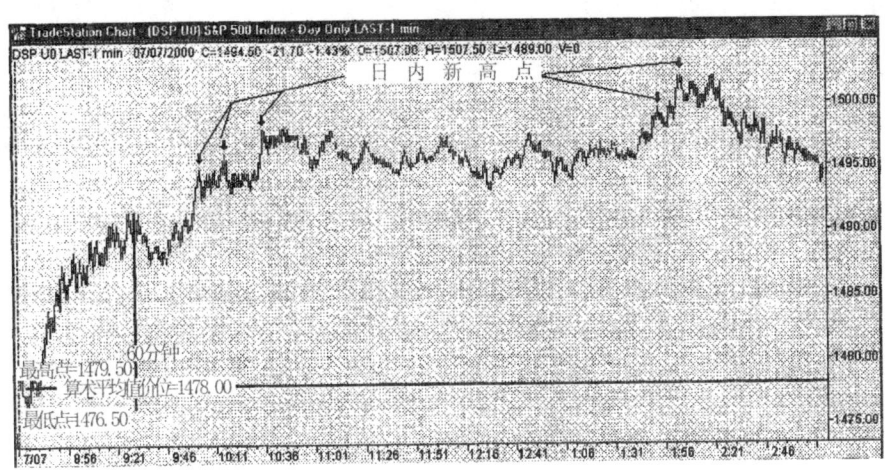

图 10.3　在单边趋势日过滤器预测出日内的上升趋势倾向后，日内走势出现了 5 个新高点。本图采用欧米茄研究公司（Omega Research, Inc.）交易站 2000i（TradeStation® 2000i）软件平台制作。

你也可以同样注意到在这个日内走势中出现了很多小级别的下跌走势。当这些下跌回调走势出现衰竭的时候，交易者就可以利用这些回调给出的机会顺着日内主要的上升趋势进行做多交易。在本书的后面内容中，我们将会详细介绍不但可以让交易者成功确认出这些衰竭的下跌回调走势，而且也可以帮助交易者确定精准的做多入场点，以便于交易者在随后的上升趋势中获利。图 10.4 中的走势将会被用来解释这一点。

简言之,在单边趋势日过滤器的帮助下,交易者只能在这个日内走势中交易那些可以做多买入的交易机会。这种交易方向与日内的主要趋势方向是一致的。虽然这个日内走势绝不是一个完美的上升趋势,但是我们所用的方法不但可以让交易者从市场中获取一些小额利润,而且更重要的是,可以帮助交易者避免逆势交易带来的麻烦。

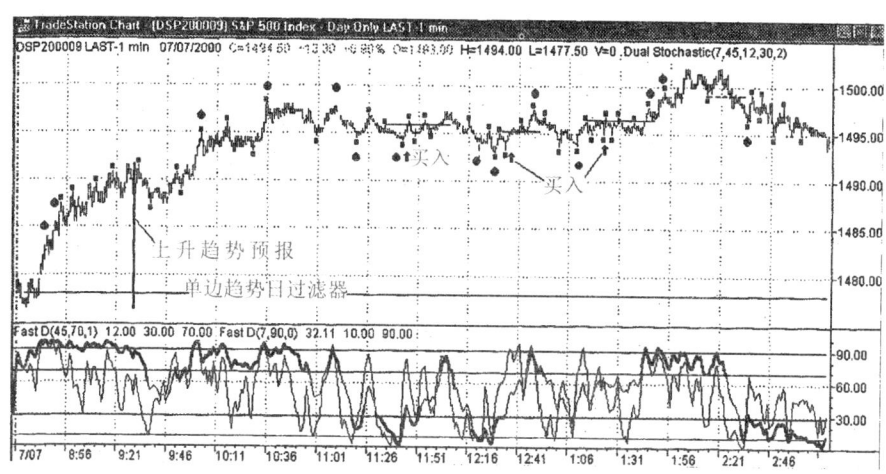

图10.4 在单边趋势日过滤器预测出日内的上升趋势倾向后,只有做多买入的交易信号可以被执行。本图采用欧米茄研究公司(Omega Research, Inc.)交易站2000i(TradeStation® 2000i)软件平台制作。

现在我们来分析一个下跌的日内走势图。

图10.5展示的是标普500股指期货在2000年7月5日的前60分钟日内1分钟走势。

首先你可以看到图中有一条水平黑线,它代表着我们的算术平均值价位——1480,你也可以看到那条标识60分钟时间节点的垂直竖线。

很明显,本例中前60分钟内的日内交易活动主要发生在算术平均值水平线下方。另外,第60分钟棒线的收盘价也位于那条水平线下方,而且它几乎接近了当前日内最低点的位置。这两点都预示着市场价格在剩余的日内走势中很可能会出现一个创新低的下跌趋势。如果以后的日

第十章 单边趋势日过滤器

内市场价格不能突破当前的日内最高点,那么这个日内走势图就会符合我们关于下跌趋势日的定义。

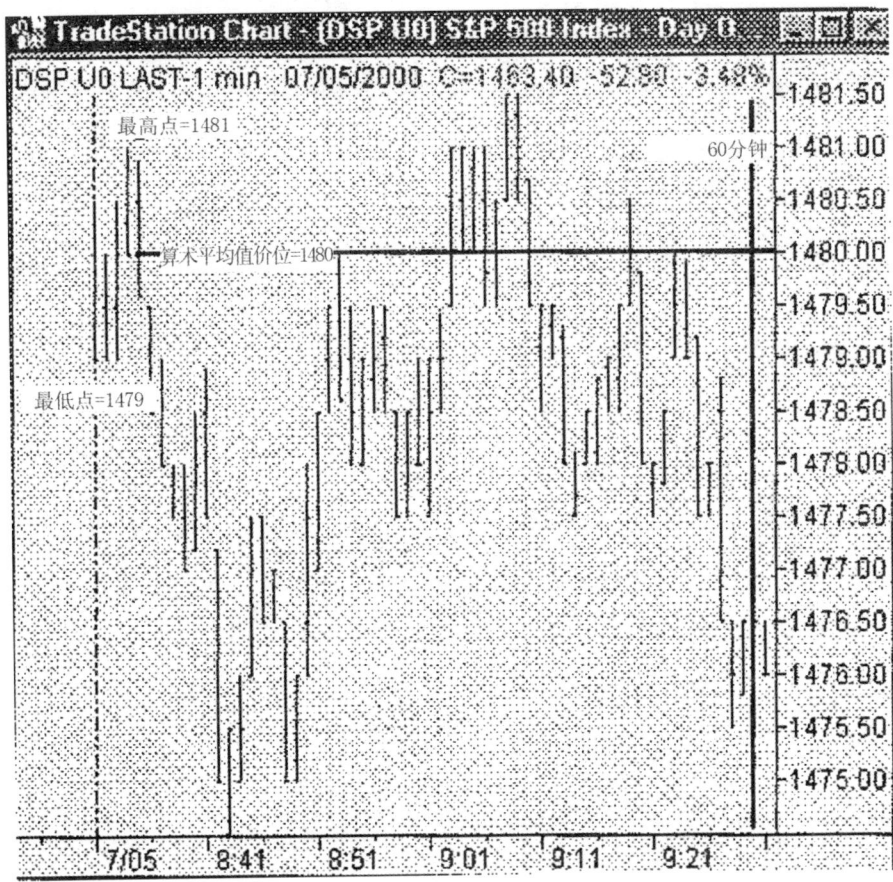

图10.5 由于前60分钟日内走势中的交易活动主要集中在算术平均值价位水平线的下方,所以单边趋势日过滤器预报了一个下跌的日内趋势倾向。本图采用欧米茄研究公司(Omega Research, Inc.)交易站2000i(TradeStation® 2000i)软件平台制作。

图10.6展示了这一交易日后来的日内走势。你可以看到,正如单边趋势日过滤器预测的那样,市场走势形成了一个下跌趋势。在剩余的中后期日内走势中,市场价格形成了6个新低点。我在图上用六个向上

的黑色箭头标识了这六个新低点。同样，你也可以看到，在中后期的日内走势中，市场价格没有出现新高点。这种情况表明，这种日内走势图完全符合我们关于下跌趋势日的定义。

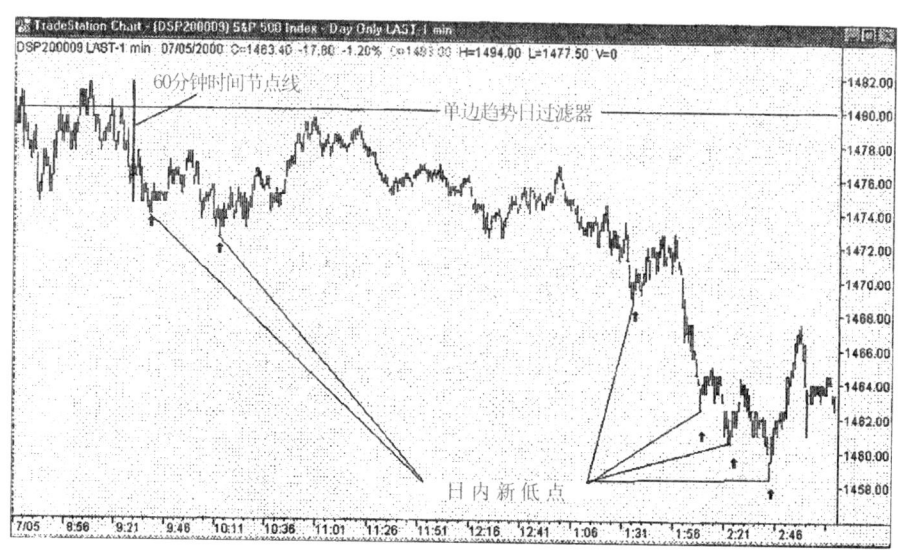

图10.6　正如图10.5中单边趋势日过滤器预报的那样，剩余的日内走势出现了一个下跌趋势，市场价格形成了一系列的新低点。本图采用欧米茄研究公司（Omega Research，Inc.）交易站2000i（TradeStation® 2000i）软件平台制作。

在这个日内走势的几个低点之间，你可以再次看到市场走势形成了一系列反弹高点。这些波段高点为交易者顺着日内主要下跌趋势方向进行做空交易提供了非常优秀的入场机会。图10.7展示了这些反弹高点的位置。

我将会在本书后面章节中讲解实盘交易中准确识别这些点位的方法。图10.8详细地展现了整个日内走势中可以顺势进行日内长线交易的交易信号和逆势短线高风险的日内短线机会。你可以在这张图中欣赏一下单边趋势日过滤器的终极用法。我将会在第十二章"综合应用"中对这张图进行详细的探讨。

第十章 单边趋势日过滤器

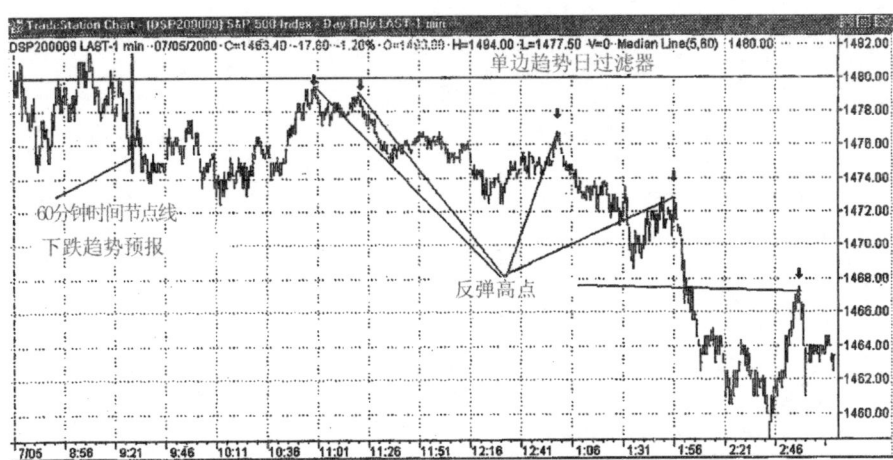

图10.7 在单边趋势日过滤器预报的这个下跌趋势中，向下的箭头标识了上升反弹的高点。摆动指标可以非常有效地识别这些位置。本图采用欧米茄研究公司（Omega Research, Inc.）交易站2000i（TradeStation® 2000i）软件平台制作。

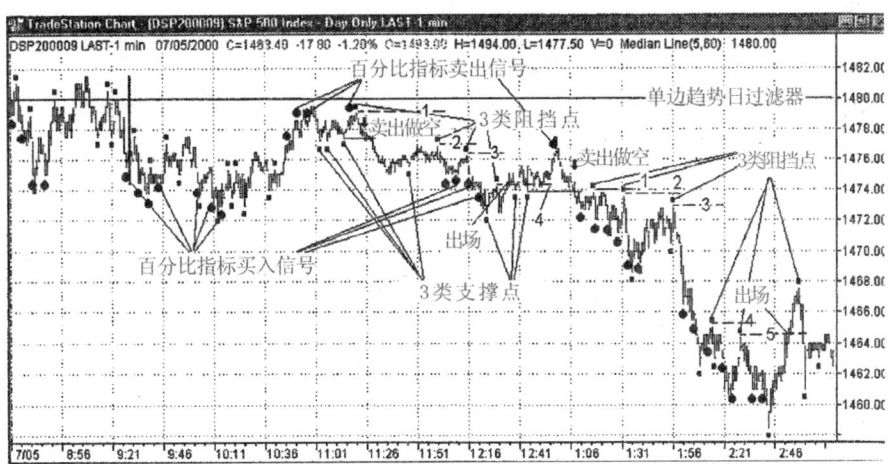

图10.8 单边趋势日过滤器为交易者预报了日内主要趋势方向，只允许交易者顺势交易。图中展示了两次交易机会。本图采用欧米茄研究公司（Omega Research, Inc.）交易站2000i（TradeStation® 2000i）软件平台制作。

震荡日

我们前面曾经提过，单边趋势日过滤器除了可以提前预报下跌趋势日和上升趋势日外，也可以有效地确定无趋势的盘整震荡日。在这些震荡日，交易者可以自信地进行双向交易。

图 10.9 展示了 eBay 股票一个交易日的 1 分钟图。你可以观察到在 90 分钟时间节点上，算术平均值价位水平线上下方的交易活动数量几乎差不多，很难比较出它们的大小。需要说明的是，90 分钟时间节点对于这只股票来说一直是比较有效的。

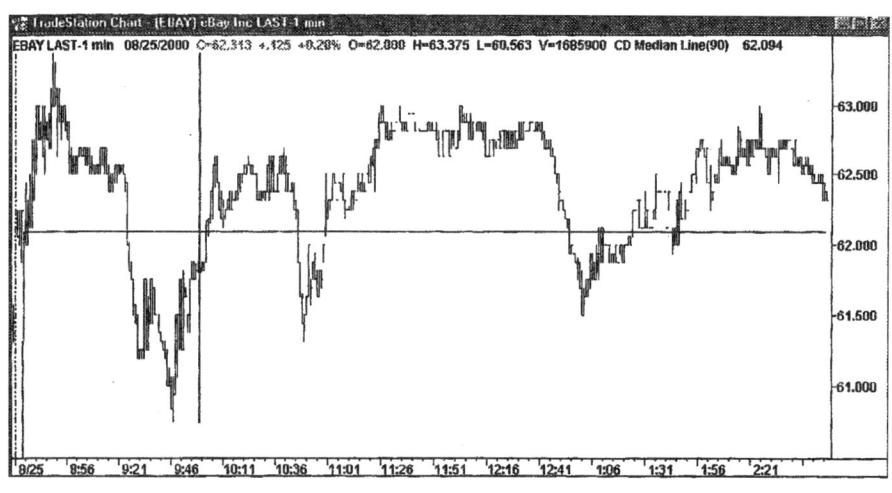

图 10.9 由于在时间节点竖线前算术平均值价位水平线上下方的市场交易活动基本差不多，所以单边趋势日过滤器为交易者预报了一个无趋势的盘整震荡日走势。本图采用欧米茄研究公司（Omega Research, Inc.）交易站 2000i（TradeStation® 2000i）软件平台制作。

因此，交易者可以在这个日内走势中自信地进行双向交易。在这种交易日，我们预测市场不会走出明显的日内趋势。通常在没有任何新闻消息刺激个股的情况下会出现这种情况。在可能影响股价的重大信息披

第十章 单边趋势日过滤器 141

露前市场也可能会走出这种日内走势。在这种情况下，大多数交易者都不愿调整他们的仓位。这就导致了股价在这种交易日内不会出现太大的变化。

由于这种交易日通常不会出现明显的日内趋势，整个日内走势呈现出一种来回震荡的局面，所以我们把这种交易日成为震荡日。交易者在震荡日可以大胆地在反弹高点放空，在回调低点做多。

在第十一章，我们将探讨几种摆动指标的独特用法，它们可以帮助交易者在主要趋势中的回调衰竭点进入市场。很明显，对于那些无趋势的震荡日走势，就像图10.9和10.10展示的eBay股票在2000年8月25日的日内走势，摆动指标交易系统是一种非常有效的交易工具。单边趋势日过滤器在确定如何使用摆动指标方面具有很大的价值。

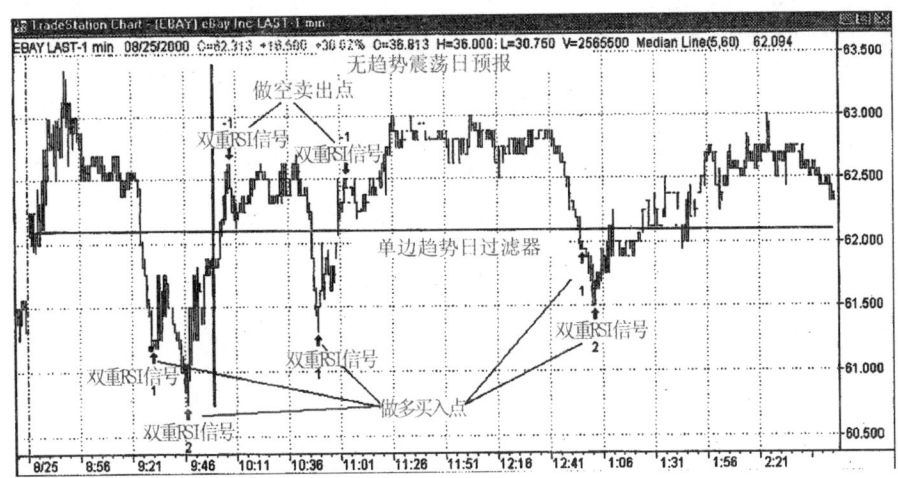

图10.10　在单边趋势日过滤器预报的震荡日日内走势中，摆动指标发出了非常可靠的交易信号。本图采用欧米茄研究公司（Omega Research, Inc.）交易站2000i（TradeStation® 2000i）软件平台制作。

我们将会在后面内容中探讨到，这些摆动指标的双重指标线设置在震荡日的日内走势中是一种非常有效的工具。图10.10展示了双重相对强弱指标线交易系统在这个震荡日日内走势中发出的交易信号情况。你可以在图中看到，这种设置的 RSI 指标非常精准地在波段的高点发出了卖出做空信号，也同样有效地在波段低点发出了做多买入的信号。再加上有效的资金管理策略，这种交易系统可以在这种交易日产生丰厚的利润。

我们在第六章"指标参数设置"中详细介绍了这种双重指标线交易系统的应用方法。本例是为了充分展示提前识别震荡日的重要性。在这里需要注意的一点就是交易者没有必要仅仅关注下跌趋势日或上升趋势日的日内走势，也可以在震荡日的日内走势中成功获利。本例中单边趋势日过滤器较早地识别出了震荡日走势，在选择合适的交易策略方面发挥了重大作用。

图 10.11 展现了另外一个震荡日的日内走势。

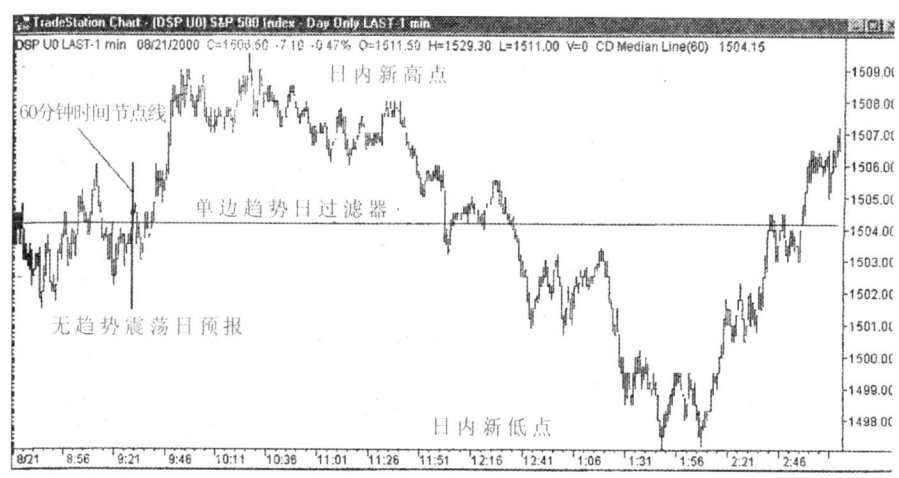

图 10.11 在单边趋势日过滤器预报的这个震荡日日内走势中，市场价格不但出现了新的低点也出现了新的高点，这一点更加确认了这个震荡走势。本图采用欧米茄研究公司（Omega Research, Inc.）交易站 2000i（TradeStation® 2000i）软件平台制作。

在 60 分钟时间节点上，单边趋势日过滤器很清晰地预报了当天的震荡日走势倾向。虽然在算术平均值价位水平线下方的交易活动稍微比

第十章　单边趋势日过滤器

上方多了一点，但是第 60 分钟棒线的收盘价处在稍高于平均值水平线的位置上。这两点综合起来预示着剩余的日内走势出现震荡走势的可能性比较大，市场价格可能既出现新高又出现新低。

图 10.12 标识出了这个震荡日走势中的买卖信号。这些信号是由包括日内支撑和阻挡点交易入场法在内的几种交易策略共同组成的交易系统产生的。

图 10.12　在震荡日的日内走势中，交易者可以自信地进行多空双向交易。本图采用欧米茄研究公司（Omega Research, Inc.）交易站 2000i（TradeStation® 2000i）软件平台制作。

简言之，图中的每一个交易信号都是在市场走势先形成日内关键的支撑点或阻挡点然后再突破这些关键点时产生的。你可以在这个走势图上观察到，图中既出现了卖空信号也出现了做多信号，这是由于单边趋势日过滤器把这一天确定为震荡日的缘故。虽然有些交易策略在这种没有明显趋势方向的震荡日走势中可能更加有效，另外也有一些交易策略可能更适合下跌趋势日或上升趋势日中的日内走势，但是单边趋势日过滤器可以在开盘后很短的时间内就为交易者指明潜在的日内走势方向，从而让交易者为剩余的日内走势选择出更加有效的交易策略。

单边趋势日过滤器定义的支撑和阻挡

单边趋势日过滤器有一种额外的用法。那就是它的算术平均值价位水平线（或者叫单边趋势日过滤器水平线）通常为当天的日内走势提供有效的支撑和阻挡。

图 10.13 展示的是美国债券的一个日内走势。你可以首先看到，单边趋势日过滤器已经预报了一个上升趋势日走势。算术平均值价位水平线上方的交易活动明显多于下方的交易活动，而且开盘后第 60 分钟形成的那根棒线的收盘价也明显高于这条水平线。

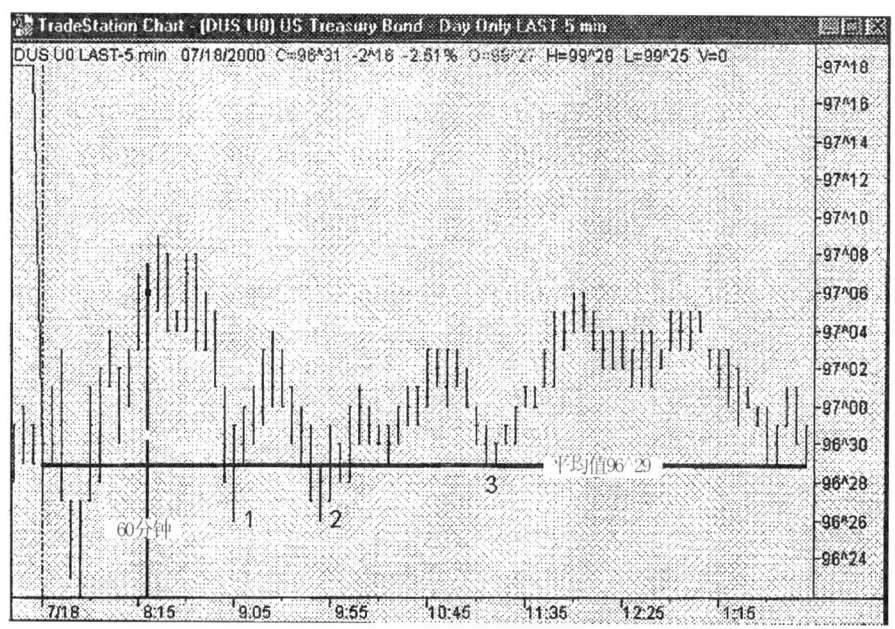

图 10.13 单边趋势日过滤器水平线经常在市场价格下跌回撤的时候发挥支撑作用。本图采用欧米茄研究公司（Omega Research, Inc.）交易站 2000i（TradeStation® 2000i）软件平台制作。

第十章 单边趋势日过滤器

请观察一下图中标识着 1、2、3 的三个区域。市场价格走势在这些地方出现了下跌回撤,试图形成一个对前期上涨走势的一个回调走势。在这三个区域中,单边趋势日过滤器水平线都发挥了支撑作用,每一次市场价格回落到这条水平线附近,都展开了一波小幅的上升走势。如果交易者在每一次市场价格回落到这条水平线上的时候都进行做多买入,那么他每一次都可以获取 4、5 点的利润。在这几次交易机会中,亏损风险都限定在了 3 个点以内。

虽然这个日内走势并没有最终形成单边趋势日过滤器在早期预报的上升趋势,但是我们仍然可以利用单边趋势日过滤器水平线的支撑作用来顺着提前预测的趋势方向捕捉到几个小幅的上涨走势。这个走势是单边趋势日过滤器水平线发挥支撑作用的一个优秀范例。

对于单边趋势日过滤器水平线发挥阻挡作用的情况,我们来参考分析一下本章前面内容中用过的一个标普 500 股指期货的日内走势。

在图 10.14 中,请注意一下 10:45 到 11:15 期间的灰色椭圆区域。为了对早期出现的一个主要下跌走势进行回调,市场价格正在努力地向上反弹。当市场价格接近单边趋势日过滤器水平线时,这条水平线发挥了强大的阻挡作用,一次又一次地把价格打压下去。在这个日内走势的早期阶段,也正是因为这条水平线的分隔作用让单边趋势日过滤器预报了一个下跌趋势倾向。我们可以观察到在这条水平线的阻挡下,市场价格最终展开了一个凌厉的下跌趋势。本节中随后几个走势图也会展现出单边趋势日过滤器水平线的这种额外作用。

图 10.15 展示的是美国 30 年债券(30-year T-bond)的一个日内走势。我们的单边趋势日过滤器在早期预报了一个上升趋势倾向。随后,市场价格在单边趋势日过滤器水平线的支撑作用下迅速走高,形成了一个明显的上升趋势。图中黑色的向上箭头标识了这个支撑点。

图10.14 单边趋势日过滤器水平线在下跌趋势日一次又一次地发挥了阻挡作用。本图采用欧米茄研究公司（Omega Research, Inc.）交易站2000i（TradeStation® 2000i）软件平台制作。

图10.15 在单边趋势日过滤器预报出上升趋势倾向后不久，市场价格就在过滤器水平线价位上受到了支撑，随后展开了一个显著的上升趋势。本图采用欧米茄研究公司（Omega Research, Inc.）交易站2000i（TradeStation® 2000i）软件平台制作。

第十章　单边趋势日过滤器　　　　　　　　　147

虽然图中的支撑点看起来好像离单边趋势日过滤器应用的时间节点很接近，但是你可以看到这是日内的 5 分钟走势图。一个机敏的交易者至少拥有 5 分钟时间来应用单边趋势日过滤器预测当天的趋势方向，并设置相应的交易单。

图 10.16 展示了不常见的宽幅震荡走势中单边趋势日过滤器的另一个用法。

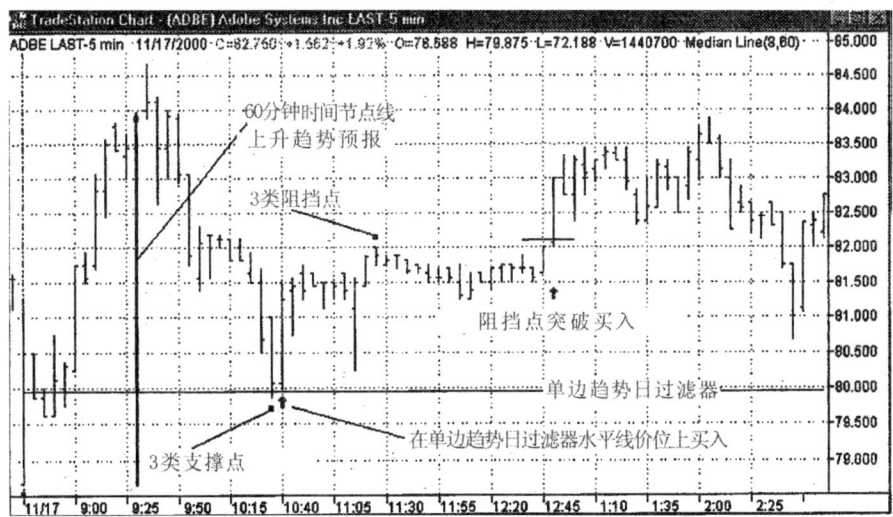

图 10.16　通常情况下，当一个市场品种的早盘价格区间接近它的平均日内振幅时，市场就很难再有能量突破这个早盘区间。但是这并不妨碍单边趋势日过滤器水平线发挥支撑作用。本图采用欧米茄研究公司（Omega Research, Inc.）交易站 2000i（TradeStation® 2000i）软件平台制作。

虽然在这个 Adobe 系统公司股票（代码：ADBE）的 5 分钟图上，我们看不出图中单边趋势日过滤器时间节点上的粗黑线代表的前 60 分钟日内走势的价格区间高度接近了这个股票在上一周的每日平均振幅，但是它确实是真的。通常情况下，当这种早盘区间的高度达到了平均日内价格区间的高度时，日内蕴含的大部分市场能量也基本上在这种大幅波动中耗尽了。很多市场品种的平均日内振幅通常是比较稳定的。虽然存在个别交易日的日内振幅远大于平均日内振幅的情况,但是对于交易者关注的当天日内走势而言,它的日内振幅很可能非常接近于平均日内振幅。

因此,当交易者观察到开盘后60分钟内价格走势形成的日内振幅接近平均日内振幅时,你就必须考虑到日内的价格波动区间可能已经确立了。在这种情况下,如果你再去顺着突破方向交易那些突破这个早盘价格区间的交易信号就不是太明智了。但是,单边趋势日过滤器在这种交易日的日内走势中仍然可以发挥积极的作用。请参看图中的这个走势。

本例中,我们的单边趋势日过滤器预报了一个强烈的上升趋势倾向。虽然在剩余的日内走势中不太可能出现新的日内高点,但是我们仍然可以顺着这种潜在的上升倾向进行做多交易。我们前面曾经提过单边趋势日过滤器水平线经常会在市场价格回撤到这个水平线价位时发挥支撑作用。本例中的这个日内走势就是这方面的一个典范。在上午10:30的时候,市场价格在这条水平线上受到了强烈的支撑作用。如图所示,对于交易者在这里进行的做多交易而言,它的风险是非常小的。

在这一天后来的走势中,市场价格再一次展现了这种交易日的上升倾向。当市场走势在中午突破一个3类阻挡点的时候,交易者又获得了一个做多入场机会。

尽管这种日内走势并不是经常出现,但是当进行早盘区间突破交易不是一个切合实际的选择时,尝试去使用这种交易策略可能是一个不错的做法。

图10.17也是一个ADBE股票的日内走势,它展示了单边趋势日过滤器的两种不同用法。截止到60分钟时间节点,单边趋势日过滤器水平线上方的交易活动明显多于下方,而且第60分钟形成的棒线的收盘价也在这条水平线上方。这两点清晰地表明了在剩余的日内走势中,市

第十章 单边趋势日过滤器

场价格很可能会出现一个上升趋势。

本书介绍的高胜算的入场方法之一就是在阻挡点的上下方分别设置一个做多入场单和止损单。我将会在第十三章进一步探讨这个话题。交易者可以把这种方法与单边趋势日过滤器预测趋势方向的方法融合在一起作为一种有效的工具去判断高胜算的交易机会。

图 10.17 中就展示了这样一个交易机会。交易者可以在市场走势突破那个 3 类阻挡点时进行做多买入。

图 10.17　在这个上升趋势日出现了两个做多交易机会。一个在市场价格突破 3 类阻挡点价位时出现，另一个在市场价格回撤到单边趋势日过滤器水平线时出现。本图采用欧米茄研究公司（Omega Research, Inc.）交易站 2000i（TradeStation® 2000i）软件平台制作。

图中的第二个交易机会出现在市场价格回撤到单边趋势日过滤器水平线上的时候，这种机会得益于我们的单边趋势日过滤器。既然单边趋势日过滤器对于这个日内走势为我们确认了一个概率超过 75%的上升趋势倾向，那么这种做多交易的成功获利概率就非常高。另外你也可以在图中看到市场价格回撤到单边趋势日过滤器水平线上的时候形成了一个3类支撑点。虽然按照3类支撑点的定义，只有在随后三根棒线的最低点都高于这个支撑点的情况下才能确认这个3类支撑点，但是当我们看到两种高可靠性的形态共同确认一个做多入场点时，我们就可以在支撑点构造形态确认前利用这个回撤买入策略进行交易。

按照定义，当单边趋势日过滤器预报出一个具体的趋势倾向时，我们就认为在剩余的日内走势中市场走势很可能会形成新的日内高点或低点。我们也同样认为当这一天的日内交易收盘时，整个交易日的价格区间很可能会大于时间节点前市场价格走势形成的价格区间。因此我们可以预测日内价格区间会在某一个方向上突破早盘价格区间。

根据这种分析，我们可以归纳出一个比较可靠的用法。既然我们预测单边趋势日过滤器定义的早盘价格区间仅仅会在一个方向上被突破，那么我们就可以针对上升趋势倾向预报在市场走势突破这个早盘区间高点时进行做多买入交易，针对下跌趋势倾向预报在市场走势突破这个早盘区间低点时进行做空卖出交易。

图10.18中UNH（联合卫生保健公司）股票的一个日内走势展现了一个这样的交易机会。在60分钟时间节点上，单边趋势日过滤器水平线上方的交易活动明显小于下方的交易活动，另外第60分钟形成的棒线的收盘价也位于这条水平线的下方，因此我们的单边趋势日过滤器预报了一个明显的下跌趋势倾向。根据这一点，我们预测剩余的日内走势会向下跌破这个早盘区间，所以我们在早盘区间下面一点的价位处设置了一个做空入场单。图中有一条水平短线标识了这个价位。当市场价格突破这个做空入场点时，我们就建立了一个空头头寸。

第十章 单边趋势日过滤器

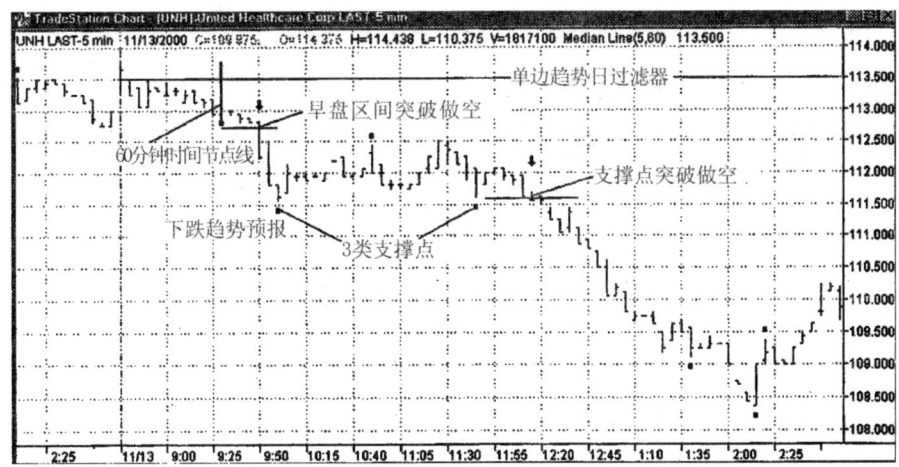

图 10.18 当市场走势突破单边趋势日过滤器定义的早盘区间低点时进行第一次做空卖出交易，当后来的日内走势突破支撑点时进行第二次做空卖出交易。本图采用欧米茄研究公司（Omega Research, Inc.）交易站 2000i（TradeStation® 2000i）软件平台制作。

　　如何平掉这个空头仓位就要看交易者使用的交易方式了。如果交易者使用日内长线交易方式，那么他就可以一直把这个仓位持有到日内交易即将收盘的时候，以期捕捉到整个日内剩余的下跌走势。如果交易者不喜欢日内长线交易潜在的额外风险，那么他可以采取各种日内短线交易策略来退出这个空头仓位。

　　图中也标识出了另一个顺势做空的入场机会。一个交易日之内喜欢做几次交易的交易者可以使用这个入场机会。进行日内长线交易的交易者也可以利用这个机会对获利的头寸进行加仓。这个入场机会是在市场价格突破一个 3 类支撑点价位时产生的。市场走势在上午 10：00 创出一个新低后出现了一个上升反弹走势，正是这个反弹走势确认了这个 3 类支撑点。市场价格在突破这个支撑点价位后展开了一波凌厉的下跌走势。而我们的单边趋势日过滤器在早盘就预报了这个下跌趋势。

　　图 10.19 中的 5 分钟图是 ADI 模拟设备公司股票的一个日内走势。

它展示了一个利用单边趋势日过滤器早盘区间进行的突破做多交易机会。

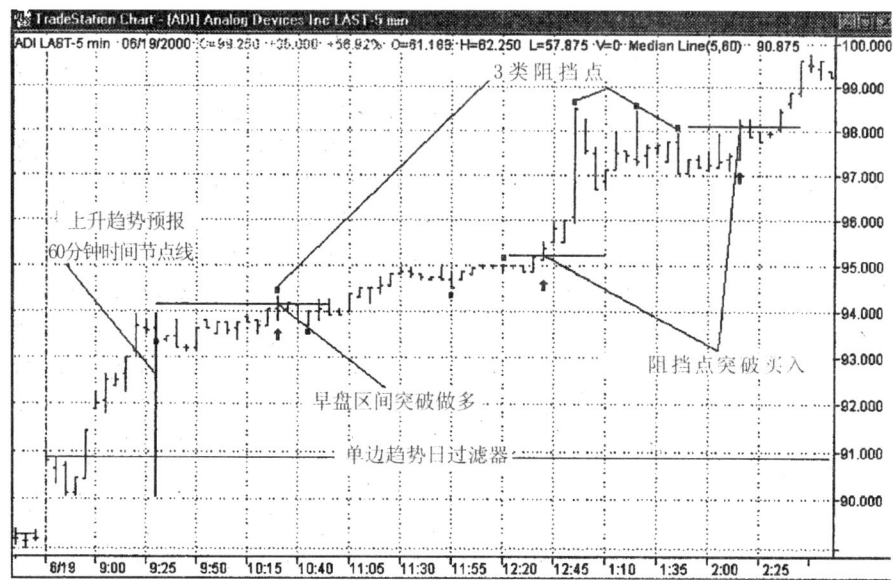

图 10.19　当市场走势突破单边趋势日过滤器定义的早盘区间高点时可以顺势建立第一次多头仓位，当后来的日内走势突破阻挡点时出现了两次做多交易机会。本图采用欧米茄研究公司（Omega Research, Inc.）交易站 2000i（TradeStation® 2000i）软件平台制作。

由于 60 分钟时间节点前大部分交易活动都出现在单边趋势日过滤器水平线上方，而且第 60 分钟形成的 5 分钟棒线收盘价也远高于这条水平线所在的价位，所以我们的单边趋势日过滤器预报了一个上升趋势倾向。根据这一点我们预测剩余的日内走势会向上突破单边趋势日过滤器早盘区间的高点，于是我们在稍高于早盘区间的价位处设置了一个做多入场单。大约一个小时后，市场价格触发了这个做多入场单，我们建立了一个多头仓位。

图中还展现了另外两次做多交易机会，它们是由于市场走势向上突破了阻挡点价位而产生的。有关六种支撑和阻挡点构造形态的定义和应

第十章 单边趋势日过滤器

用方法我们已经在第七章"支撑和阻挡类别"当中详细介绍过了。

在另外一个 ADI 的日内走势图中（图 10.20），我们可以依据这个单边趋势日过滤器指标来确定几次交易机会。

图 10.20 依据单边趋势日过滤器预报的上升趋势倾向，市场走势中形成了四次做多交易机会。本图采用欧米茄研究公司（Omega Research, Inc.）交易站 2000i（TradeStation® 2000i）软件平台制作。

在本例中的 60 分钟时间节点上，利用我们的单边趋势日过滤器来预测剩余日内走势的趋势方向并不是一件轻松的事，它没有前面展示的那些交易日那么容易辨别。你可以看到单边趋势日过滤器水平线上方的交易活动看起来好像比下方多一点，但是并不是特别明显。然而，第 60 分钟形成的棒线的收盘价却处于早盘区间的上部 10% 区域内。另外这个早盘区间的大部分区域也在这条水平线的上方，而且时间节点前市场价格也出现一波上涨走势。综合这些因素，我们预测剩余的日内走势仍然具有震荡向上的趋势倾向。

当市场价格在时间节点后回撤到单边趋势日过滤器水平线上的时

候，市场出现了第一次做多买入机会。随后市场出现了几根上涨的棒线。虽然市场价格后来再次出现回撤，但是前期早盘区间的最低点并没有被突破。因此我们仍然保留上升趋势的预测。

在前面提到的回撤走势中，市场确认了一个3类阻挡点。虽然这个阻挡点出现后，市场走势很长时间内都没有突破它，但是这个日内走势最终还是积蓄够了做多力量突破了这个阻挡点。这个突破形成了我们的第二次做多入场点。

当市场走势在12：30附近接近当时的日内高点时，出现了比较有意思的现象。市场价格先是受到了这个阻挡位的打压开始展开了一个小幅下跌回撤走势，跌到了当时日内价格区间的中间位置一带。这个回撤走势在前期日内高点价位上也确认了一个3类阻挡点。这个阻挡价位对于市场的进一步上涨形成了一个难以逾越的障碍。我们在第七章关于支撑和阻挡点的论述中曾经提到过，阻挡点的力量越是强大，当它被突破时市场产生的上涨能量越强。实际上，我们有两点原因在稍高于这个阻挡点的价位上入场做多。一个是因为市场形成了这个3类阻挡点，另一个是因为这个阻挡点价位刚好是前期早盘区间的最高点。

我在图中标识了这个做多买入机会。当市场走势最终突破这个障碍点时，市场价格触发了我们的做多入场单。在这个突破后，市场又出现了一个回撤走势，形成了第三个3类阻挡点。交易者可以再次利用这个阻挡点设置做多入场单。这就是第四个做多交易机会。最终市场价格突破了这个阻挡点，交易者顺利入场。

现在我们简单回顾一下这个日内走势。我们的单边趋势日过滤器在开盘后第60分钟就预报了一个震荡向上的趋势倾向。我们可以看到在实际的日内走势中出现了多次凌厉的回撤走势，但是在多头力量的奋力拼搏下，最终创出了新高。这个日内走势实际上就是一种震荡向上的趋势。它再一次确认了单边趋势日过滤器的有效性。

第十章　单边趋势日过滤器

如果交易者愿意花费必要的时间去掌握单边趋势日过滤器，那么它就可以成为他的一个强有力的交易工具。对于很多这样的技术指标或分析工具而言，理解和应用它们的过程更像一种艺术而不是科学。虽然市场中存在着很多可以清晰地预测出趋势方向的日内走势，但是也有不少难以确定的日内走势。对于这种含糊不清的交易日，交易者必须依靠自己从包括时间和平均值价位在内的各种参数设置的指标应用中得来的经验来识别它们。

大量研究表明单边趋势日过滤器指标在预测日内趋势方面具有75%的准确性。在第十三章"单边趋势日过滤器突破系统"中我们将详细地探讨这些研究细节。

本章内容回顾

1. 很多技术指标之所以有用就是因为有很多人在使用它们。
2. 单边趋势日过滤器可以帮助交易者顺着日内主要趋势方向进行交易。
3. 单边趋势日过滤器可以提前预报上升趋势日、下跌趋势日和无趋势的盘整震荡日。
4. 单边趋势日过滤器水平线可以作为支撑和阻挡。

第十一章
指标的特色应用：主趋势中回调衰竭点确认

到目前为止，我们已经在本书中详细地探讨了具有75%准确性的单边趋势日过滤器。它可以在日内走势的早期阶段把整个日内走势预测性地分类为上升趋势日、下跌趋势日或无趋势的盘整震荡日。我们也探讨了摆动指标持续发出逆势交易信号的问题。另外我们还介绍了使用不同的指标参数设置来提高摆动指标交易信号准确性的方法。

本章中我们将会开始介绍摆动指标的一种独特用法。这种用法包含了双重指标线交易方法，我们会使用它来确认日内主要趋势当中出现的回调走势的衰竭点或终结点。这种方法与摆动指标的平常用法有很大区别。摆动指标传统用法经常在上升趋势中持续发出做空信号，在下跌趋势中持续发出做多信号。我将会把单边趋势日过滤器与双重摆动指标线融合在一起使用。这其中包括随机指标、百分比指标 Pct R 和相对强弱指标 RSI。通过这两类独特分析工具共同发挥作用，我们就可以确定出高胜算的顺势交易机会。

本章中的每一个走势图都详细展示了单边趋势日过滤器与双重摆动指标线联合发出的交易信号。为了便于读者对比分析三个摆动指标之间的区别，我们分别展现了单个摆动指标与单边趋势日过滤器共同发出信

第十一章 指标的特色应用：主趋势中回调衰竭点确认

号的情况。

在本章的大多数案例中我选用的都是 1 分钟时间结构图数据。个别情况下，选用的是 3 分钟或者 5 分钟时间结构图数据。每一张走势图都在左上角的位置标识了它的时间结构参数。比如，本章后面内容中的图 11.2，在它的左上角有这样的标识"ADI LAST-1-min"，这个标识的意思就是本走势图属于 ADI 股票的 1 分钟时间结构走势图，每一根棒线的最后一个成交价格就是这根棒线的收盘价。图 11.11 的左上角有这样的标识"DISH LAST-3min"，它表示图中的走势属于 DISH 股票的 3 分钟图。

所有案例中每一种双重摆动指标线的参数设置都保持不变。

在本书的导言中我曾经声明过，本书的宗旨就是详细展示几种交易策略在各种情况下的应用方法。这里的材料不是向你介绍一套具体的交易系统。我们在这里只是提供一组交易工具，新老交易者可以用它们来完善自己的交易系统，也可以根据它们构建一套全新的交易系统。

因此，当你学习研究后面的材料时，请注意我们只是利用实际市场历史走势数据来向你展示几种交易工具在各种市场状态下的应用方法。这些内容并不是要教给你一套必须严格遵守才能获得交易成功的交易系统。我们希望你能够在这里发现一些对你的实盘交易有帮助的东西。请仔细研读本章的剩余内容，选择使用那些对你个人交易方式最有帮助的工具和交易策略。

交易理论

我们的基本交易理论就是在单边趋势日过滤器预报了日内的主要趋势方向以后只进行与这个方向一致的顺势交易。为了实现这一点，我们在日内主要趋势当中寻找回调衰竭点，在这个衰竭点形成以后，开始顺势入场交易。

图 11.1 中的示意图进一步展示了这个基本交易理论。图中的主要趋势很明显是上升趋势。趋势很少沿着直线发展。由于各种各样的原因市场价格经常会出现一些回撤走势。主要趋势当中的短暂回撤通常被称作回调或调整。图 11.1 中标识了两个这样的回调走势。当这些回调走势到达它们的终结点或衰竭点时，它们通常被称为正处于衰竭的状态。虽然我们的交易策略不会总是像图 11.1 中展示的那样让我们在最有利的价位处进入市场，但是为了获取日内主要趋势上的利润，我们要在尽可能接近这些衰竭点的价位上顺势进入市场。这是我们的目标。

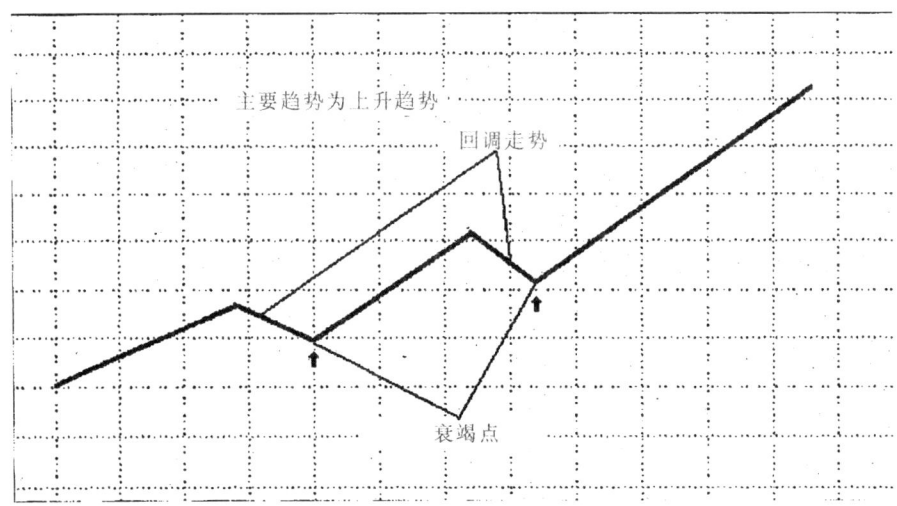

图 11.1 主要趋势当中经常会出现回调走势。主要入场点就出现在这些回调走势的衰竭点上。本图采用欧米茄研究公司（Omega Research, Inc.）交易站 2000i（TradeStation® 2000i）软件平台制作。

我们的第一组走势图使用的是 ADI 股票（模拟设备公司）的日内走势。我们用它们来展示下跌趋势当中系统给出的入场信号。我们先来看一下双重随机指标线和单边趋势日过滤器共同作用发出的信号情况（图 11.2）。

第十一章 指标的特色应用：主趋势中回调衰竭点确认　　159

在60分钟时间节点以前，你可以看到市场主要交易活动都集中在单边趋势日过滤器水平线下方，而且第60分钟棒线的收盘价也远低于过滤器水平线，处于早盘区间的较低区域，因此单边趋势日过滤器预报了一个下跌趋势倾向。根据这一点，我们的交易策略就是只进行做空交易。所以图中只显示了做空卖出交易信号。

这里使用的双重随机指标线交易方法与我们在前面章节中介绍过的方法完全一样。我们先来回顾一下，对于一个做空交易机会，45期慢速指标线首先必须位于70指标值上方，另外7期快速随机指标线也必须位于90指标值上方，最后当7期快速随机指标线以收盘价的方式向下拐头时这个摆动指标交易系统就发出一个做空信号。我们鼓励使用者通过改变超买超卖线和期数来构建出更符合自己交易方式和特定市场品种以及具体时间结构走势的交易策略。

图11.2　下跌趋势日双重随机指标线发出的做空卖出信号。本图采用欧米茄研究公司（Omega Research, Inc.）交易站2000i（TradeStation® 2000i）软件平台制作。

最初的做空卖出信号是在95.50美元处发出的，这时候市场正在对开盘后出现的一个急剧下跌走势进行回调。几根棒线后，在市场又出现一个小幅反弹的时候，随机指标快线先走高然后回落的时候系统发出了第二个做空卖出信号。我们也可以看到市场走势也受到了来自单边趋势日过滤器水平线的阻挡。不论交易者选择这两个做空信号中的哪一个，市场都很快在随后剧烈的下跌中给出了利润。

在这一个交易日后来的走势中，随着反弹走势的出现系统也产生了另外两个做空信号。但是交易者很难从这两个交易机会中获利。当你准备在选定的市场品种和时间结构图中应用这些指标时，你应该提前在历史数据中研究分析一下这种交易机会的相关情况。通过这种研究分析你可以量化在这种交易信号出现后市场价格出现各种走势的概率。一个交易者在进行过这种研究分析后可能会得出这样的结论：在ADI股票的日内走势上，当市场价格出现这么大级别的下跌走势以后，谨慎的交易者不应该再次做空入场。但是当他研究分析另一个市场品种时，他发现在这种情况下再次入场做空，的确是可以获利的。这就像我们前面经常提到的：我们介绍的这些交易工具是用来帮助交易者完善或者构建他们自己的交易策略的。但在交易者具体使用它们以前，仔细研究像这样的有问题的交易信号是至关重要的一步。

图11.3中的日内走势与图11.2完全一样，但是它展示的是百分比指标产生的信号情况。

我们知道，双重百分比指标线产生信号的方式与双重随机指标线一样。在慢速百分比指标线站上较低的超买线以后，当快速百分比指标线在较高的超买线上方出现拐头时系统就发出卖出做空信号。像以前一样，我使用50期百分比指标线作为双重百分比指标线的快线，75期百分比指标线作为慢线。当这个系统产生做空信号时，对应棒线的上方就会出现一个黑点。为了走势图看起来更加清晰起见，我们去掉了绘制指

第十一章 指标的特色应用：主趋势中回调衰竭点确认

标线的副图，只保留了交易信号对应的黑点。实盘交易者或许更喜欢观察具体的指标线变化情况。它们在具体的买入或卖出信号出现前具有提醒交易者提前留意的效果。

图11.3 请在这个与图11.2完全一样的下跌走势中观察双重百分比指标线发出的做空卖出信号。本图采用欧米茄研究公司（Omega Research, Inc.）交易站2000i（TradeStation® 2000i）软件平台制作。

同样，在这个走势图中，因为我们的单边趋势日过滤器已经预报了这个下跌趋势，所以只有做空交易信号可以被考虑。在双重随机指标线出现第一次做空交易信号的区域，双重百分比指标线产生了几个做空卖出信号。你将会很快注意到，同样情况下，双重百分比指标线产生的交易信号总是多于双重随机指标线和双重相对强弱指标线，这是由百分比指标的独特算法造成的。因此，你会观察到百分比指标发出的信号总是有点提前于主要入场点。在你对这个指标进一步熟悉后，你或许会发现你可以把它作为一种具有提醒作用的指标来用。当百分比指标被以这种方式来使用时，它或许就可以为实际交易信号起到一个检测确认的作用，以便于交易者能在稍晚一点时候在一个更稳妥或者更有利的价位上入场。双重随机指标线和双重相对强弱指标线通常不会那么频繁地发出信号，但是它们信号的准确性会更高一些。因此交易者或许可以把百分比指标信号的出现理解为正式交易信号即将出现的征兆。这些信号出现后的几根棒线内，双重随机指标线和双重相对强弱指标线经常会反过来确认这些信号，这种情况下出现的交易机会一般都具有较高的胜算。

这个走势图上比较有意思的一点是百分比指标在发出前面一组交易信号后，一直没有发出什么交易信号，直到这个交易日即将收盘的时候才发出两个交易信号。但是它们出现的位置太晚了，对于日内交易而言，它们基本上没有太多的价值。

由于我们在这里的重点是介绍多种交易工具的联合用法，所以就有必要指出这个走势图中的另一个关键点。从图 11.2 中我们可以看到在下午 1：00 到 1：45 期间，双重随机指标线发出了两个做空信号，但是从图 11.3 中我们可以观察到在这两个信号出现前并没有出现百分比指标的卖空信号。既然百分比指标信号没有提前提醒交易者注意后面即将出现的其它摆动指标信号，那么交易者或许更可以忽略双重随机指标线发出的这两个做空信号。回顾过去，我们发现双重随机指标线信号没有得到百分比指标信号确认的事实是非常有价值的。如果交易者在实盘中执行了双重随机指标线的这两个做空信号，那么他就很难从这些交易机会中获利。

图 11.4 是这一组案例图中的第三个也是最后一个。它展示了双重相对强弱指标线在这个日内走势中发出信号的情况。

我们在前面章节中探讨过，双重相对强弱指标线的应用方式与其它两个摆动指标用法是一致的。对于一个做空交易机会而言，慢速相对强弱指标线必须首先位于较低的超买线上方，在快速相对强弱指标线向上穿越较高的超买线后，当这个指标快线以收盘价的方式向下拐头时系统

第十一章 指标的特色应用：主趋势中回调衰竭点确认   163

就发出做空信号。系统产生做空信号时，图中相应的棒线上方会出现黑点标记。同样为了保持走势图的清晰和整洁，我们删除了指标副图。本图中的做空信号是由 5 期快速相对强弱指标线和 14 期慢速相对强弱指标线来产生的。

如图所示，在双重随机指标线和双重百分比指标线产生第一组做空信号的区域，双重相对强弱指标线也发出了类似的做空卖出信号。如果交易者在实盘交易中看到这三种摆动指标分别与单边趋势日过滤器一起在同样的区域产生了这么多一致的做空信号，那么他肯定会在这种合力的推动下积极进行做空交易。

图 11.4　请在这个 ADI 股票 2000 年 8 月 21 日的日内走势中观察双重相对强弱指标线产生的交易信号。本图采用欧米茄研究公司（Omega Research, Inc.）交易站 2000i（TradeStation® 2000i）软件平台制作。

这里值得注意的一点就是双重 RSI 指标线发出最初做空信号的位置也刚好是市场价格接近单边趋势日过滤器水平线的位置。我们前面曾经提过当市场价格对早盘下跌走势展开反弹调整的时候，这条水平线经常发挥阻挡作用。三种摆动指标在这个阻挡点附近都发出了做空卖出交易信号。这一点更强烈地表明了交易者很有必要在这个位置设置一个做空入场单。

在这个交易日即将收盘的时候，双重 RSI 指标线发出了第三个做空信号，对于日内交易来说，它没有多大的实战意义。比较有意思的是在1：00 到 1：45 期间双重随机指标线发出两个做空信号的区域内，双重 RSI 指标线并没有发出任何做空交易信号。对于一个掌握这三种摆动指标交易工具的交易者来说，他很可能不会因为仅仅有一个指标发出做空信号就去进行卖出做空交易。

现在我们来探讨一下在上升趋势日这些指标联合发挥作用的情况。我们选用的是 i2 科技公司的股票日内走势，它的股票代码是 ITWO。像以前一样，我们先从双重随机指标线开始。

如图 11.5 所示，由于时间节点前大多数交易活动都出现在单边趋势日过滤器水平线的上方，另外第 60 分钟棒线的收盘价不但远高于这条水平线，而且位于当前的日内高点附近，因此我们的单边趋势日过滤器为剩余的日内走势清晰地预报了一个上升趋势倾向。我们预测在当前日内低点很可能就是日内走势的最低点，市场价格很可能会在接下来的走势中创出新高。

在 60 分钟时间节点后不久出现的第一个小幅回调走势并没有促使我们的双重随机指标线发出买入做多信号。但是交易者应该认识到本书前面内容中介绍的时间节点前早盘区间突破交易方法在这里仍然是一个可以应用的有效方法。

上午 10：30 后不久，在日内主要上升趋势当中第一个大级别回调走势出现衰竭的时候，双重随机指标线发出了第一个做多买入信号。随后市场价格急剧上涨，创出了另一个日内新高点。再次印证了单边趋势日过滤器预测的准确性。

第十一章 指标的特色应用：主趋势中回调衰竭点确认

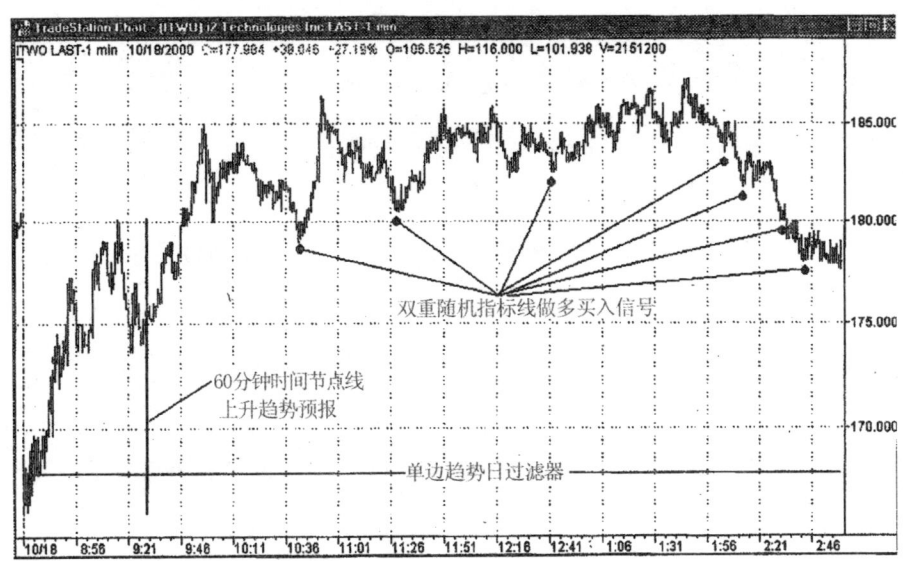

图 11.5 在上升趋势中的回调衰竭点附近，双重随机指标线发出了可以用来进行做多入场的买入信号。本图采用欧米茄研究公司（Omega Research, Inc.）交易站 2000i（TradeStation® 2000i）软件平台制作。

接下来的一个回调走势在时间和空间上与前一个回调走势基本一样。这一个下跌回调走势衰竭点附近，双重随机指标线也发出了一个做多买入信号。从图中我们可以观察到第三个做多信号出现前市场走势形成了一个小级别的双底形态，随后市场价格再次上涨，最终到达了这个交易日的最高点。

双重随机指标线发出的第四个做多买入信号没有前几个买入信号那么有用。从事后来看，我们知道市场展开了收盘前的一个下跌走势，我们的随机指标也把它的缺陷表露无遗，在一个下跌走势当中持续发出了几个做多信号。但是，在实盘交易中，当这些做多买入信号出现时，我们并没有办法提前知道后来的下跌走势。我们这里的目的并不是让你观察几个摆动指标发出完美信号的情况。实盘交易中的情况很多时候并不是那么完美的。我们希望你能用这些方法解决你实盘交易当中遇到的实际问题。只有研究分析那些交易者可能在实盘交易中会遇到问题的走势图才能帮助交易者树立正确对待潜在问题和风险的观念。在下一章中,你将会学习到一种评估短期支撑和阻挡的方法,这种方法可以有效地确定本例中日内交易收盘前出现的情况。

下面我们在这个日内走势中应用一下双重百分比指标线交易策略,看看它发出交易信号的情况。

如图11.6所示,在前三个主要下跌回调走势的衰竭点附近,双重百分比指标线也都发出了做多买入信号。但是这些信号出现的位置与前

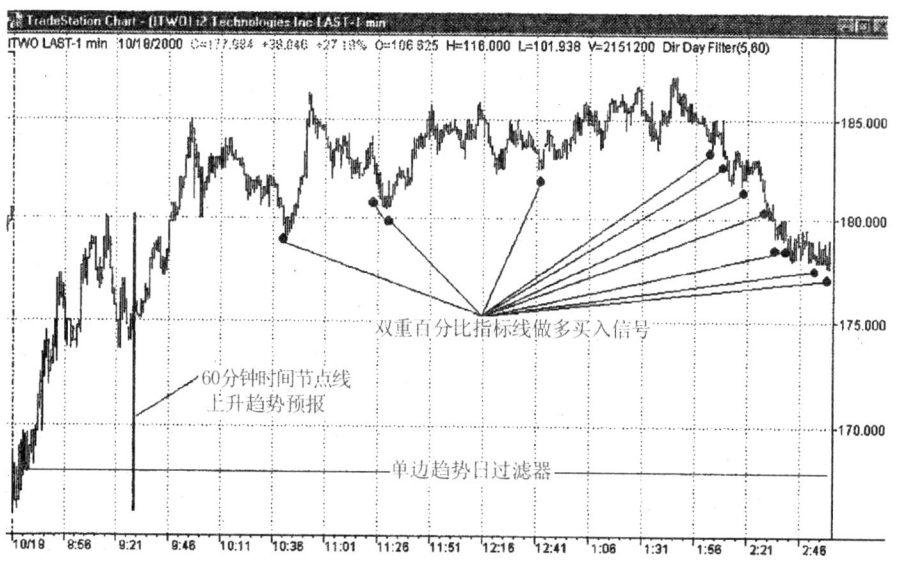

图11.6 双重百分比指标线比我们另外两个摆动指标发出了更多的买入信号。本图采用欧米茄研究公司(Omega Research, Inc.)交易站2000i(TradeStation® 2000i)软件平台制作。

面双重随机指标线发出信号的位置有一点很重要的区别。那就是它们都提前于双重随机指标线发出的信号。在两处双重随机指标线发出信号的地方,双重百分比指标线信号都提前了一根棒线;而在另一处双重随机

第十一章　指标的特色应用：主趋势中回调衰竭点确认　　167

指标线发出信号的地方，双重百分比指标线信号提前了好几根棒线。这种情况再次表明双重百分比指标线信号具有预示其它摆动指标信号即将出现的作用。在这个日内走势的尾盘下跌走势中，双重百分比指标线像随机指标线一样发出了几个做多信号。

我们在图11.7中应用的是双重相对强弱指标线交易策略。如图所示，相对于双重随机指标线和双重百分比指标线而言，双重相对强弱指标线发出的交易信号数量要少一些。我们也可以说这种信号的准确性更高一些。你可以看到它同样抓住了两波比较凌厉的走势。但是在其它两个指标发出第三个信号的位置这个双重相对强弱指标线没有发出信号。这个潜在的第三次交易机会虽然具有积极的获利预期，但是它需要交易者耐心地持仓。

图11.7　在与图11.5和11.6一样的日内走势中，请比较分析双重相对强弱指标线发出的买入信号。本图采用欧米茄研究公司（Omega Research, Inc.）交易站2000i（TradeStation® 2000i）软件平台制作。

在这个交易日的尾盘下跌走势中，双重相对强弱指标线也同样发出了一系列做多信号,这一点并没有比其它两个指标强到哪里去。再次提醒,第十二章介绍的支撑和阻挡用法可以有效地避免这种情况下出现的不大可能产生利润的入场信号。

在下面一系列的范例走势图中,我们使用的仍然是 ITWO 的数据,这一次是一个下跌趋势日。

图 11.8　在单边趋势日过滤器预报的下跌趋势中的回调衰竭点附近,双重随机指标线发出了做空卖出信号。本图采用欧米茄研究公司(Omega Research, Inc.)交易站 2000i(TradeStation® 2000i)软件平台制作。

由于在单边趋势日过滤器水平线下方的交易活动稍微多于上方,另外第 60 分钟棒线收盘价也稍微低于这条水平线,所以单边趋势日过滤器预报了一个震荡下行的趋势倾向。时间节点后出现的加速下跌趋势显然比前期预测的震荡下行趋势要凌厉得多。这种走势很清晰地确认了这个下跌趋势。如果交易者利用单边趋势日过滤器预测日内走势方向时再推迟 30 分钟,那么他就会非常肯定地得出一个下跌趋势的结论,而不仅仅是一个震荡下行的结论。

第十一章 指标的特色应用：主趋势中回调衰竭点确认

就像我们前面分析的那个同一股票的上升趋势一样，时间节点后出现的快速走势是非常剧烈的。在这个过程中，市场走势虽然形成了一些小幅回调走势，但是它们都没有强烈到促使双重随机指标线发出做空信号的程度。前面提到的早盘区间突破交易方法仍然是非常有效的。它可以捕捉到日内最好的一段趋势。这个机会充分说明了交易者仔细研究任何市场品种都会获得回报。在 ITWO 这两天的日内走势中，我们注意到如果交易者在这个股票上应用早盘区间突破交易策略，那么在这两个交易日内他都可以获取丰厚的利润。当然对于某些市场品种而言，这种剧烈的突破早盘区间的走势在它的历史数据中可能只是昙花一现。如果交易者刚好把这个突破交易策略应用在这种市场品种上，那么从长期来看他可能并不会获利。但是，如果交易者仔细研究分析了当前这只股票几个月的历史数据，发现这种早盘区间的突破走势不是一种小概率事件，而是一种在这只股票上经常出现的普遍现象，那么我们就可以考虑一下这种交易策略。有不少交易者在观察到一种像这样的新交易策略短期内确定了两次非常优秀的交易机会以后，就会立即开始冲动地执行这种新交易策略。我们建议交易者一定要警惕这种情况。因为对于某个具体的市场品种而言，出现这种交易机会的情况很可能不是一个普遍的现象。

在本例中的走势图中，当第一个大级别的反弹回调走势在 182 美元价位附近出现衰竭点时，双重随机指标线发出了最初的做空信号（两个非常接近的信号）。如果交易者采用了合适的出场策略或者止损策略，这个交易机会就可以获利。

当市场价格反弹到 184 美元附近的回调衰竭点时，双重随机指标线发出了第二个做空信号。随后市场价格立即展开了一个剧烈的下跌走势，潜在的利润空间是每股 5、6 美元左右。当然具体获利多少还是取决于交易者使用的出场策略或者追踪止损方法。

在随后一个反弹走势的衰竭点附近，双重随机指标线发出了 3 个做空信号。我们再次看到了这种现象：一个信号刚出现不久就被另一个在更有利价位上出现的信号取代了。这或许是这种指标在这只股票上的一种值得进一步研究分析的特色现象。这一组信号可能会产生一些小额利润，或者出现一个不亏不赢的结果，这同样是由交易者使用的出场策略决定的。

最后两个做空信号出现得太晚了，对于实盘交易没有什么价值。

图11.9展现了同样走势中双重百分比指标线发出的信号情况。与前面那个上升趋势中信号出现的情况一样，在这个下跌趋势中双重百分比指标线发出信号的时间也都早于双重随机指标线。每一次百分比指标线发出的信号都预示着随后即将出现其它摆动指标产生的信号。

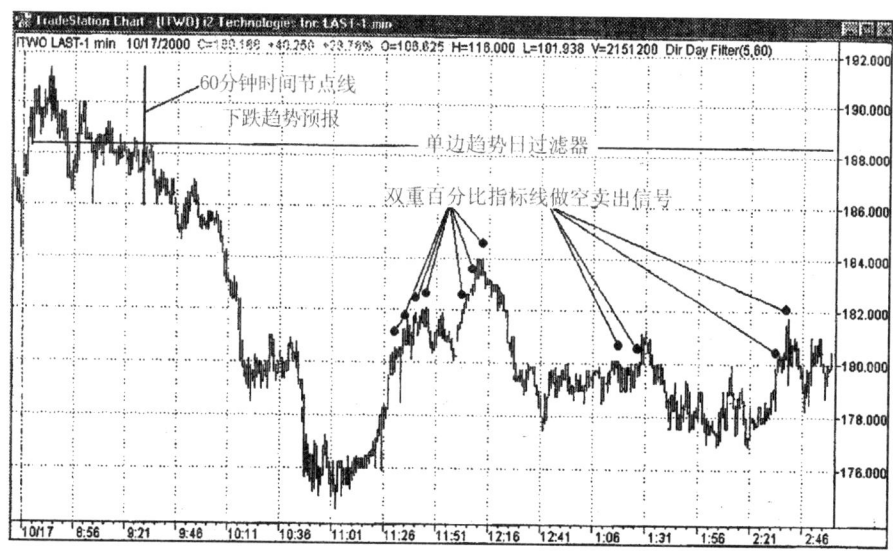

图11.9 双重百分比指标线发出做空信号的时间早于我们另外两个摆动指标。本图采用欧米茄研究公司（Omega Research, Inc.）交易站2000i（TradeStation® 2000i）软件平台制作。

图11.10展现了双重相对强弱指标线在这个下跌趋势中发出信号的情况。从图中我们可以观察到相对强弱指标信号的数量确实比另外两个

第十一章 指标的特色应用：主趋势中回调衰竭点确认 171

摆动指标少很多，信号的准确率也高不少。这与前面展示的那个上升趋势中的情况是一样的。

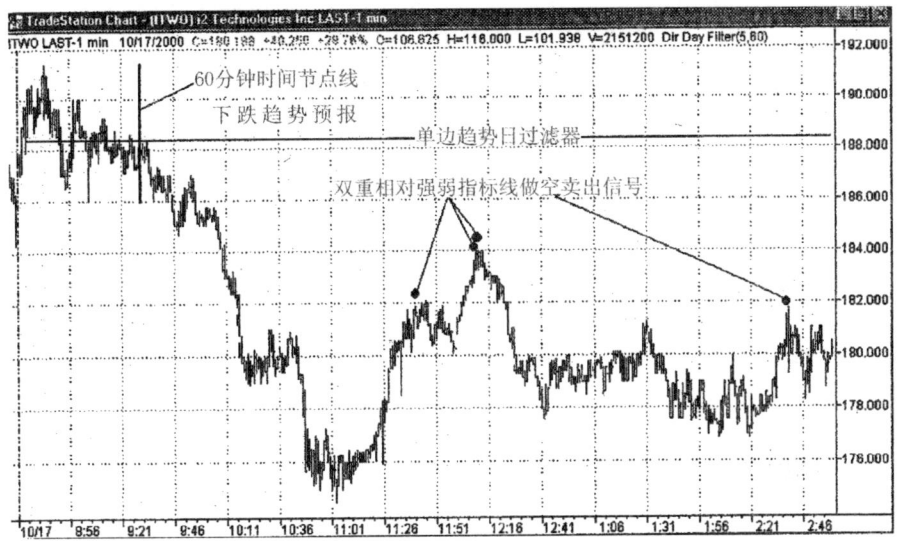

图 11.10 双重相对强弱指标线再次更加有效地确认了回调衰竭点位置。本图采用欧米茄研究公司（Omega Research, Inc.）交易站 2000i（TradeStation® 2000i）软件平台制作。

从这三张图上我们可以看到这个下跌趋势日最佳的交易入场机会就是 12：00 左右在反弹高点出现的那个做空机会，三个不同的摆动指标基本上在同一根棒线上发出了这个卖出做空信号。在 12：45 到下午 1：45 期间，那些只有双重随机指标线和双重百分比指标线发出的做空信号相对来说就差一些。

从这些范例中我们可以看到，对于日内交易系统产生的交易信号而言，交易者需要在入场信号和风险管理方面做出自己的选择。比较保守的交易者或许会一直等到所有的指标都发出同一个信号的时候才真正入场交易。交易者可以先等待双重百分比指标线发出提示性信号，在这种信号表明了当前的回调走势开始出现衰竭征兆后，当双重随机指标线和双重相对强弱指标线共同发出信号的时候再开始行动。这种方法当然会减少每个交易日的交易次数，但是这种交易机会的成功率是相当高的。它们会帮助交易者实现稳定获利。

另外一个比较激进一点的方法是：把双重百分比指标线作为一个先行指标，在它出现信号后，当双重随机指标线和双重相对强弱指标线中的任何一个发出信号确认的时候，再入场交易。但是这种方法产生的交易机会会多一些。由于双重随机指标线比双重相对强弱指标线发出信号的时间要早、数量要多，所以双重随机指标线和双重百分比指标线联合发出信号的潜在风险要大于双重相对强弱指标线和双重百分比指标线共同发挥作用的情况。对于每一种方法，交易者都应该确定一套合适的出场策略。较紧的追踪止损或者较小的获利目标设置或许更适合那些风险比较高的交易机会；较宽松的追踪止损或者较大的获利目标设置或许更适合那些三种摆动指标共同确定的交易机会。

第十二章中有关市场确定的支撑和阻挡的特色用法将会帮助交易者有效地优化摆动指标交易系统发出的出入场信号。

图 11.11 展示了 DISH 公司股票的一个日内走势。由于时间节点前大多数交易活动都处于单边趋势日过滤器水平线的下方，而且第 60 分钟形成的棒线的收盘价也位于这条水平线的下方，因此单边趋势日过滤器清晰地预报了一个下跌趋势倾向。于是我们预测当前的日内高点很可能就是这个交易日的最高点，同时也预计在剩余的日内走势中，很可能会出现新的日内低点。这种预测对吗？从图中的实际走势你可以看到我们的预测是完全错误的。时间节点前出现的日内最低点成为了实际的当日最低点，而且市场价格后来的走势突破了前期早盘期间的最高点，形成了两个新高点。这怎么了？书印错了吗？不！这就是我们的单边趋势日过滤器的预测出现错误的一个交易日。在前面介绍这个指标的定义和用法的时候，我们曾经说过这个指标的准确率在 75% 左右。本例中的日

第十一章　指标的特色应用：主趋势中回调衰竭点确认　　173

内走势情况就属于另外 25% 的情况。如果我们只探讨那些指标信号完全准确的例子，那么交易者就不能全面地了解指标在实盘交易中应用的情况。我们要为处理"另外 25% 的情况"做好准备。

图 11.11　研究表明单边趋势日过滤器的预测具有 75% 的准确率。本例就属于另外 25% 不准确的情况。尽管预报的下跌趋势没有出现，但我们的摆动指标仍然有效地确定了上升趋势的衰竭点，为交易者提供了可以交易的入场点。下跌趋势中的回调衰竭点附近，双重随机指标线发出了做空卖出信号。本图采用欧米茄研究公司（Omega Research, Inc.）交易站 2000i（TradeStation® 2000i）软件平台制作。

当我们确定我们经常依赖的指标在某个交易日出现失效的时候，我们有一种处理方法就是在这个交易日根本不去交易这个市场品种。别忘了，交易者并不是必须天天交易才能维持一个成功获利的交易事业。知道什么时候不去进行交易就如同知道什么时候应该进行交易一样重要。对于本例中的情况，当市场价格在 10：15 左右创出新高的时候，交易者就应该知道单边趋势日过滤器已经失效了。

在我们前面探讨单边趋势日过滤器应用方法的时候，我们说过当单边趋势日过滤器预报一个下跌趋势倾向的时候，我们只能在剩余的日内走势中进行做空交易。假定我们不管市场价格会不会在剩余的日内走势中创出新高，也就是不论单边趋势日过滤器指标是否失效，我们都坚持仅仅进行做空交易的原则，那么我们的做空交易有多大的胜算把握呢？由于我们的指标是根据早盘出现的急剧下跌走势才预报了这个下跌趋势倾向，因此即使市场价格在剩余的日内走势中创出了新高，它也不能说明这种上涨走势就一定占有绝对的优势。所以在这种情况下进行做空交易仍然是有一定获利预期的。

有了这种思想准备，我们来观察一下双重随机指标线给我们提供的做空入场机会。在市场价格突破本应该成为日内最高点的早盘区间高点后，双重随机指标线就发出了一个做空信号。市场价格随后持续下跌了一段，然后开始重回升势创出了日内的最高点，就在日内最高点出现的时候，我们的指标发出了另一个做空信号。

从图11.12中我们可以看到，双重百分比指标线在这个日内走势中再次扮演了一个交易信号提醒器的角色。它发出信号的位置总是比双重随机指标线发出信号的位置要提前一到两根棒线。由于双重随机指标线信号没有对双重百分比指标线产生的第二个和第三个信号进行确认，所以交易者应该放弃这两个信号。图11.3中展示的双重相对强弱指标线发出信号的情况与双重随机指标线一样。

从图11.3中我们可以看出，双重相对强弱指标线发出信号的情况跟以前一样，它同样有效地确定了这个日内走势中的主要入场点。有意思的是这两个双重相对强弱指标线发出做空信号的时间都比双重随机指标线的做空信号晚了一两根棒线。通过分析这三个指标在这同一个日内走势中发出的信号，我们再次发现这三个指标共同发出的信号具有较高的准确性。即便是在单边趋势日过滤器失效的情况下，它们也在本例中发出了两次可以成功获利的做空信号。

第十一章　指标的特色应用：主趋势中回调衰竭点确认　　175

图11.12　双重百分比指标线的交易信号出现的时机再次领先于其它两个摆动指标的信号。本图采用欧米茄研究公司（Omega Research, Inc.）交易站2000i（TradeStation® 2000i）软件平台制作。

图11.13　双重相对强弱指标线同样确认了这两个回调衰竭点。本图采用欧米茄研究公司（Omega Research, Inc.）交易站2000i（TradeStation® 2000i）软件平台制作。

在我们刚才展示的这个日内走势早期阶段，单边趋势日过滤器曾经预报了一个下跌的趋势倾向，它预测市场会出现日内新低，然而实际上，市场价格却创出了新高。虽然单边趋势日过滤器的预报出现了偏差，但是如果交易者仍然严格遵循单边趋势日过滤器在这个日内走势中只允许做空的原则，那他仍然可以从做空交易机会中成功获利。单边趋势日过滤器预报的下跌压力在这个交易日内没有以创新低的方式释放出来，而是以阻挡上升趋势进一步上涨的方式释放出来的。正是这种阻力作用才使得做空交易成功获利。

图11.14是JDSU股票的一个日内下跌走势，图中展现了双重随机指标线确定的交易机会。

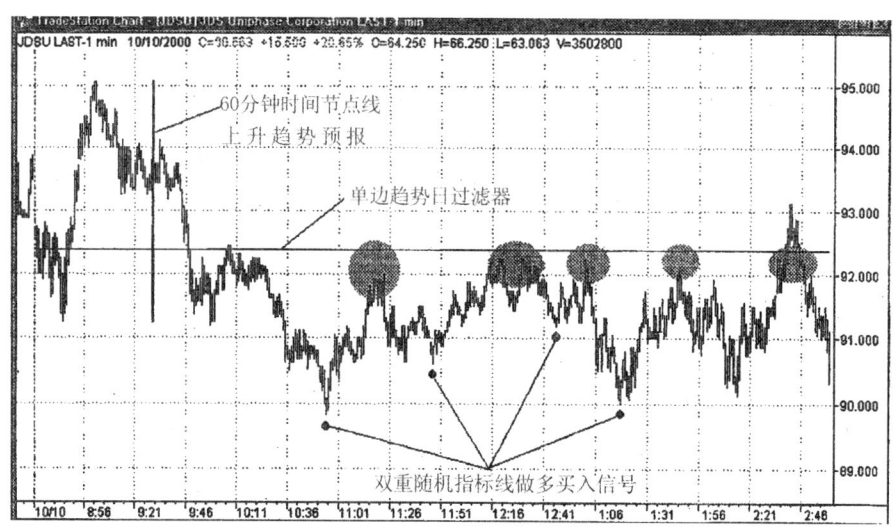

图11.14　尽管市场价格在中后期的日内走势中创出了新低，但是双重随机指标线还是成功地确认了几个高胜算的做多入场点。单边趋势日过滤器水平线一次又一次地阻挡了市场价格的反弹上涨。本图采用欧米茄研究公司（Omega Research, Inc.）交易站2000i（TradeStation® 2000i）软件平台制作。

如图所示，在60分钟时间节点前，单边趋势日过滤器水平线上方的交易活动明显多于下方，而且第60分钟棒线收盘价也明显高于这条水平线，因此我们的单边趋势日过滤器预报了一个上升趋势倾向。我们从随后的市场下跌走势中可以看到这个早盘预测再次出现了错误，市场价格在剩余的日内走势中创出了新低，而不是新高。虽然这个指标的预测是不正确的，但是我们仍然可以遵循它在这种情形下只允许我们进行做多交易的原则。

当市场价格急剧下跌到日内最低点时，双重随机指标线发出了第一个做多信号。市场价格随后立即出现了反弹，上涨到距离单边趋势日过滤器水平线不足 1 美元股价的价位处。在随后的走势中，双重随机指标线又产生了三个买入信号。

从图中我们可以观察到，单边趋势日过滤器水平线一次又一次地发挥了强大的阻挡作用，特别是在这种市场价格快速大幅突破这条水平线的交易日。市场走势在最终突破这个水平线价位前进行了五次尝试，每一次都受到了这个价位的阻挡，而且在突破后又再次受到这个阻挡位的压制，最终收盘在接近日内最低点的位置。

这个日内走势中的每一次上升反弹都为做多交易机会提供了一个获利了结的机会。图中的灰色椭圆区域标识出了这些止盈位。

图 11.15 中展示的双重百分比指标线信号都比双重随机指标线或者双重相对强弱指标线提前出线。这种现象非常有效地提醒了交易者注意随后即将出现的摆动指标交易信号。我们可以观察到双重随机指标线或者双重相对强弱指标线发出的信号更精准一些。

图 11.16 展示的是双重相对强弱指标线在我们的 JDSU 股票日内走势图上发出信号的情况。

这张图中值得注意的一个信号就是时间节点后市场价格第一次下跌突破单边趋势日过滤器水平线后产生的那个做多买入信号。你可以看到它的前面并没有出现双重百分比指标线信号。在后面的走势当中，双重相对强弱指标线又产生了三个信号。这些信号再次证明了这种指标信号的精准度。如果在实盘交易中,再综合应用支撑和阻挡点的入场方法,那么交易者的胜算把握将会更高。

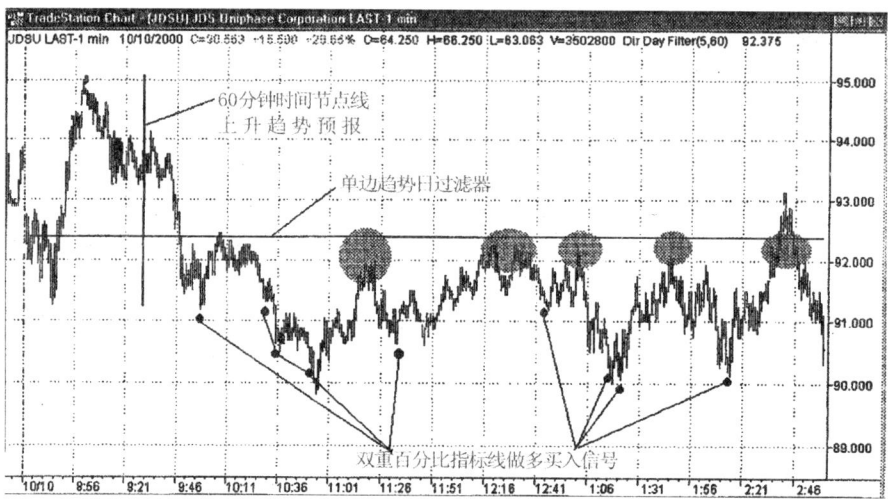

图 11.15 双重百分比指标线非常一致地提前发出买入信号。提醒交易者留意后面即将出现的其它摆动指标的确认信号。本图采用欧米茄研究公司（Omega Research, Inc.）交易站 2000i（TradeStation® 2000i）软件平台制作。

图 11.16 双重相对强弱指标线再一次发出了比较精准的少量信号。本图采用欧米茄研究公司（Omega Research, Inc.）交易站 2000i（TradeStation® 2000i）软件平台制作。

第十一章 指标的特色应用：主趋势中回调衰竭点确认　　179

图 11.17 展示的是 JDSU 股票的另一个日内走势。我们来观察一下单边趋势日过滤器和摆动指标在这张图上产生的信号情况。

我们可以看到时间节点前单边趋势日过滤器水平线下方的交易活动仅仅比上方的交易活动多一点，另外第 60 分钟棒线的收盘价不仅低于这条水平线，而且接近当时日内最低点的位置。根据这种情况单边趋势日过滤器预报了一个震荡下行的日内走势倾向。随后市场展开了一个比较漫长的震荡走势，然后价格再次下跌，跌幅接近每股 1 美元，最后收盘前市场价格出现了一个小幅反弹。这种走势充分地证明了这个预测的准确性。

在这个日内走势中，早盘区间突破交易策略是比较有效的，特别是当这种突破出现得比较早的时候。

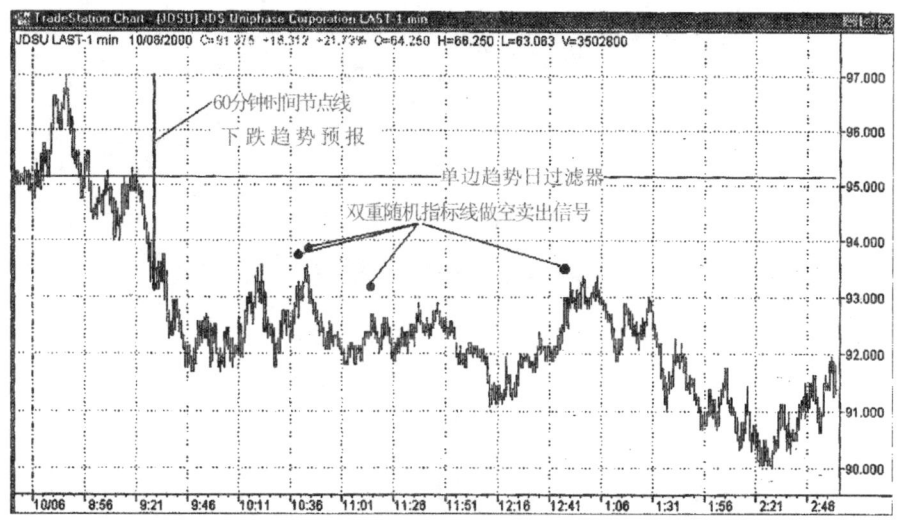

图 11.17　双重随机指标线再次确认了下跌趋势当中的反弹衰竭点。本图采用欧米茄研究公司（Omega Research, Inc.）交易站 2000i（TradeStation® 2000i）软件平台制作。

双重随机指标线再次发出了一系列比较精准的交易信号。值得注意到的一点是当市场价格突破早盘区间后在91.75美元附近形成了一个强有力的支撑点（也是当时的最低点）。在这个价位反复出现的做多力量让一次又一次的市场打压无功而返。幸运的是，双重随机指标线为我们提供了在这种反弹高点进行做空卖出的优势，而且市场价格也最终沿着我们预期的方向成功突破了前期的重要支撑点。

如图11.18所示，双重百分比指标线再次发挥了它的提示作用。它发出的信号提醒交易者注意随后即将出现的其它摆动指标交易信号。

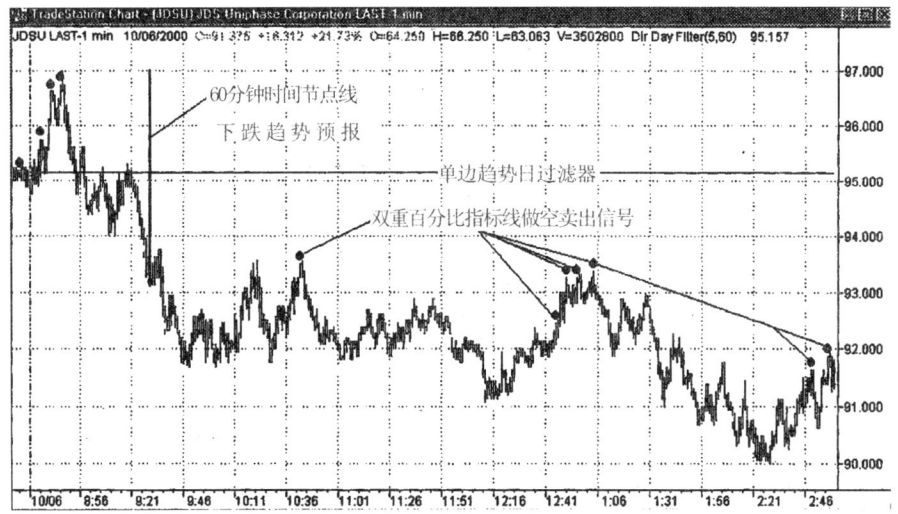

图11.18 双重百分比指标线提前发出警示信号。本图采用欧米茄研究公司（Omega Research, Inc.）交易站2000i（TradeStation® 2000i）软件平台制作。

由于双重百分比指标线具有信号数量多和产生信号时机较早的特点，所以有些交易者倾向于把它作为一个独立的工具来用。但是这种策略确有一种固有的风险：这种比较早的入场点有时候会因为太早入场而让交易者立即陷入亏损当中。我前面曾经提过，下面一章中讲述的支撑和阻挡点用法将会帮助交易者避开这些差劲的入场位。图11.19就是展示这些支撑和阻挡点如何发挥过滤作用的一个范例。我们将会在下一章更加详细地探讨这一点。

第十一章 指标的特色应用：主趋势中回调衰竭点确认　　181

图 11.19 中的短横线标识的是 3 类支撑点的价位。我们把它们用作一种入场方法。本例中，当百分比指标打开一个做空窗口时，交易者就可以把做空卖出点设置在稍微低于这些支撑点价位的位置。当市场价格下跌到这些入场点时，我们就做空入场了。

这种策略的优点是只有当市场价格在你预期方向运行时你才进入市场。因此它的准确性比摆动指标的做空信号要高。缺点是你经常在一个比较低的价位处做空入场。这样一来，交易者的获利空间就小了。像大多数交易策略一样，这就成了需要交易者选择准确性还是获利空间最大化的一个问题。对于这个问题交易者必须根据自己的交易方式和承担风险的能力来做出抉择。

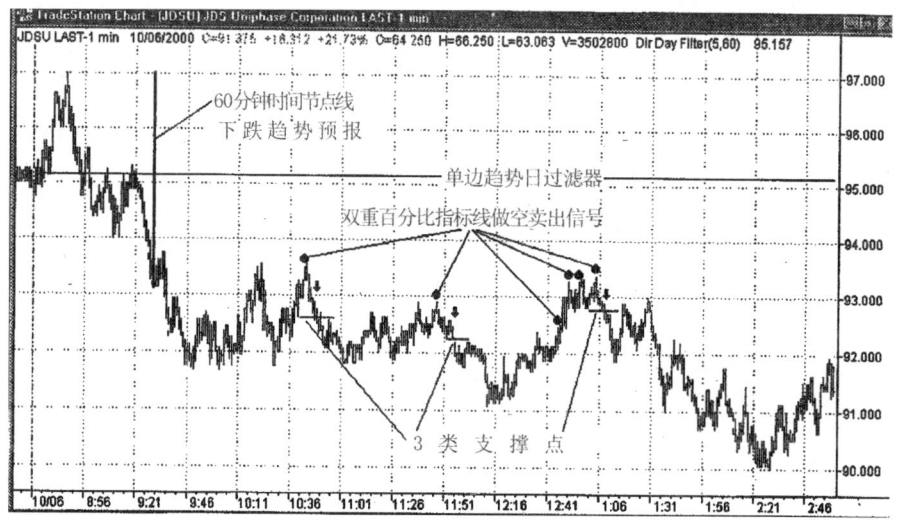

图 11.19　3 类支撑点帮助确定合适的做空入场点。本图采用欧米茄研究公司（Omega Research，Inc.）交易站 2000i（TradeStation® 2000i）软件平台制作。

图 11.20 展示了相对强弱指标线在这个日内走势中发出的唯一一个信号，也是最好的一个交易信号。

震荡日交易

短线交易者最大的挑战之一就是经常在市场中出现的无趋势的盘整震荡走势。我经常听到有人说市场走趋势的时候只占 25% 到 30%，其余大多数时间内市场都处于震荡走势当中。因此，对于一个积极的日内交易者而言，一套可以成功交易这种震荡日行情的策略就是一种价值连城的资产。

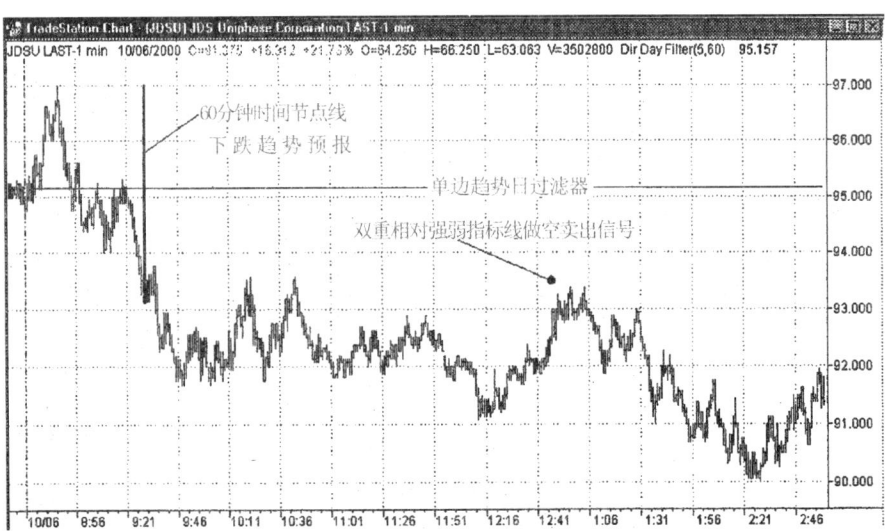

图 11.20 虽然双重相对强弱指标线仅仅打开了一个做空窗口，但是它却让交易者成功地捕捉到了最后一波下跌走势。本图采用欧米茄研究公司（Omega Research, Inc.）交易站 2000i（TradeStation® 2000i）软件平台制作。

我们已经在本章节和其它章节中展示了单边趋势日过滤器提前确定震荡日的能力。正是这种预测能力才使得交易者在日内走势的早期就能够开始高胜算的日内交易。下面我们就用几个走势图来展示一下单边趋势日过滤器和双重摆动指标线共同在这种震荡日发挥作用的情况。

我们先来看一下 BRCM 股票一个 1 分钟日内走势图（图 11.21）。

第十一章　指标的特色应用：主趋势中回调衰竭点确认　　183

从图中你可以看到时间节点前单边趋势日过滤器水平线上下方的交易活动基本差不多，但是第 60 分钟棒线的收盘价却比这条水平线低很多，这就给剩余的日内走势增加了一点下跌的倾向。因此综合起来看这个日内走势还是倾向于一种无趋势的震荡行情。

头脑中有了这个印象，交易者就可以自信地进行多空双向交易。

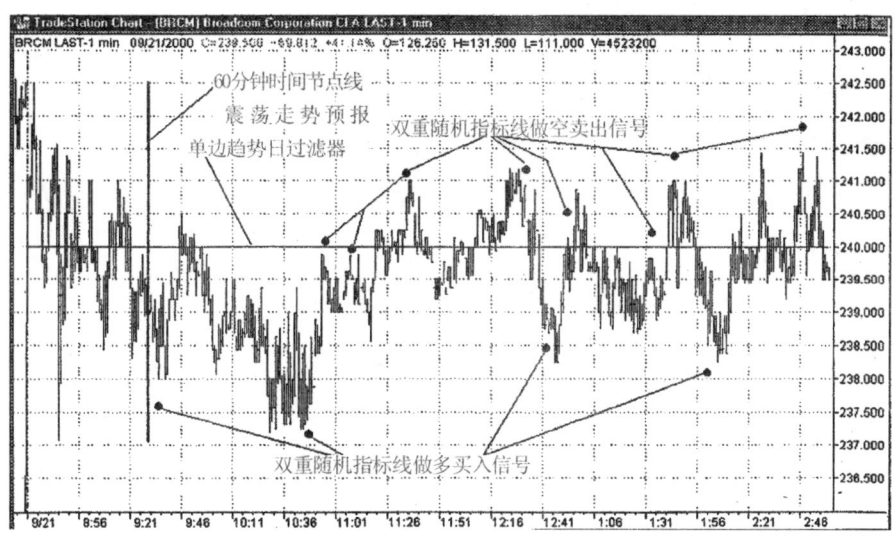

图 11.21　虽然双重相对强弱指标线仅仅打开了一个做空窗口，但是它却让交易者成功地捕捉到了最后一波下跌走势。本图采用欧米茄研究公司（Omega Research, Inc.）交易站 2000i（TradeStation® 2000i）软件平台制作。

这张走势图同时展示了双重随机指标线的买入和卖出信号。对于本节中的所有走势图而言，这个指标的设置都保持不变。

在每一个主要下跌波段的低点附近，这种设置的随机指标都发出了一个非常好的交易信号，根据这些信号入场后市场价格都没有产生太不利的波动。在这种震荡日行情中，市场价格通常都会在单边趋势日过滤器水平线上下方出现相当大的波动。在前面的探讨中我们知道，这条水平线经常发挥支撑或阻挡作用。既然我们比较确信市场价格会经常触及这个价位，那么我们就可以把它作为一个多空双向交易的获利了结出场位。在这个价位获利出场，虽然限制了交易的获利空间，但是交易者却可以稳妥地获取利润。市场价格很可能会在这个水平线价位处开始对交易者的仓位产生不利的影响，把潜在的利润变成实际的亏损。

出于同样的原因，交易者在这个水平线价位上方进行做多的交易和在它的下方进行做空交易通常都不会获利。我们在图 11.22 中标识出了三个在这条水平线下方出现的做空交易机会和一个在这个水平线价位处出现的做空机会。我们可以看到交易者很难从这些交易机会中获利。比较容易获利的交易机会都出现在那些距离这条水平线比较远的地方。这是因为在市场价格距离这个价位比较远的时候，它通常会再次开始回到这个价位附近。

我们可以在图 11.23 中再次看到双重百分比指标线发出了比其它两个摆动指标更多的交易信号。它在这种盘整震荡的日内走势中也同样有效地发挥了领先提示交易机会的作用。对比图 11.22 和 11.23 你还可以发现使用两种或两种以上的摆动指标比仅仅使用一种摆动指标具有很明显的优势。特别是当你观察 12：45 到下午 2：00 出现的做空卖出信号时更容易发现这一点。相对于双重随机指标线而言，百分比指标为交易者提供了更好的做空入场位。

在图 11.24 中我们可以再次注意到双重相对强弱指标线发出的信号数量比双重随机指标线或者双重百分比指标线要少很多。虽然有几个比较好的交易机会双重相对强弱指标线没有发现，但是它产生信号的精准度还是高于其它两个摆动指标。

在这个震荡日走势中，时间节点后剩余日内走势所形成的价格区间被完全包括在时间节点前的早盘区间内。对于无趋势的震荡日而言，这并不是一个常见的现象。我们对震荡日的定义是在时间节点后的剩余日内走势中市场价格出现新高和新低的交易日。图 11.25 展示的 GE 股票的一个日内走势就是这种情况。

第十一章 指标的特色应用：主趋势中回调衰竭点确认

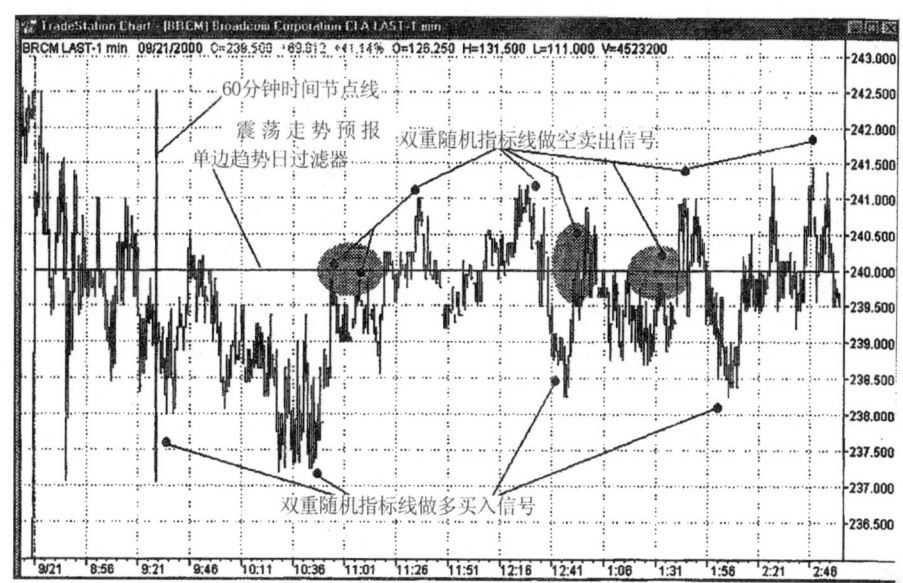

图 11.22 在震荡日走势中单边趋势日过滤器水平线所在的价位经常可以作为获利出场位。图中标识了几个这样的区域。本图采用欧米茄研究公司（Omega Research, Inc.）交易站 2000i（TradeStation® 2000i）软件平台制作。

    与普遍的看法相反，并不是只有那些高价的宽幅剧烈震荡的股票日内走势才能造就成功的日内交易者，那些非高价的、震荡幅度也不大的股票走势也可以让你的日内交易获得成功。我认识的最成功的交易者之一就仅仅交易通用电气、花旗银行和通用汽车这一类的股票。他经常为八分之一或者四分之一点的利润而交易。

    GE 股票的这个 5 分钟日内走势是一个很明显无趋势震荡走势。在 60 分钟时间节点后，单边趋势日过滤器水平线上下方交易活动相差无几，而且第 60 分钟棒线收盘价位于早盘区间的中间位置，与那条水平线所在价位也非常接近。因此单边趋势日过滤器预报了一个震荡日倾向。交易者可以进行多空双向交易。

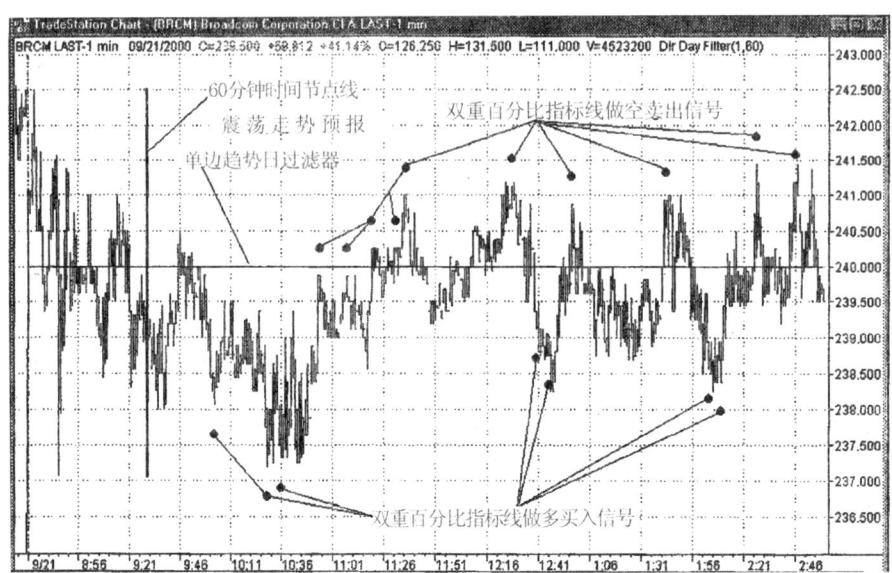

图11.23 在震荡日走势中双重百分比指标线也是一个有效的交易提示工具。图中标识了几个这样的区域。本图采用欧米茄研究公司（Omega Research, Inc.）交易站2000i（TradeStation® 2000i）软件平台制作。

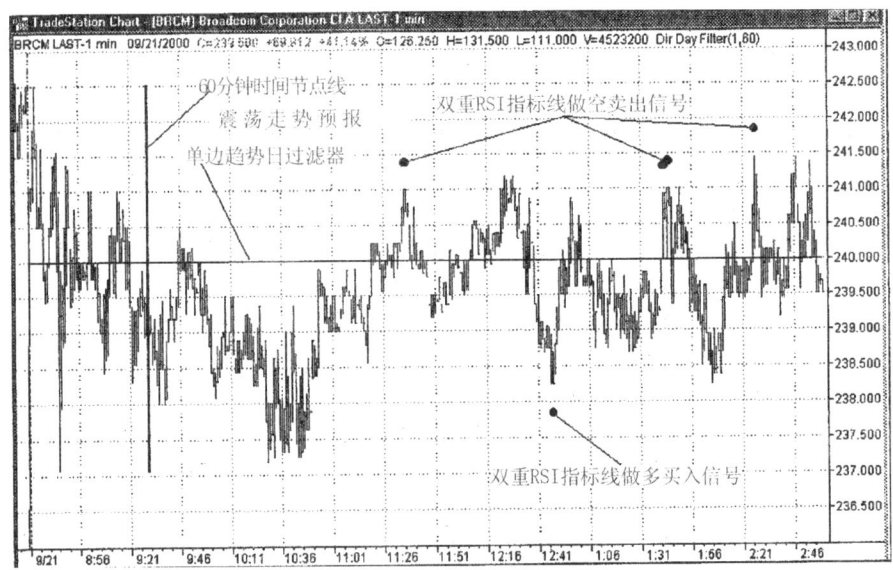

图11.24 双重RSI指标线再次发挥了它对信号的高度选择性，仅仅发出了几个做空信号。图中标识了几个这样的区域。本图采用欧米茄研究公司（Omega Research, Inc.）交易站2000i（TradeStation® 2000i）软件平台制作。

第十一章 指标的特色应用：主趋势中回调衰竭点确认　　187

图 11.25　在一个不太活跃股票的日内走势中，双重随机指标线发出了两个交易信号。本图采用欧米茄研究公司（Omega Research, Inc.）交易站 2000i（TradeStation® 2000i）软件平台制作。

我们可以看到双重随机指标线在这个日内走势中发出的信号是非常准确的。在这个日内走势中，市场价格几次接近单边趋势日过滤器水平线。有些时候，市场价格走势直接在这条水平线上出现了转向。还有一些时候，市场价格波动很轻松地击穿了这条水平线。我们知道在上升趋势日，这条水平线经常发挥支撑作用；在下跌趋势日，它经常发挥阻挡作用。如果你把震荡日走势中市场价格在这条水平线附近的表现与趋势日中的情况对比分析一下，你就会发现它在震荡日的表现不具有一致性。因此，交易者在这种震荡日的保守做法就是把这条水平线所在价位作为获利目标位，把短期市场价格波动的极限反转点作为入场位。那些在这条水平线附近入场的交易很难产生实际的利润。

图11.26 双重百分比指标线信号再一次出现在其它摆动指标信号的前面。请注意观察单边趋势日过滤器水平线附近的市场波动情况。本图采用欧米茄研究公司（Omega Research, Inc.）交易站2000i（TradeStation® 2000i）软件平台制作。

图11.26展示的是双重百分比指标线在这个震荡日走势中发出信号的情况。我们可以观察到60分钟时间节点后市场价格既创出了新高又创出了新低，在两个方向上均突破了早盘区间。这种情况完全符合我们关于震荡日走势的定义。

图11.27展示的是双重相对强弱指标线在这个日内走势中的交易信号。通过对比图11.25、11.26和11.27，我们可以发现这三个摆动指标发出的交易信号是比较接近的。这种特性再次表明了三种指标联合应用的交易策略是比较有效的。

双重相对强弱指标线信号再次确认了前面出现的入场信号，展现了三种摆动指标发出高胜算交易信号的可靠性。

第十一章 指标的特色应用：主趋势中回调衰竭点确认

图 11.27 从图 11.25、11.26 和本图中可以看出三种摆动指标基本上都在同一位置处确认了市场价格回调衰竭点。当三种不同算法的指标同时确认一个交易信号时，这个交易机会就是一个具有积极获利预期的高胜算交易机会。本图采用欧米茄研究公司（Omega Research, Inc.）交易站 2000i（TradeStation® 2000i）软件平台制作。

本章内容回顾

1. 双重百分比指标线通常会发出较多的交易信号，它们可以提醒交易者留意随后即将出现的交易机会。
2. 双重相对强弱指标线交易信号的数量较少，但具有较高的准确性。
3. 双重随机指标线发出交易信号的数量位于二者之间，这些信号的准确性也是可以接受的。
4. 三种摆动指标共同发出的交易入场信号是最准确的。
5. 单边趋势日过滤器可以有效地提高双重摆动指标线交易信号的准确性。

第十二章
普通摆动指标、支撑、阻挡和单边趋势日过滤器的综合应用

日内交易四步曲

到目前为止，我们已经介绍了很多如何利用普通指标来构建交易策略的方法。对于一个潜在的高胜算交易过程，我们把这些方法归纳为四个主要步骤：

1、使用单边趋势日过滤器确定日内主要趋势方向。

2、使用普通指标特色应用方法确定日内回调走势。

3、使用1类、2类或者3类支撑和阻挡点确定具体入场点。

4、使用同样的支撑与阻挡点和/或摆动指标特色应用方法确定出场策略。

下面我们来观察分析一下走势图，它们中的很多都是我们以前用过的。

本节中的很多范例都详细解释了日内交易的四个主要步骤。虽然这

第十二章 普通摆动指标、支撑、阻挡和单边趋势日过滤器的综合应用

些细节信息看起来有点过于啰唆重复,但是我们仍然鼓励读者认真分析每一个范例。因为每一种走势图都是交易者在日常交易中经常碰到的。只有细心领会了这种范例的分析过程,交易者才能充分理解这种方法在各种日内走势中的应用过程。

图 12.1 展示的是 CMVT 股票的一个 2 分钟日内走势。我们以前曾经用它来展示上升趋势日摆动指标和支撑与阻挡的用法。本例中,我将利用这个走势来展现一下四步法的应用过程。图 12.1 是我们进行这方面探讨的一个主要参考资料。这个走势图中的个别片段将会出现在随后的范例图中,为的是详细探讨其中的某些交易信号。

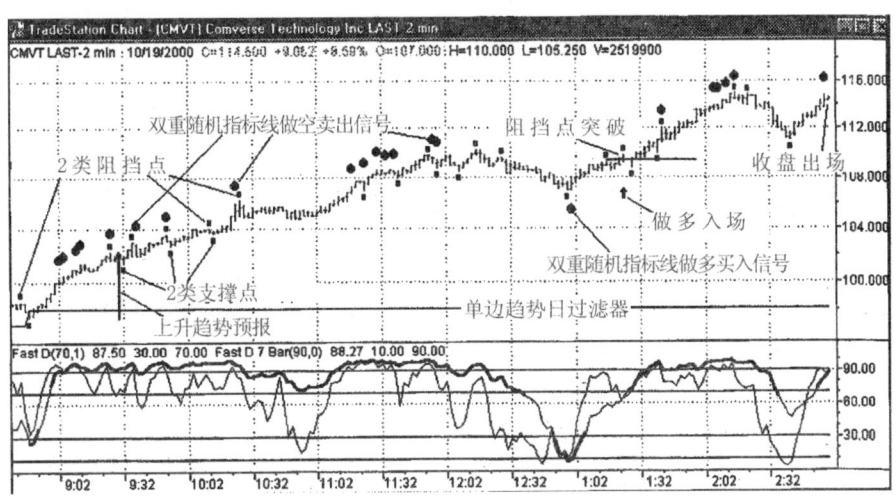

图 12.1 单边趋势日过滤器、双重随机指标线和 3 类阻挡点共同确定了一个高胜算交易机会。本图采用欧米茄研究公司(Omega Research, Inc.)交易站 2000i (TradeStation® 2000i)软件平台制作。

首先,在日内交易进行到一个小时的时候,我们可以把这个日内走势的主要趋势方向确定为上升趋势。如图 12.2 所示,这个早盘区间的市场行为完全符合我们对上升趋势日的要求:(1)时间节点前大多数市场活动都出现在单边趋势日过滤器水平线上方;(2)第 60 分钟形成

的棒线收盘价位于早盘区间的高点附近区域。这种情况充分地表明了剩余的日内走势很可能是一个上升趋势。我们只能顺着主要趋势方向进行做多交易。

随着市场价格逐渐走高，你可以注意到双重随机指标线持续发出了一些做空信号。就像我们在前面章节中提到的，摆动指标的这种特点正是很多交易者遇到的问题，这种指标经常会在上升趋势中发出做空交易入场信号。这个走势图再次解释了这种现象出现的原因。你可以在副图中看到，慢速摆动指标线基本上一直处于超买区域，这使得摆动指标很容易因为快速指标线向下拐头而发出做空信号。这些很明显是虚假信号——因为市场一直在上涨。通过应用单边趋势日过滤器我们知道这个日内走势的趋势方向很可能是上升趋势，因此我们可以忽略任何做空信号。这提高了我们交易成功的概率。

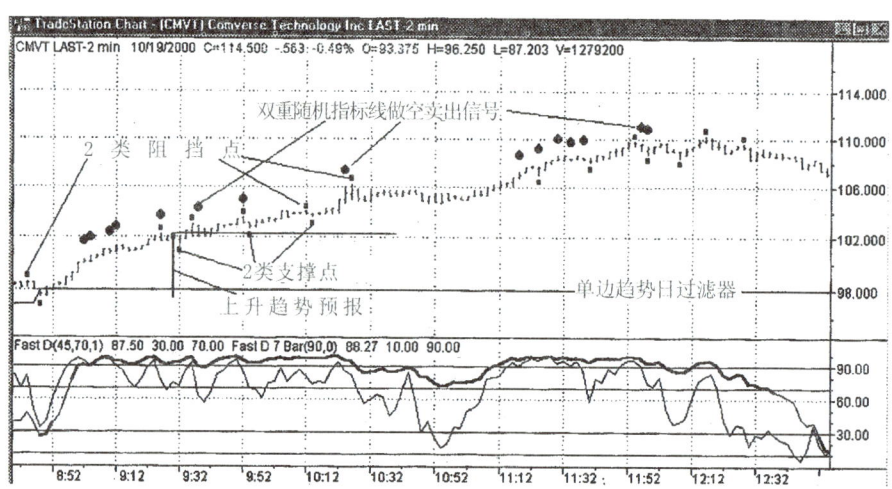

图12.2　单边趋势日过滤器只允许交易者进行做多交易。本图采用欧米茄研究公司（Omega Research, Inc.）交易站2000i（TradeStation® 2000i）软件平台制作。

在图12.2中我们用黑色的小方块标识了一些2类支撑点。虽然这些点主要是用来在下跌趋势中设置做空入场位的，但是交易者也应该理

第十二章 普通摆动指标、支撑、阻挡和单边趋势日过滤器的综合应用

解到它们在上升趋势中的用法。

我们下面先来分析一下交易者不使用单边趋势日过滤器或者错误地研判了它预报信息的情况。在这两种情况下交易者都会去寻找做空交易信号。当然也有一些交易者非常肯定地认为市场价格会在下一根棒线上出现日内高点，随时准备做空入场。如果交易者在积极寻找做空交易信号的同时又把支撑和阻挡点方法作为自己交易策略一个重要组成部分的话，那么他就会把做空入场点设置在稍微低于这些支撑点的价位处。

我们可以观察到这些支撑点依次抬高。如果心意已决的做空交易者合适地设置了他的入场单的话，那么他的做空入场点将被依次逐渐提高。但是不论他把入场点调整到哪一个支撑点下方，市场价格都没有击穿这些支撑点位，当然交易者的做空单也没有入场，因此他也没有持有任何空头仓位。

再次声明，知道什么时候不去交易就像知道什么时候要去交易一样重要。本例中，我们详细解释了不进行做空交易的两个原因，这就避免了做空交易带来的潜在亏损。我们的单边趋势日过滤器和支撑与阻挡点的特色用法成功避免了我们在这个上升趋势中可能会遇到的麻烦。

现在你可能在思考这个问题：如果我们确定了一个上升趋势，那么我们该如何利用我们的交易工具包去参与这个上升趋势呢？图12.3详细展示了早盘区间突破交易策略，交易者可以把它与单边趋势日过滤器融合在一起使用。

我们前面曾经探讨过，这个突破策略主要是用来捕捉突破早盘区间后市场波动带来的利润的。一般情况下，当第60分钟形成的棒线收盘价位于早盘区间顶部或底部的15%或20%区域时，这种方法才最有效力。这种突破策略的入场设置是比较简单的。交易者可以把做多入场点设置在稍微高于早盘区间的价位处，或者把做空入场点设置在稍微低于早盘区间的价位处。这种系统将会帮助交易者顺着60分钟早盘区间突

破方向自动入场交易。

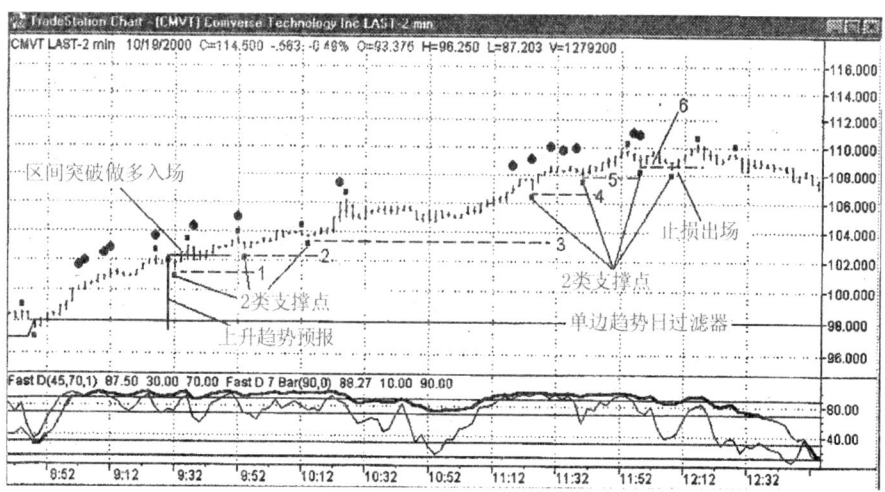

图 12.3 顺着单边趋势日过滤器预报的方向进行早盘区间突破交易是一种可靠的方法。把 2 类支撑点设置成追踪止损位的方法最终让这个突破交易顺利获利出场。本图采用欧米茄研究公司（Omega Research, Inc.）交易站 2000i（TradeStation® 2000i）软件平台制作。

本例中我们只考虑突破早盘区间高点的做多交易机会，因为单边趋势日过滤器已经预报了上涨的趋势倾向。做多入场点设置在稍微高于早盘区间高点的位置。在突破入场单设置后不久市场价格突破早盘区间高点，我们的交易单顺势入场。

像处理摆动指标顺着日内主要趋势方向发出的交易信号一样，交易入场后，我们必须立即进行第四步骤：设置保护性止损位。我们的最初保护性止损位设置在稍微低于 2 类支撑点的价位处。12 根棒线后，市场形成了第二个较高的新支撑点，我们把追踪止损位调整到稍微高于盈亏平衡点的价位处。图中编号为 2 的虚横线标识了这个价位。市场这个时候进入了一个盘整震荡的阶段，一直持续到市场形成下一个支撑点，我们把这个价位标记为 3。随着市场走势出现短期高点，价格开始向下

第十二章　普通摆动指标、
支撑、阻挡和单边趋势日过滤器的综合应用

回调，市场逐渐形成了4、5、6三个支撑点。我们依次按照这些支撑点调高了追踪止损位。最终我们在图中标记的位置止损出场。

由于我们只对那些做多的交易机会感兴趣，所以对于那些在市场价格上涨过程中产生的做空信号并不太关注。我们知道在这种预期出现上升趋势的交易日摆动指标会发出一些逆势做空信号。为了确定下一个高胜算的做多机会，交易者要谨慎使用各种交易工具来确认下跌回调走势的衰竭点。

在日内交易进行到这一天中午的时候，市场出现了一个较大级别的回撤，双重随机指标线为交易者打开了一个做多窗口（图12.4）。我们随后开始寻找可以设置做多入场位的阻挡点。在这个时候，即使我们确信市场正处于一个上升趋势当中，而且回调衰竭点已经出现，我们也不能立即做多入场。在我们最终冒险进入市场之前，还有一个条件必须满足。

在我们探讨支撑和阻挡点构造形态的时候，我们知道市场本身的行为是这些关键点形成的根本因素。市场活动是创造这些棒线的力量。这些棒线又反过来组成了这些特定的支撑和阻挡点构造形态。因此，做多入场前必须具备的条件就是市场必须具备突破它自身形成的阻挡点的能力。当市场能够完成这一任务时，我们就认为市场积蓄够了再次上涨的能量。为了确保我们能够及时登船，我们把做多入场位设置在稍高于阻挡点的价位处。当市场价格最终突破了它自己形成的阻挡点时，我们就会自动地建立了多头仓位。

在双重随机指标线做多信号开启做多窗口后不久，市场价格走势形成了一个2类阻挡点，我们的做多入场位就设置在稍微高于这个阻挡点的价位处。随着市场价格触发这个做多入场单，我们就建立了一个多头仓位。

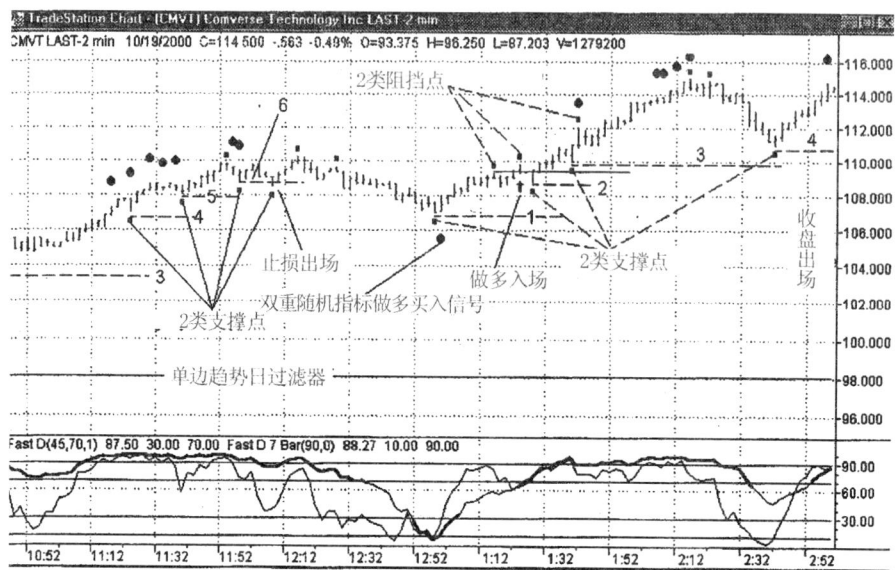

图12.4 尽管我们已经确认了日内的这个上升趋势和上升趋势当中的回调走势衰竭点,但是我们还是要等到市场价格突破阻挡点才能真正地做多入场。本图采用欧米茄研究公司(Omega Research,Inc.)交易站2000i(TradeStation® 2000i)软件平台制作。

我们现在可以开始执行第四个步骤。既然我们已经建立了一个多头仓位,那么我们必须为它确定一个高胜算的出场策略。本例中,我们比较幸运的是上升趋势一直在向前继续发展,我们可以在收盘前成功获利出场。但是在这个过程中,我们必须先确定保护性止损位来限定亏损风险,然后再确定追踪止损位来减少亏损风险和锁定利润。

我们再一次转到了我经常强调的短期支撑和阻挡点的概念。它们是交易中最重要的关键点。

我们可以从这个走势图中观察到,随着市场价格的上涨,走势图中不断地出现较高的新支撑点。交易者可以把这些支撑点价位设置成最初保护性止损位和追踪止损位。

我们曾经探讨过利用支撑和阻挡点来设置交易入场位的问题。当我

第十二章 普通摆动指标、支撑、阻挡和单边趋势日过滤器的综合应用

们现在把它们用作止损位时，这些关键点是同样有效的。毕竟，这些支撑和阻挡点是由市场本身的行为创造出来的。随着市场价格的上涨，经常会出现一些回调走势，在回调衰竭后，市场价格又重回升势，继续上涨，支撑和阻挡点正是在这种市场波动过程中而产生的。我们知道，如果市场走势成功地突破了其中一个关键点位，我们就可能看到一段重要的突破走势。因此，为了保护我们的交易仓位我们需要把卖出止损位设置在稍低于这些支撑点的价位处。假如市场价格突破了某一个支撑点，我们的止损单就会被触发，我们原来的做多仓位就会自动出场。

我们这次交易的最初保护性止损位设置在编号为 1 的虚横线价位处。这个价位是由一个 2 类支撑点确定的。这个点位最初出现的时间基本上就在双重随机指标发出做多信号的时候。

在这个交易入场后，市场走势中先后出现了三个 2 类支撑点（编号为 2、3、4）。在这些新支撑点依次出现的过程中，我们的追踪止损策略也逐渐根据这些支撑点抬高了我们的止损点。因为每一个支撑点价位都比前面的支撑点价位高，所以市场没有机会把我们止损出局。既然我们没有被我们设置的追踪止损位止损出局，那么我们就只能在这个交易日临近收盘的时候获利出场。在本章后面的内容中，你也会看到把支撑和阻挡点设置成追踪止损位的范例。

图 12.5 是微软的一个 3 分钟日内走势。我们以前曾经用过这个走势图。这一次我们用这个下跌趋势来讲述一下日内交易的四个步骤。

第一步就是确定日内的主要趋势方向。你可以看到在 60 分钟时间节点前，绝大多数交易活动都出现在单边趋势日过滤器水平线的下方，而且第 60 分钟形成的棒线收盘价仅仅比当时的日内最低点高一点。因此我们的单边趋势日过滤器清晰地预报了一个下跌趋势倾向。

下一步就是确定回调走势（次要趋势）。为了确定做空机会，我们开始积极寻找在主要趋势当中出现的回调走势。我们前面探讨过的任何

一个摆动指标都可以作为确定回调衰竭点的工具,当然,我们比较喜欢的是应用它们的双重指标线参数设置。比较理想的是把双重随机指标线、双重百分比指标线和双重相对强弱指标线融合在一起使用。为了这些走势图清晰可见,我们只在图中标识了一种摆动指标。希望交易者在自己喜欢的股票或期货品种的各种时间结构图上联合使用多种摆动指标来确定回调衰竭点。只有通过这种方式,交易者才能在实盘交易中发现最佳入场点。

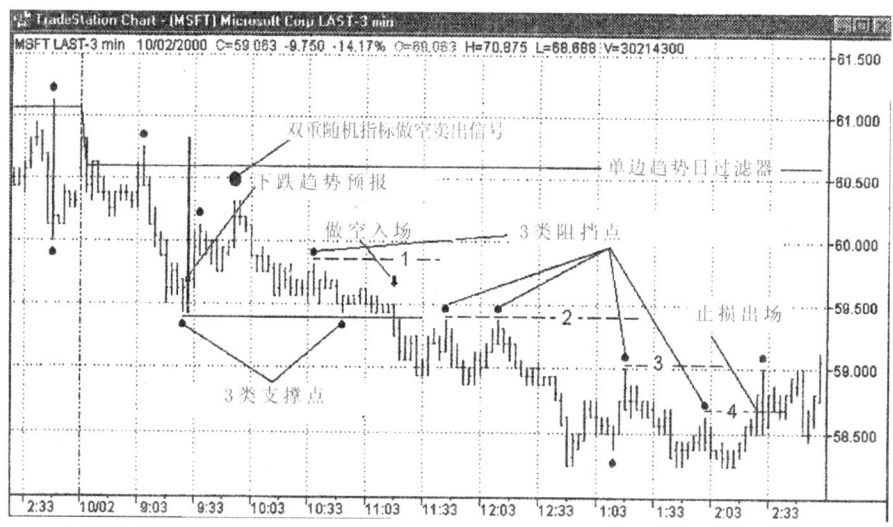

图12.5 四步交易法产生了一个做空交易机会。把止损位设置在稍微高于阻挡点的价位处对于这个做空交易至关重要。本图采用欧米茄研究公司(Omega Research, Inc.)交易站2000i(TradeStation® 2000i)软件平台制作。

双重随机指标线在9:45到10:00期间确认了回调衰竭点,发出了做空信号。我们用一个稍微大一点的黑点标识了这个做空信号。你可以看到在整个日内走势当中,这是双重随机指标线允许做空的唯一一个窗口。虽然其它摆动指标可能会发出额外的做空信号,但如果交易者没有利用这个机会而是去等待第二个做空信号,那么他就会错过这个交易日最好的交易机会。市场价格在剩余的日内走势当中一路下行。这个下

第十二章 普通摆动指标、
支撑、阻挡和单边趋势日过滤器的综合应用

跌趋势是如此的强劲以至于没有一个反弹强大到触发做空信号的程度。

在单边趋势日过滤器和双重随机指标线做空信号打开的这个做空窗口内，我们可以执行日内交易的第三个步骤：为我们的高胜算入场单确认一个具体的做空价位。幸运的是，我们已经有了这样一个点。甚至在那个小幅反弹开始以前市场走势就形成了这个支撑点。双重随机指标线也正是由于这个回调走势才发出的做空信号。在做空信号发出后市场走势又在同一价位处再次对这个支撑点进行了确认。我们在图中标识出了这两个3类支撑点。

这种两个位于同一价位上的3类支撑点是比较重要的。它们构成的双底形态经常促使市场价格出现反转。双底形态通常比一个单一的支撑点重要，这主要是因为双底形态的两个支撑点已经成功地阻止了两次市场下跌走势。当市场走势突破双底形态时交易者可以预期一个比突破单一一个支撑点形态时更大的下跌走势。

当市场走势突破我们的支撑点价位时，我们就建立了一个空头仓位。你可以观察到当市场价格突破这个双底形态时市场价格出现了快速的下跌。

在我们完成了日内交易的第三个步骤后，我们现在来执行第四步骤：确定一个合理的出场策略。

我们已经在图上标识出了3类阻挡点。随着市场价格的下跌，走势图中出现了一系列逐渐降低的阻挡点。这些关键点都是由在下跌过程中出现的回调走势造成的。交易者可以利用这些阻挡点价位设置最初保护性止损位和追踪止损位。我们先把止损位设置在入场前市场形成的最近的阻挡点价位上，这是因为它是最近的可以利用的点位。图中编号为1的虚横线表明了这个价位。

随着市场价格的进一步下跌，市场走势中出现了一个稍微低一点的阻挡点。这时我们可以把止损位调整到第二条虚横线代表的价位处。在

我们调整止损位后不久，市场上又在同一价位处形成了第二个阻挡点。像这种在前期两个支撑点的同一价位上又出现两个阻挡点的现象是非常重要的。尽管突破前期双底时出现的加速下跌已经积蓄了足够的下跌能量，但是不可避免的回调走势还是出现了。市场价格在11：30到12：15期间曾经两次反弹到前期双底形态的支撑点价位处，最终都被前期突破双底时积蓄的卖方力量打压了下来。这样一来，在同一价位上，前期重要的支撑点变成了重要的阻挡位。老练的交易者会经常在日内走势中看到这种形态结构。前期的支撑变成当前的阻挡后市场就积蓄了一种强大的动能。在这种能量的推动下微软股票在剩余的日内走势中走出了一个流畅的下跌走势。

本例再次证明了把止损点设置在稍高于支撑或阻挡点的做法是非常重要的。我们在前面章节中也曾探讨过这一点。

对于那两个阻挡点在同一价位的情况，如果我们在第一个阻挡点出现后，把止损点刚好设置在这个价位处，那么我们的做空仓位很可能已经在市场再次到达这个价位时被止损出局，这样我们就根本无法获得后面的利润。通过把止损位设置在稍微高于阻挡点的价位处，我们就具有了市场只有突破阻挡点才有可能把我们止损出局的优势。我们的理论是建立在市场价格对支撑和阻挡点的突破而不是刚好达到这些关键点价位的行为之上的。这种做法可以让我们在市场出现回调时尽可能地持有仓位，以便于捕捉随后的趋势利润；而不是让我们在盈亏平衡点处止损出局，这种止损出局方式除了让交易者手心出汗、白忙活一场外，最多也就让交易者获取一点手续费。

在市场出现由两个位于同一价位的阻挡点形成的双顶形态后，市场价格开始一路下跌。当市场再次出现反弹回调的时候，市场又形成了一个阻挡点，我们用编号为3的虚横线标识了这个点位。在这个阻挡点正式形成后，我们立即把止损位调整到这个价位上。到这里为止，我们的

第十二章 普通摆动指标、支撑、阻挡和单边趋势日过滤器的综合应用

止损位已经锁定了一部分利润。

在后来的市场走势中，又出现了一个阻挡点，我们再一次相应地调整止损位。我们用编号为4的虚横线标识了这个点位。这个止损位为我们的交易锁定了更多的利润。

在这个交易日接近尾声的时候，市场在前期低点处找到了支撑点，努力向上反弹，最终突破了4号阻挡点，我们的空头仓位也成功获利出场。我们在图上已经标识了这一点。

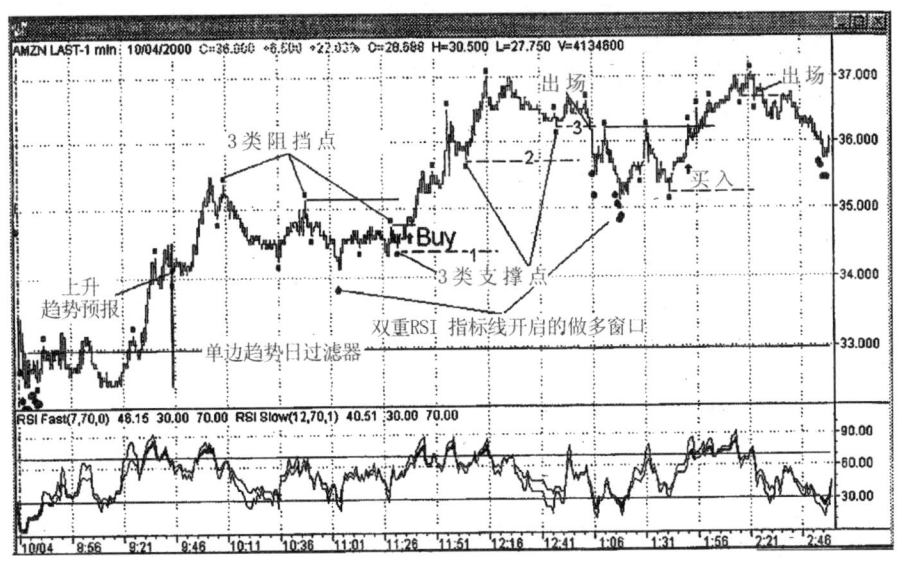

图12.6 Amazon.com 股票在这个日内走势中产生了两次做多交易机会。第一次是用早盘区间突破交易法，第二次是用日内交易四步交易法。本图采用欧米茄研究公司（Omega Research, Inc.）交易站2000i（TradeStation® 2000i）软件平台制作。

这个范例清晰地展示了日内交易的四个步骤：主要和次要趋势识别、交易执行、使用追踪止损位出场。交易者可以经常参考回顾这个走势图。这个例子中另外一个要点是把止损位设置在稍微高于阻挡点的价位处的做法。

接下来我们将使用 Amazon.com 股票的1分钟日内走势图来展示一

下日内交易的四个步骤。如图12.6所示，这一次是上升趋势。

首先我们要使用单边趋势日过滤器来分析日内趋势方向。虽然在90分钟时间节点前单边趋势日过滤器水平线上方的交易活动仅比下方的多一点，但是在时间节点上形成的棒线收盘价却接近早盘区间的最高点价位。因此单边趋势日过滤器预报了一个震荡向上的趋势倾向。有了这一点，我们就只能寻找做多交易机会。同时也要记住这个日内走势不会是那种强烈的上升趋势，更可能的是一种震荡上行的走势。市场走势中很可能会出现大级别的回调走势。

在这种震荡上行的趋势预期下，我们可以进行早盘区间突破交易。在90分钟时间节点后，我们把做多入场单设置在稍高于早盘区间高点的价位处。图12.7中的第一个短横线标识出了这个价位。13分钟后，市场价格突破这个价位，触发了我们的做多入场单。随后市场价格开始沿着我们预期的方向运行，在10：00后不久，市场走势形成一个3类支撑点，我们立即把止损位调整到这个支撑点价位下方一点的位置处。几根棒线后，市场价格击穿这个支撑点价位，我们的做多仓位止损出场，获取了一点小额利润。

接下来我们继续寻找做多交易机会。11：00过后不久，双重相对强弱指标线确认了一个回调衰竭点，为我们打开了第一个做多窗口，如图12.8所示。这个下跌回调走势持续时间超过一个小时，终于造就了一次做多机会。这样我们就完成了日内交易的第二个步骤：确认了这个回调走势衰竭点，识别了做多信号。

下面就是第三步，你可以看到在RSI指标做多窗口开启前市场形成了一个3类阻挡点，我们就依据这个最近的3类阻挡点价位来设置入场单。图中有一条短横线标识出了这个价位。图中黑色小方块标识了实际3类支撑和阻挡点所在的棒线位置。

第十二章 普通摆动指标、支撑、阻挡和单边趋势日过滤器的综合应用

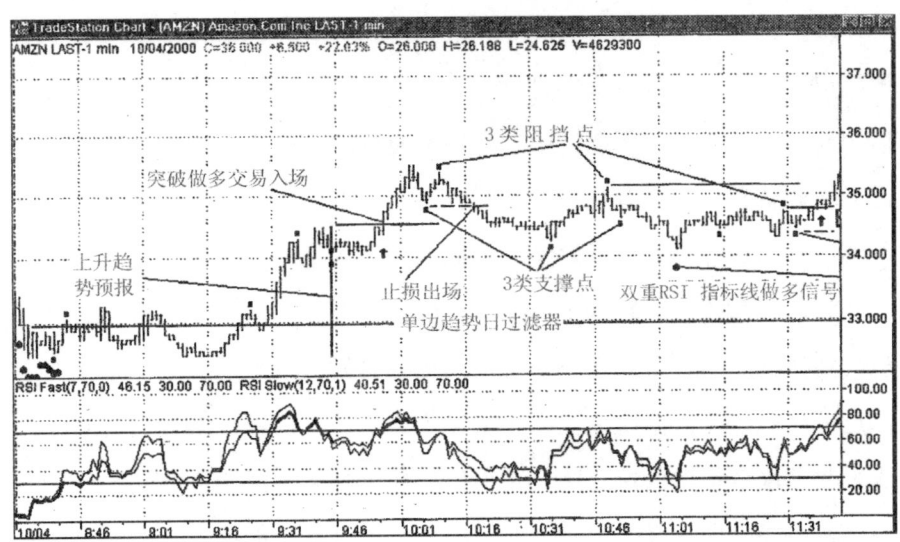

图 12.7 最初的早盘区间突破做多交易在市场突破一个 3 类支撑点价位时顺利出场，获取一点小额利润。本图采用欧米茄研究公司（Omega Research, Inc.）交易站 2000i（TradeStation® 2000i）软件平台制作。

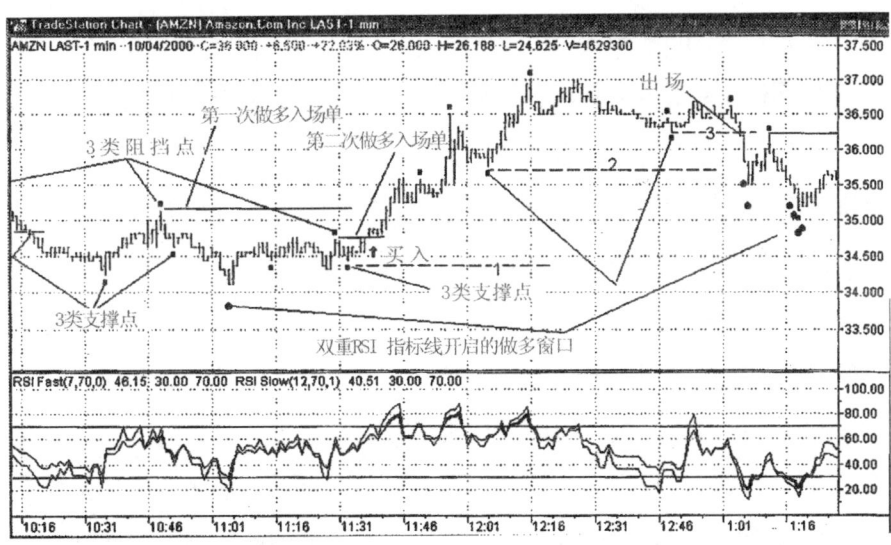

图 12.8 在双重 RSI 指标线开启做多窗口后，市场突破一个 3 类阻挡点触发了这个交易日的第二个做多入场单。依据 3 类支撑点不断调整的追踪止损单最终让这个做多交易顺利获利出场。本图采用欧米茄研究公司（Omega Research, Inc.）交易站 2000i（TradeStation® 2000i）软件平台制作。

11：00过后不久，我们在一个比较低的价位上确认了第二个3类阻挡点，这个阻挡点让我们把做多入场单调整到一个更有利的价位处。请记住，每一个给定形态的阻挡点都具有同样的效力。交易者在可以把入场位调整到一个更有利的位置时，不要再有任何犹豫。在这次入场位调整后不久，市场价格就触发了我们的做多入场单。

我们现在的重点转到了第四步：确定一个合适的出场策略。你可以观察到在我们的做多入场单被触发入场的时候，市场形成了一个3类支撑点。我们可以依据这个支撑点来设置保护性止损单。编号为1的虚横线表明了这个止损价位。这个止损位比那个3类支撑点价位低一点。为的是在市场出现双底形态时，我们的仓位不会被止损出局。

在市场价格上涨的过程中，又形成了一个更高的3类支撑点。在这个支撑点形成后，我们立即把止损位调整到稍微低于这个支撑点的价位处。编号为2的虚横线表明了这个止损价位。这个止损点为我们的多头仓位锁定了一定的利润。

市场随后又创出了新高，然后形成了一个双顶形态，在接下来的回撤过程中，出现了一个3类支撑点，我们立即调整了我们的止损位，几根棒线后，市场价格跌破这个关键点位，我们的多头仓位获利出场。

在双重相对强弱指标线给出的第一个交易机会顺利获利出场后不久，这个摆动指标又开启了第二个做多窗口。如图12.9所示。在这个做多窗口开启后，双重RSI指标线发出了多个做多信号。这种现象经常在日内走势中出现。短时间内指标快线在超卖线下方可以向上拐头好几次。指标线的这种行为促使摆动指标发出了几次做多信号。请记住这种重复出现的做多信号与仅仅出现一次的做多信号的效力是一样的。对于我们关注的任何一种摆动指标而言，短时间内出现的多重信号的效力与仅仅出现一次信号的效力是完全相同的。既然在这个日内走势的早期单边趋势日过滤器已经确定了震荡上行的趋势倾向，那么这里开启的第二

第十二章 普通摆动指标、支撑、阻挡和单边趋势日过滤器的综合应用

个做多窗口就相当于确认了回调走势衰竭点，也就等于完成了这个日内交易的第二步。

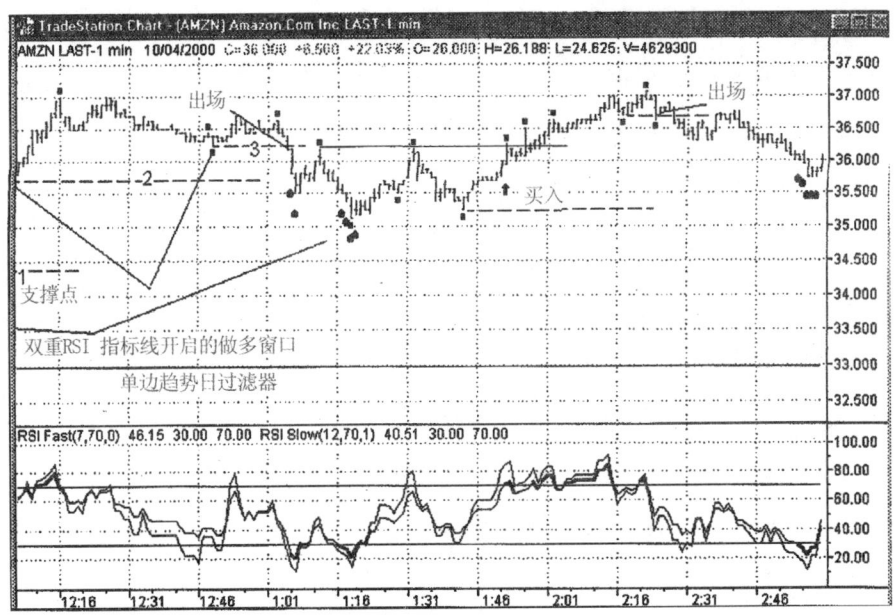

图 12.9 这个交易日最后一个做多机会是依据 3 类阻挡点和支撑点来设置进出场价位的。本图采用欧米茄研究公司（Omega Research, Inc.）交易站 2000i（TradeStation® 2000i）软件平台制作。

我们再次进行到第三步骤：确定一个高胜算的入场点。本例中，在做多窗口开启后，最近的 3 类阻挡点价位距离窗口开启时的市场价格差别很远。我们在前面的范例中看到过，市场走势有时候会再次给我们提供一个更有利的入场位。但是按照入场原则，我们仍然把做多入场位设置在稍微高于最近的那个 3 类阻挡点的价位处。这里应用的是同样的理论：只有在市场价格突破这个阻挡点的时候我们才真正入场做多，如果市场价格形成一个双顶形态，那么它就不会触发我们的入场单。从图 12.9 中我们可以观察到，市场走势刚好在这个阻挡点价位处出现了这种双顶形态。但是它并没有让我们做多入场。在这个双顶形态后，市场

稍微回撤了一下，最后终于积蓄够了上涨动能，突破了这个阻挡点价位，我们也顺利做多入场。

我们最初的保护性止损位在距离入场位很远的一个价位处。对于某些交易者而言，这个止损空间蕴藏的风险可能太大了。与我们这种入场方法对应的止损位通常在入场前就已经确定了，交易者有充足的时间根据止损空间大小考虑是否真正入场交易。另外交易者还可以根据具体情况选择一个更有利的保护性止损位。作为一个通用性的原则，如果交易者不去调整已经制定好的交易策略，直接严格按规矩执行它，那么他更可能获得交易成功。但是作为一个现实主义者，考虑到有不少交易者经常会微调他们的交易策略，我觉得有必要指出这一点。作为一个替代性的解决方案，交易者可以选择一个其它类别的支撑点来作为一个临时的保护性止损位。比如，本例中，有一个 1 类支撑点距离我们的做多入场点较近。交易者可以依据它来设置止损位。考虑到个人的交易风格、风险承担能力和具体的市场品种，在比较匹配的情况下，交易者可以根据 3 类阻挡点入场，再依据 2 类或 1 类支撑点出场。

你可以在这个走势图中看到，我们把追踪止损位调整到了一个可以锁定利润的位置。市场价格最终超过了 37 美元，随后出现下跌回落，触发了我们的出场单。

图 12.10 展示的是标普 500 指数的 1 分钟日内走势图。这是一个宽幅剧烈震荡的一个日内走势。我们来看一下日内交易四步法在其中的表现。你可以看到日内震荡区间差不多达到了 40 点。当一切尘埃落定，在这个交易日收盘的时候，市场价格又回到早晨开盘价附近。在这个日内走势中，市场出现了复杂的价格波动。为了清晰起见，我把它分成三段，进行详细探讨。从这个主图上我们可以进行日内交易的第一步骤。在 60 分钟时间节点前，单边趋势日过滤器水平线上下方的交易活动基本差不多，另外第 60 分钟棒线收盘价也接近这条水平线的价位。因此

第十二章 普通摆动指标、支撑、阻挡和单边趋势日过滤器的综合应用

单边趋势日过滤器预报了一个无趋势的震荡日倾向。

交易者看到这张图的时候，的确可以把这个日内走势分成几个大的短期趋势，然后质疑为什么把这个走势确定为无趋势的震荡日走势。但是我们关注的日内趋势指的是在由时间节点确定的早盘区间低点上方形成的创新高的上升趋势和在早盘区间高点下方出现的创新低的下跌趋势。下跌趋势日指的是在早盘区间出现日内最高点然后在剩余走势中创出一系列新低的交易日。上升趋势日指的是在早盘区间出现日内最低点然后在剩余走势中创出一系列新高的交易日。震荡日指的是在早盘区间后的剩余走势中既创出新高又创出新低的交易日。对于图12.10中的日内走势，既然在我们把它确定为无趋势的震荡日后市场价格既创出新高又创出新低，那么它就符合我们对无趋势的震荡日的定义。在这方面，交易者可以回头阅读一下第十章"单边趋势日过滤器"的相关内容。

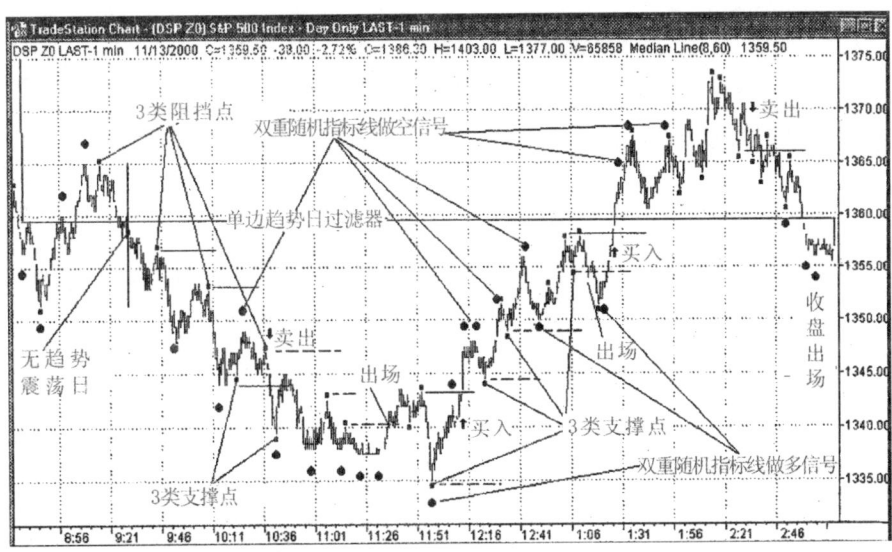

图12.10 在震荡日可以进行多空双向交易。在这种宽幅震荡的行情中，支撑点和阻挡点对于设置出入场点位具有至关重要的意义。本图采用欧米茄研究公司（Omega Research, Inc.）交易站2000i（TradeStation® 2000i）软件平台制作。

对于在日内走势早期就预报震荡日倾向的交易日，我们还有另外一个方法去确认或者纠正这种预报。因为标普500指数的历史数据中经常出现剧烈的震荡走势，而我们这个无趋势震荡日的预测又是在日内交易开盘后不久做出的，所以很多交易者会将预测时间节点向后推迟30分钟。这样，交易者就可以看到更多的市场价格数据，这也就意味着交易者可能会改变前期的趋势方向预测。本例中，如果交易者把预测时间推迟30分钟，他就会得出一个下跌趋势倾向的预测报告。很明显这种修改后的下跌趋势倾向的预报是错误的。因为下跌趋势预报认为市场不会再创出新高，这不符合这个日内的实际走势。虽然在本例中这个修改后的预测是错误的，但是这种延迟预测的策略在某些市场情况下却是有用的。对于单边趋势日过滤器这个重要的交易工具而言，不同的市场品种会展现出不同的特性。希望交易者在把它用于自己喜欢的市场品种中去的时候，按照自己的策略认真评估这个指标的历史表现。

我们先来看一下这个日内走势的第一部分。如图12.11所示，在单边趋势日过滤器预报出震荡日倾向后不久市场就连续创出了几个新低，在这个过程中，双重随机指标线连续打开了两个做多窗口。由于我们准备在震荡日走势中进行多空双向交易，所以在第一个做多窗口开启后，我们立即把做多入场单设置在稍高于最近3类阻挡点的价位处。这个3类阻挡点就是9：45出现的稍高于1355点位的那个阻挡点。图中有一个短横线标识了这个价位。随着市场价格的进一步下跌，市场走势在更低的点位上出现一个3类阻挡点，我们立即把原来设置的入场单调整到了这个更有利的入场位上。同样我们用一条短横线标识了这个位置。随后不久，双重随机指标线又打开了第二个做多窗口，强化了做多预期。

第十二章 普通摆动指标、
支撑、阻挡和单边趋势日过滤器的综合应用

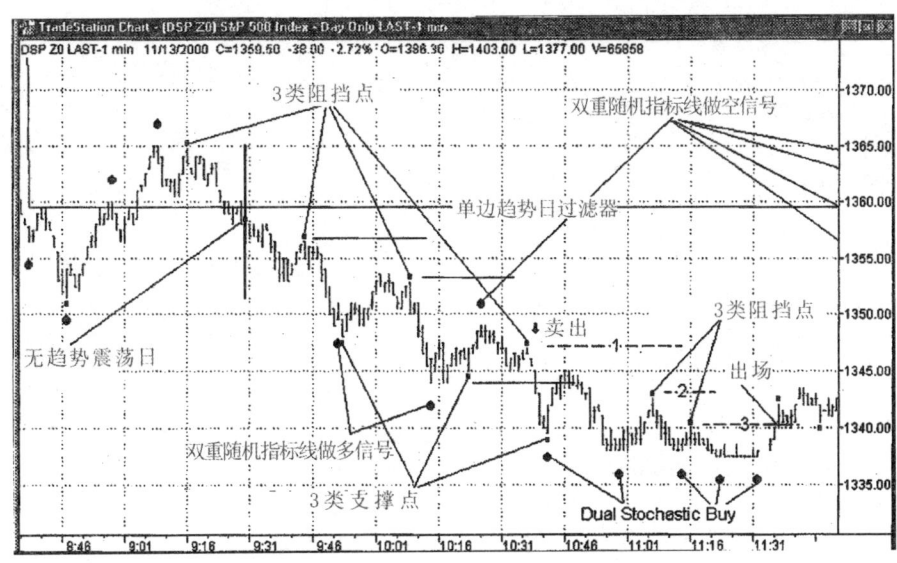

图12.11 在双重随机指标线开启做空窗口后，当市场价格跌破最近的3类支撑点时触发了第一次做空入场单，这个空头仓位在市场价格后来突破一个3类阻挡点时获利出场。本图采用欧米茄研究公司（Omega Research, Inc.）交易站2000i（TradeStation® 2000i）软件平台制作。

但是，双重随机指标线随后又打开了一个做空窗口，图中已经标识了这个做空信号，因此我们立即取消了做多入场单，并依据最近形成的3类支撑点设置了一个做空入场单。在1345点位下方绘制的那根短横线标识了这个做空入场位。

当市场价格在10：39下跌到做空入场位时，我们就开始了这个交易日的第一次交易。我们在1344点位处建立了第一个空头头寸，随后市场价格又创出了一个新低。

既然我们现在持有了一个空头仓位，那么我们必须进行日内交易的第四步。它将会在交易过程中保护我们的仓位。为了设置最初保护性止损位，我们必须寻找最近的阻挡点。最终我们在1347.20处设置了止损单，这个点位稍微高于最近的阻挡点价位。图中编号为1的虚横线标识

了这个止损位。这时候，双重随机指标线发出了一个做多信号，它表明当前市场已经进入了摆动指标的超卖状态。

上午11：10，我们在较低的点位上确认了另一个3类阻挡点。这时我们可以根据这个阻挡点把追踪止损位调整到稍低于入场位的点位处，它确保了我们的这次交易不会产生亏损。这个止损位在1343.10点位处，稍高于最新确认的3类阻挡点。2号虚横线标明了这个止损位。

上午11：15后不久，我们在较低的点位处确认了第三个阻挡点。这又给我们提供了一个调整止损位的机会。3号虚横线标明了这个止损位，它为我们的交易锁定了更多的利润。后来市场价格向上突破了这个止损位，我们的空头仓位在1340.20点位处获利出场。

当这个空头仓位出场的时候，我们还有另外一个交易方案。从图中我们可以看到，这个时候双重随机指标线已经多次发出了买入做多信号，而且单边趋势日过滤器也告诉我们市场价格既可能出现新高也可能出现新低，也就是说我们可以进行多空双向交易。如果我们没有持有这个空头仓位，我们就会积极地寻找交易机会。因此，我们可以进行一个反手做多的交易，而不是一个仅仅把空头仓位出场的交易。

反手交易是指我们不仅平掉现有的仓位，而且要在与原有仓位相反的方向上建立一个新的仓位。实际上反手交易包括两个交易操作，第一个交易操作是平仓，第二个交易操作是开仓。本例中，我们不是仅仅要在1340.20点位处买1手合约以平掉原有的1手空头头寸，我们要在同一点位处买两手合约，一手用来平掉原有空头仓位，一手用来建立新的多头仓位。

震荡走势中反手交易的理念是非常简单的。如果你有足够的理由去平掉空头仓位，那么你就非常肯定地认为市场价格不会再继续下跌，而且预测它很可能会开始上涨。如果你确定市场会出现反转，那你为什么不反手做多，去从你的分析中最大化自己的利润。当然，每一个钢镚儿

第十二章 普通摆动指标、支撑、阻挡和单边趋势日过滤器的综合应用

都有正反两面，如果你的研究分析是错误的，市场价格继续下跌，那么你的反手交易不仅限制了原有空头仓位的利润增长，而且会把原来既得的利润再还给市场。当你判断正确的时候，反手交易是一个非常棒的交易策略；但是当你判断错误的时候，你会飞快地陷入麻烦之中。

只有在无趋势的震荡日我们才考虑反手交易策略。如果日内走势被预报为上升趋势倾向，我们只考虑做多交易机会。如果日内走势被预报为下跌趋势倾向，我们只考虑做空交易机会。

图 12.12 展示了这个日内走势中下一个交易机会的详细信息。

我们前面提到过，当前的市场走势中双重随机指标线正开启着一个做多窗口。我们第一个高胜算做多入场点位于 1344，这个点位稍微高于最近的 3 类阻挡点，但是它距离当前的市场价格较远。很明显，如果在双重随机指标线发出做多信号的时候立即做多买入，那么交易者就会获取非常丰厚的利润。然而我们以前曾经说过，使用阻挡点来设置入场位的做法具有很高的成功概率。这种做法要求市场必须以突破阻挡点的方式来表明原来的趋势确实改变了。

既然已经入场做多，那么交易者就要立即设置一个保护性止损位。我们最初的止损点位于稍低于最近 3 类支撑点的价位处。图中 1 号虚横线表明了这个止损位。本例中这个止损点特别重要，因为它也位于当前日内的最低点下方。场内交易者经常会试图触发日内低点下方的止损单，以期市场价格快速下跌到一个更低的位置。如果市场出现了这种状况，我们不想仍然保留多头头寸。这就是我们把这个位置设为止损位的第二个原因。

就像上一次交易过程中的情况一样，随着市场上涨，新的 3 类支撑点不断出现，我们也不断地调高我们的止损位，先是减少亏损风险，后是锁定利润。

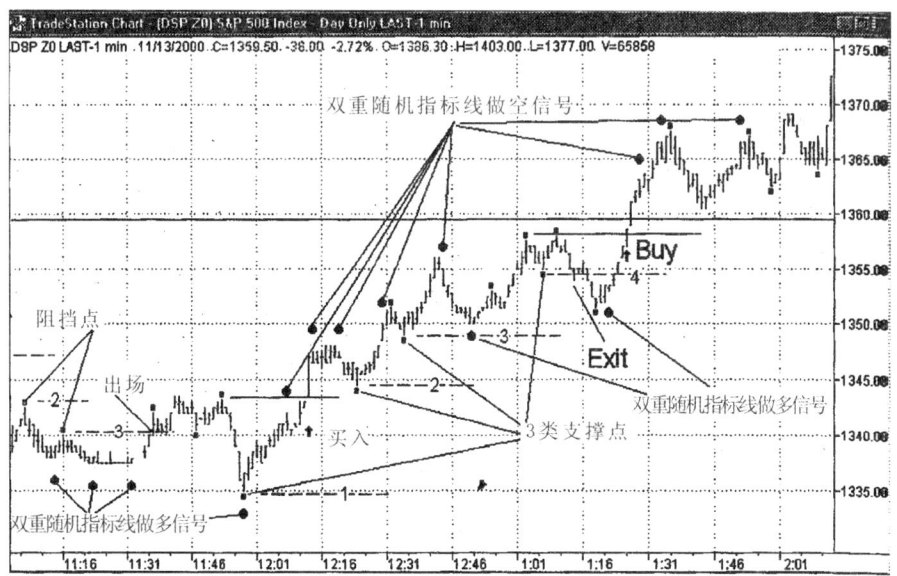

图 12.12 虽然3类阻挡点距离做多窗口刚开启时的市场价位比较远，但是它为这第二个交易机会提供了安全的入场方法。本图采用欧米茄研究公司（Omega Research, Inc.）交易站 2000i（TradeStation® 2000i）软件平台制作。

当市场到达潜在的出场位时，交易者要经常留心买卖窗口的开闭情况。本例中我们正处于一个做空窗口开启的情况。市场在做空窗口不断开启的情况下走出了一波上涨行情。如果市场跌破了1、2、3号止损位中任何一个点位，那么我们的交易系统就会允许交易者进行反手交易，而不是仅仅平掉多头仓位。因为做空窗口正处于开启状态，所以市场走势的确可能发生反转。

然而，当市场价格最终跌破4号止损位时，我们的交易系统只允许平掉多头仓位，因为这个时候没有开放的做空窗口。这样一来，我们这次多头交易在1354.50出场，获取了差不多近10个点的利润。

这个日内走势的最后一部分展现在图12.13中。

在我们平掉上一次多头仓位后，市场再次开启了一个做多窗口，因此我们在最近的3类阻挡点上方设置了一个做多入场单，价位在

第十二章 普通摆动指标、
支撑、阻挡和单边趋势日过滤器的综合应用

1358.50，市场价格很快触发了这个入场单，图中黑色向上的箭头标识了这个交易时间点。

诚然，如果我们不是在上一次做多仓位出场后又在一个更高的价位处入场做多，那么我们就会获取更多的利润。但是，就上一次做多仓位出场时的市场状态而言，市场价格可能会下跌到一个更低的价位，从而毁掉已经出现的很多浮动利润。在第十章"单边趋势日过滤器"中我们曾经提过单边趋势日过滤器水平线经常发挥阻挡作用。本例中正是这种情况，交易者需要使用一个与当前市场价位比较接近的追踪止损位来避免潜在的利润过量回吐。当然交易者都希望获取较大的利润，但是请记住日内交易者是通过一点一滴的利润来获得交易成功的，很少会碰到一次入场机会就获得整个日内走势最大利润的情况。

图 12.13　这个交易日的最后一个交易机会是反手交易。这是由于市场价格在跌破最近的 3 类阻挡点时，双重随机指标线已经开启了一个做空窗口。本图采用欧米茄研究公司（Omega Research, Inc.）交易站 2000i（TradeStation® 2000i）软件平台制作。

我们这个新多头仓位的最初保护性止损点位于稍低于最近3类支撑点的价位处。图中编号为1的虚横线标识了这个止损位。随着市场价格的进一步走高，我们也顺势把追踪止损位调整到2号和3号止损位。

下一个支撑点下方的止损位实际上是一个反手交易的位置（图中短横线标识了这个位置），这是因为市场在跌破这个位置的时候，随机指标正开放着一个做空窗口。这个做空窗口是在下午1：50的时候开启的，因为一直没有做多信号打扰，所以这个做空窗口一直处于开放状态。

虽然在临近收盘的时候建立新交易头寸是一个有问题的决定，特别是在这种市场刚出现强劲上涨走势的情况下，但是我仍然保留了这个交易，为的是再次说明反手交易的原则。我们在这个点位卖出了两手合约，一手用来平掉原有的多头仓位，一手用来建立新的空头仓位。

像前面的几次交易一样，这个新空头仓位的保护性止损位被设置在稍高于最近3类阻挡点的价位处。图中的1号虚横线标识了这个止损位。市场后来给了我们一个把止损位调整到2号止损位的机会。由于这个止损位没有被市场价格触及，所以在日内交易收盘前我们平掉了这个空头仓位。

接下来我们将要分析的这个日内走势在开始的时候与前面那个日内走势非常相似，但是最终的结果却出现了很大的差异，如图12.14所示。

这个范例图展示的是2000年10月下旬BRCD股票的一个2分钟日内走势。

日内交易的第一步表明这又是无趋势的震荡日走势。在60分钟时间节点前，市场交易活动均匀地分布在单边趋势日过滤器水平线的上下方。虽然第60分钟形成的棒线收盘价位于早盘区间中间价位的下方，但是我们没有明显的理由去把这个交易日预测为上升倾向还是下跌倾向。因此我们预测在日内的剩余走势中市场价格既会出现新高点又会出

第十二章 普通摆动指标、支撑、阻挡和单边趋势日过滤器的综合应用

现新低点。

图 12.14 在这个震荡日单边趋势日过滤器、双重百分比指标线和 3 类支撑和阻挡点共同确定了三个交易机会。本图采用欧米茄研究公司（Omega Research, Inc.）交易站 2000i（TradeStation® 2000i）软件平台制作。

这个日内走势的前 75% 走势与前面范例中标普 500 的那个日内走势非常相似。同样是一个早期的剧烈下跌走势开启了一个做多窗口。本例中我们使用双重百分比指标线来确定回调走势衰竭点，也就是我们日内交易的第二步。

当市场价格向上突破最近的 3 类阻挡点价位时触发了我们的做多入场单，于是我们在 215.25 美元价位处建立了一个多头仓位。依据最近的 3 类支撑点，我们把最初保护性止损位设置在 209 美元的价位处，这个止损位也刚好位于当时日内最低点的下方。当然，有些交易者可能会认为这个止损空间太大了，他们可能会把最初保护性止损位设置在入场单触发前市场走势形成的那个小平台价位处。与这止损位相对应的止损空间比较小。所以如果这个止损位被市场价格跌破，交易者受到的亏损也比较小。不幸运的是，市场走势很快触发了这个止损单。虽然任何

交易都有风险，但是不遵守规则随意修改止损位设置通常都是错误的。

像以前一样，随着市场价格不断上涨，持续走高的3类支撑点也为我们的交易提供了新的追踪止损位。在这整个上涨过程中，双重百分比指标线的做空窗口也一直处于开放状态。这意味着一旦市场价格跌破任何一个追踪止损位，交易者就可以考虑进行反手交易。但是在本例中的情况下，如果要进行反手交易，那么交易者还应该考虑一些特别的情况。因为虽然股指期货可能会在尾盘阶段出现一些让交易者获利的反手机会，但是个股却很少出现这种机会。我们这个股票的多头仓位已经持有了很长时间，而且也积累了相当多的利润。个股在经历了日内的大幅上涨以后通常会在尾盘出现一个比较宽泛的盘整区间。个股在日内的上涨或下跌通常可能会有基本面方面的原因，而个股基本面方面的信息在尾盘突然出现反向变化的可能性不大。这也就说明个股日内走势在尾盘出现反向大幅波动的概率比较小。如果这个时候进行反手交易，就等于交易者在逆着那些引起个股日内主要上涨或下跌行情的因素进行交易。这种交易成功的概率是非常小的。因此，在这种情况下交易者比较明智的做法就是不做反手交易，仅仅等着市场触发原有仓位的追踪止损位，然后在下一个交易日有机会的时候再交易这个股票。虽然我在这个走势图中标识出了这个反手交易的具体过程，但这只是为了展示这种策略的用法，并不是建议交易者真的去这样做。

当市场价格上涨到228美元上方的时候，演示性反手交易的追踪止损位在225.25美元价位处。假如我们现在持有的是100股多头仓位，那么这个止损单应该是卖出200股。其中100股用来平掉原有多头仓位，另外100股用来开立新仓。

当我们在持有这个演示性空头仓位的时候，市场震荡下行的调整走势促使双重百分比指标线开启了一个做多窗口。因此当随后的市场价格突破最近的3类阻挡点的时候，我们再次进行了一次反手交易。前面那

第十二章 普通摆动指标、支撑、阻挡和单边趋势日过滤器的综合应用

次反手交易产生了大约每股1.5美元的亏损。在这个日内走势即将收盘的时候，我们平掉了最后这个演示性的反手交易多头仓位，它同样也产生了一点亏损。

如果你仔细观察这个走势图，你就会发现在我们长时间持有那个多头仓位的市场走势中，我也标识出了几个3类阻挡点位置。我为什么这么做呢？

原因就是我们可以利用这些点来加仓。当市场价格在我们预期的方向上运行时，如果交易者想在获利的仓位上加仓，那么他就可以在这些关键点价位处加仓交易。我们曾经探讨过，每一个同类别的阻挡点都具有同样的效力。也就是说，在做多窗口开启的情况下，每一个阻挡点都可以像触发我们第一次做多仓位的那个阻挡点一样被作为入场点来使用。

图12.15标明了那些可以用来作为加仓点的位置。虽然在亏损的仓位上加仓被认为是不明智的，但是在一个获利的仓位上运用各种金字塔式策略进行加仓一般都认为是可取的。这里标识的3类阻挡点为多头加仓提供了一种高胜算的方法。

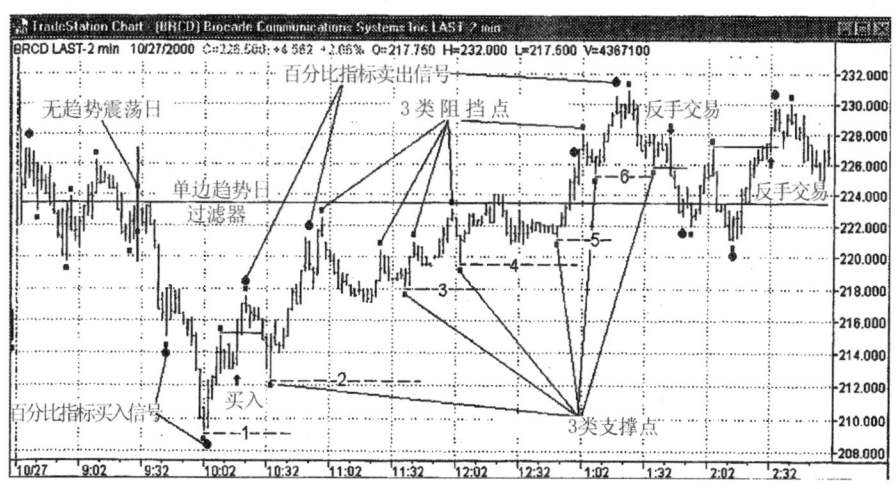

图12.15 几个3类阻挡点确定的加仓交易机会。本图采用欧米茄研究公司（Omega Research, Inc.）交易站2000i（TradeStation® 2000i）软件平台制作。

图12.16中的标普500日内走势图是我们在第十章"单边趋势日过滤器"中探讨过的一个走势图。单边趋势日过滤器预报了一个上升趋势倾向,因此交易者只能考虑做多信号。我们现在在这个走势图中用小方块标识双重随机指标信号,用黑圆点标识3类支撑和阻挡点信号。

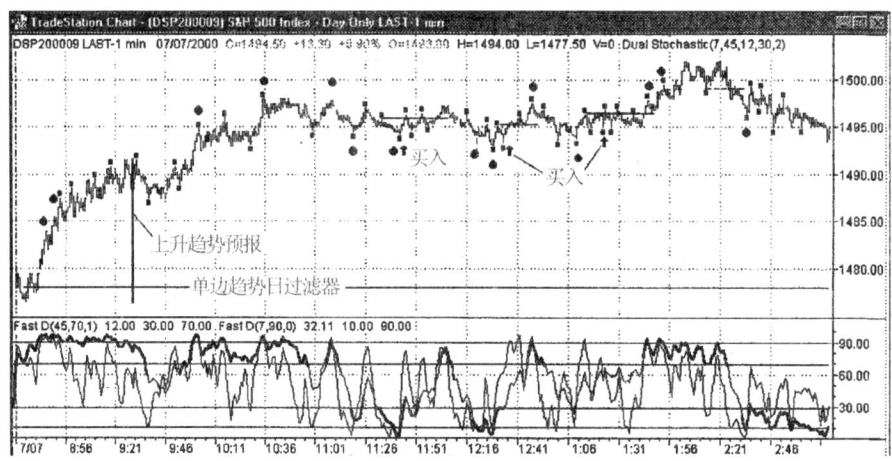

图12.16 虽然市场在我们预报上升趋势倾向后逐渐展开了一个震荡行情,但是按照日内交易四步法进行交易仍然可以获得利润。本图采用欧米茄研究公司(Omega Research,Inc.)交易站2000i(TradeStation® 2000i)软件平台制作。

在11:45的时候,市场价格突破了最近的3类阻挡点,触发了我们第一个做多入场单。几根棒线后,这个多头头寸被止损出局,产生了两个点的亏损。接下来的两次做多交易在1500点位下方虚横线处顺利出场。图12.7中展示了这些交易的细节信息。

天天交易的人都知道,不是每个交易日都是那么完美的。我们刚才看到的那个日内走势就是这样的一个交易日。所有的信息在开盘后不久就告诉我们这应该是一个充满优秀做多机会的交易日。但是实际情况却并非如此。然而我们并没有亏损。真正能测试一个交易策略的是那些不利于它发挥优势的交易日。你可以在这个走势图中观察到,在市场没有出现我们预期的走势时,我们按照四步交易法的出入场规则进行的单向

第十二章 普通摆动指标、支撑、阻挡和单边趋势日过滤器的综合应用

交易成功避免了亏损,把我们立于不败之地。

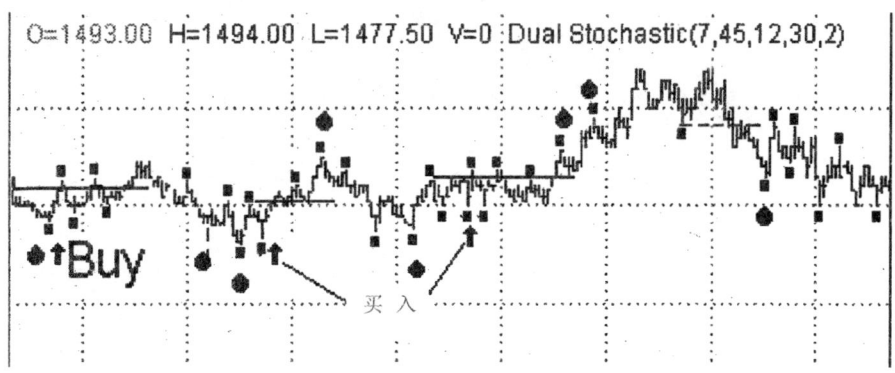

图12.17 在这个交易日的震荡走势中系统发出了两个做多买入交易信号。本图采用欧米茄研究公司（Omega Research, Inc.）交易站2000i（TradeStation® 2000i）软件平台制作。

图12.18是我们在第十章"单边趋势日过滤器"中用来展示下跌趋势日指标信号情况的一个走势图。我曾经介绍过我们的交易策略在这个日内走势中给出的两次交易机会的进出场情况。你可以看到,图中包含着大量的交易出入场分析决策信息。为了更清晰地展示相关的重要细节信息,我把这个走势图分成了几段。

在图12.19这个标普股指期货的1分钟日内走势图中,当日内交易进行到第60分钟的时候,我们可以首先确定的是在剩余的日内走势中市场价格很可能会创出一系列的新低点。整个时间节点前早盘区间的交易活动也符合单边趋势日过滤器预报下跌趋势倾向的条件。你可以看到,60分钟时间节点前大部分交易活动都出现在单边趋势日过滤器水平线下方,而且第60分钟棒线收盘价也接近当时日内最低点的位置。

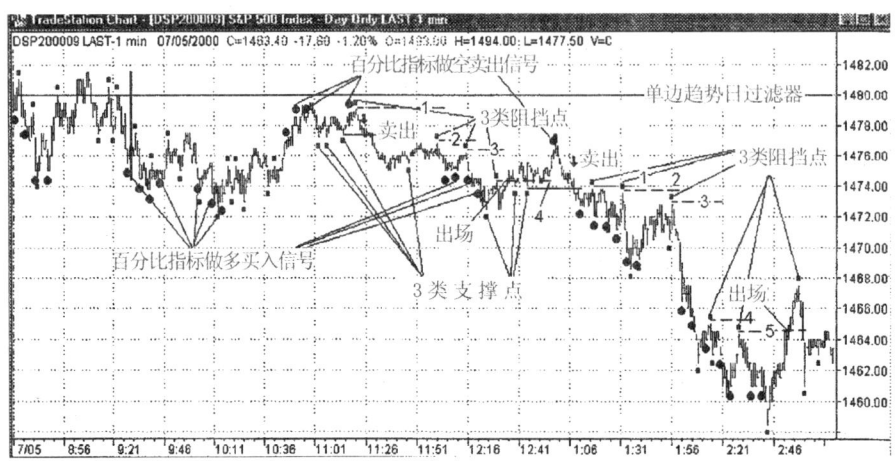

图 12.18 双重百分比指标线和 3 类支撑点共同确定了两次交易入场点。3 类阻挡点为每一次交易的出场都提供了必要的信息。本图采用欧米茄研究公司（Omega Research, Inc.）交易站 2000i（TradeStation® 2000i）软件平台制作。

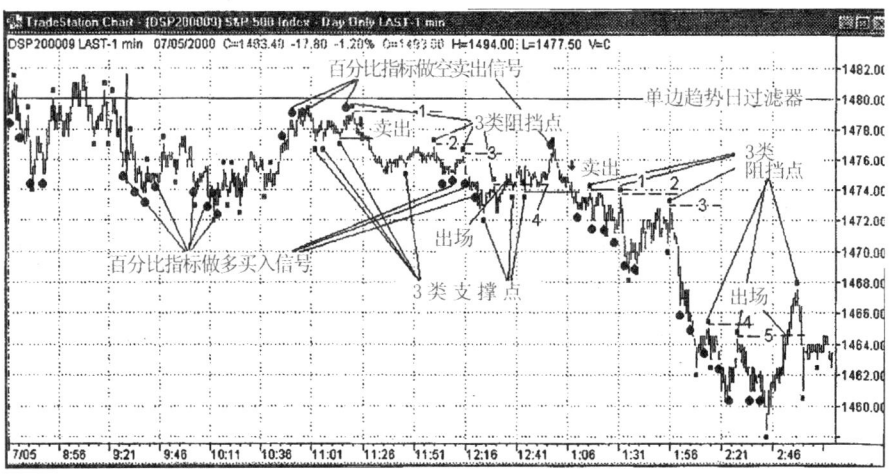

图 12.19 日内交易第一步把日内走势确定为下跌趋势倾向。60 分钟时间节点前大部分交易活动都出现在单边趋势日过滤器水平线下方，而且第 60 分钟棒线收盘价也接近当时日内最低点的位置。本图采用欧米茄研究公司（Omega Research, Inc.）交易站 2000i（TradeStation® 2000i）软件平台制作。

第十二章 普通摆动指标、支撑、阻挡和单边趋势日过滤器的综合应用

为了确定日内回调走势，在本例中我们选用百分比指标，把75期百分比指标线作为慢线，把50期百分比指标线作为快线。我们知道，对于双重百分比指标线，它必须具备几个条件才能发出交易信号。对于做多信号而言，在指标慢线保持低于慢线超卖线（位于30%指标值处）的情况下，指标快线在10%指标值（快线超卖线）下方以收盘价的方式向上拐头时，指标才能发出做多信号。

在实盘交易中，交易者或许想使用多种摆动指标来共同确定短期回调走势。事实上，这也是我们推荐的方式。不幸的是，在本书的黑白走势图上，要想把这几种摆动指标一起展示出来是不太现实的。当交易者能够把这些走势图放大，而且可以用不同的颜色来标识不同的指标的时候，他就可以更清晰地看清楚各种细节情况。为了确定短期回调走势我们在一个走势图中只用一种摆动指标，这主要是考虑到图表清晰和容易解释的缘故。在本章末尾的几个走势图中你可以看到三种摆动指标一起出现在图中的情况。

既然我们在这个日内走势中只能关注做空交易机会，那么双重百分比指标线发出的做多信号就会被忽略。但是你可以从图中看到，有几个逆势信号对于比较激进的交易者来说也是比较有用的。

市场中也的确存在着不完全顺着日内主要趋势方向进行交易的理论。它们有别于我们仅仅顺着日内主要趋势方向进行单向交易的主主流。那些每个交易日必须做几次交易的风险承受能力较高的激进交易者可以考虑采用这种非主流的方法。

这种非主流方法在某些限制条件下允许交易者逆势交易。在等待主要趋势重新开始的时候，经常存在着一些逆势的短线机会。比较激进的交易者可以考虑选择这样的机会。如果我们选择所有支撑和阻挡点发出的入场信号去入场交易的话，那么我们的方法就与这种非常主流方法类似了。我们下面来探讨一下通过限制这些逆势短线交易的时间和价格空

间来进行这种非主流交易的方法。

在逆势交易状态下，我们使用与顺势交易同样的入场方法。首先，对于一个下跌趋势日的做多交易而言，我们的摆动指标必须先打开一个做多窗口，然后我们根据距离当前市场价格最近的阻挡点来设置做多入场单。当市场价格突破这个阻挡点时我们的做多交易单就会正式入场。这两点与我们的顺势交易没有什么区别。但是在出场策略的选择问题上，这种逆势短线交易就与我们的顺势交易出现差别了。

既然我们在逆着日内主要趋势方向进行交易，那么我们承担的风险就比顺势交易时承担的风险要大。如果这些交易要想顺利获利出场，那么在不能消除风险的情况下，我们就要减少它的风险。虽然没有哪一种方法能确保减少交易风险，但是我们取消顺势交易那种一直持仓到底的做法，转而利用设定获利目标位的方式来尽可能地减少风险。

对于很多通过短线交易策略不断获取小额利润的交易者而言，在一个既定的目标位获利出场的确是一种出场方法。虽然这种出场方法限定了获利空间，但是交易者通常可以在较短的时间内就获利了结。

依据时间的长短确定是否出场的策略也是值得这种逆势交易者考虑的出场方法之一。在交易持仓达到一定时间后直接出场的方法也是可以产生利润的。

通常情况下，回调波段所占的时间和价格区间都比趋势波段要小。这两种出场策略都是根据这一点开发出来的。这就为前面提到的逆势短线交易者制定出场策略提供了方法。我们建议那些准备应用这种出场策略的交易者针对自己喜欢的市场品种仔细分析它们日内走势回调波段的平均时间和平均幅度，然后再确定自己的出场策略。交易者可以在回调走势达到平均价格幅度后出场，也可以在回调走势达到平均回调时间后出场。当然，你也可以把这两点融合在一起使用。

大量研究表明，标普500的日内走势中，交易者可以从这种逆势交

第十二章 普通摆动指标、支撑、阻挡和单边趋势日过滤器的综合应用

易中获取一个大点的利润,而且这种交易成功的概率也是非常高的。图 12.20 展现了两个这样的逆势短线交易机会,它们都是在我们确定了日内的主要趋势方向以后还没有找到顺势交易机会的情况下产生的。

图 12.20 尽管最高胜算的交易机会都是在日内主要趋势方向上产生的,但是在某些特定情况下交易者可以通过严格的出场策略来获取逆势交易的利润。本图采用欧米茄研究公司(Omega Research, Inc.)交易站 2000i(TradeStation® 2000i)软件平台制作。

在 60 分钟时间节点后不久,市场就出现了第一个逆势短线交易机会。在双重百分比指标线开启做多窗口的情况下,我们在稍高于当时最近 3 类阻挡点的 1475.70 点位处设置了做多入场单。这个入场单很快被触发了。根据我们的短线出场策略,我们可以在高于入场位一个大点的价位处设置限价出场单。交易者应当养成一个输入这种超过入场价一个大点的限价出场单的习惯。在设定出场价时要扣除入场时可能产生的对

交易者不利的成交价差。当市场价格到达设定的出场价位时，这种短线交易仓位就会自动出场。虽然我们在图中以不考虑任何成交价差的方式按照一个大点的获利目标位展示了这个交易，但是你可以看到在目标出场位上方有足够的空间去弥补入场时可能造成的成交价差。即使在实盘交易中产生了0.50个点的成交价差，交易者也能在这个交易中成功获取一个点的利润。

第二个逆势短线交易机会出现的方式与第一个相同。当市场价格从新低点开始向上反弹时，双重百分比指标线开启了一个做多窗口，这时候最近的3类阻挡点在1475.30点位处，我们把入场单设置在稍高的1475.50点位处。这种稍高一点的入场位设置避免了双顶形态给交易者造成的亏损风险。

当市场价格在10：30到达这个入场位时，我们就建立了第二个多头仓位。交易入场后，市场短暂地上涨了一下，然后展开了一个小幅回撤，在回撤到1474点时展开了一波强劲的上涨走势，最终超越了高于入场位一个大点的目标位。如果交易者把入场时造成的成交价差也加在上面，市场走势也同样可以让交易者顺利出场。

很明显这次交易可以获得远大于出场策略限定的一个大点的利润。但是请记住我们正在进行逆势短线交易。这种交易本身就隐藏着较大的风险。在超越平均价格幅度后仍然持有仓位企图获取更高利润的想法可能会导致短线交易出现一个比较高的盈亏比，但是大多数交易者会最终发现他们的这种做法出现了不可接受的亏损。

在刚才这两个逆势短线交易过程中有个非常有意思的现象，就是这两个做多窗口都是在市场价格创出日内新低时出现的。日内走势中以这种方式出现逆势短线机会的情况是屡见不鲜的，尤其是在这种日内走势的早期阶段。我们曾经提到过这种现象，有些场内交易者，本例中就是指在场内交易标普股指期货的某些交易者，为了触发设置在当前市场高

第十二章 普通摆动指标、支撑、阻挡和单边趋势日过滤器的综合应用

点上方的或者当前市场低点下方的止损单，他们会在日内把市场价格打压到新低点处或者推高到新高点处，为的是捕捉到那些止损单触发时形成的快速上涨或下跌走势。如果在当前市场高点上方或者在当前市场低点下方没有大量的止损单，那么这种"打草惊蛇"式的试探行动一般持续不了几分钟。通常情况下，市场走势会从这些因止损单触发而造成的新低点或新高点处出现快速的回调走势。使用这种技巧的交易者对于市场在新低点或新高点附近的反应都极为熟悉。当他们成功地把市场价格推压到突破这些点位的时候，他们最好能够知道什么时候这种小范围的走势会临近尾声，什么时候他们应该获利了结。本着对这种图表形态的极端熟悉，这种交易者经常可以快速平仓。在他们的做空单被完全触发以后，市场上短时间内没有任何做空的力量，因此这种买压可以迅速地把市场价格推高。这些小幅的反弹走势有时候也会出现加速上升，因为那些持有亏损单的交易者为了避免亏损进一步扩大会快速平仓。这种博弈的最终结果通常表现为在市场价格创出新低后立即出现快速反弹，就像本例中的情况。毋庸置疑，当市场创出新高时也可能出现同样的情况。

虽然从日内新低点处展开的快速回调走势经常出现在市场中，但是如果交易者要想从这种小幅反弹中获取持续稳定的利润，那么他就需要比较保守地进行这种短线交易。这些回调走势通常不会发展到产生较大利润的程度。本例中，如果交易者在某个时间点认为市场创新低的走势已经接近尾声，然后立即做多买入，那他这种做法可能就不是一个明智之举。因为市场可能会再次下跌到一个更低的位置。对于这些逆势的短线交易而言，我们在稍高于阻挡点的价位处设置做多入场单的基本策略仍然是一个比较符合逻辑的方法。这些支撑和阻挡点为市场走势设置了一种障碍，它必须以突破这种障碍的方式向我们表明这种走势是值得交易的。

如果市场价格不能突破这些阻挡点，那么这种反弹走势很可能就不会上涨到能够产生有效利润的程度。另一方面，如果从日内新低点展开的反弹走势确实比较强劲，那么这种反弹力量就应该可以突破最近的阻挡点，最终达到能够给出利润的价位。换句话说，我们利用阻挡点进行做多入场交易的方式为避免我们进入那些可能产生不了有效利润的交易提供了一层滤网。

再次强调，这种非主流策略并不适合交易新手。只有那些需要在日内进行多次交易的有经验的激进交易者才可以考虑进行这种逆势短线交易。

图 12.21 详细展示了我们两个顺势做空交易机会中的第一笔交易。

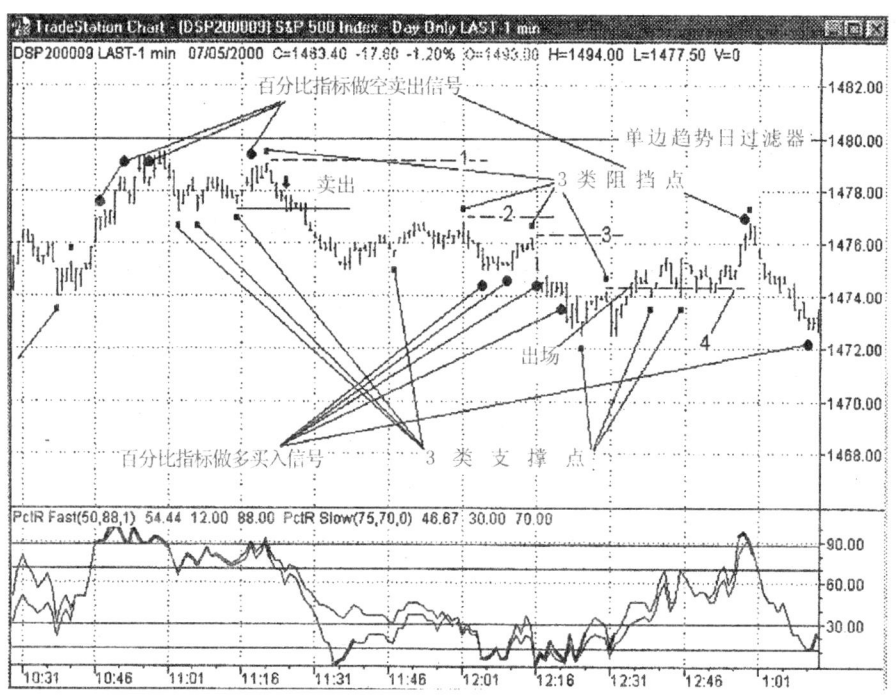

图 12.21 当市场价格在单边趋势日过滤器水平线附近遇到阻挡后，向下跌破最近的 3 类支撑点触发了这个交易日第一次顺势做空交易。本图采用欧米茄研究公司（Omega Research, Inc.）交易站 2000i（TradeStation® 2000i）软件平台制作。

第十二章 普通摆动指标、支撑、阻挡和单边趋势日过滤器的综合应用

我们曾经提到过，单边趋势日过滤器水平线经常在日内走势中扮演支撑或者阻挡的角色，市场价格也因此经常在这条水平线附近发生转向。本例中，在10：45到11：30期间，当市场走势接近这条水平线时，它再次发挥了阻挡作用，短时间内市场价格两次企图突破这条水平线所在的价位，但是都没有成功。就在这个节骨眼上，双重百分比指标线发出了一系列做空窗口。提醒交易者留意随后即将会出现的做空交易机会。

现在我们已经进行了日内交易的前两个步骤。第一步确定了这个交易日主要趋势方向；第二步确定了短期回调走势。我们现在开始寻找可以设置做空入场单的支撑点。你可以看到，最近的支撑点在1477.50点位处，我们把做空入场单设置在1477.20点位处，图中有一条短横线标识出了这个入场位。在上午11：25的时候，市场价格跌破了这个入场位，我们的交易单正式入场了。你应该会注意到在我们用来设定入场位的那个支撑点前面还有两个3类支撑点。虽然我们没有在图中标识出相应的入场价位线，但是交易者仍然可以利用它进行加仓交易。我们曾经说过，每一个同类别的支撑和阻挡点都具有同样的效力。

我们这次交易的最初保护性止损位设置在稍高于最近3类阻挡点的1479.20点位处。它对应的止损空间仅仅是2个点。编号为1的虚横线标识了这个止损位。

下午12：05，市场出现了一个更低的3类阻挡点，我们顺势把止损位调整到1477点位处。这个2号止损位把我们的交易带到了一个盈亏平衡点的位置。接下来的一个3类阻挡点在下午12：23出现，我们根据这个阻挡点把追踪止损位调整到1476.40这个3号止损位处，它为我们的交易留下了更大的呼吸空间。当前的市场价格位于1473点位处，这意味着我们现在留给市场的呼吸空间与我们刚入场时的差不多。

市场价格在受到前期日内低点支撑的情况下，开始横向盘整。我们在1474.20点位处确定第四个3类阻挡点。为了避免双顶形态造成的被

迫出场，我们把追踪止损位设置在稍高于这个阻挡点的 1474.50 点位处。图中的 4 号虚横线标明了这个止损位。几根棒线后，市场价格触及了这个止损位，我们的第一次做空交易正式出场，获取了 3 个点的毛利。我们之所以说它是毛利是因为我们还要扣除成交价差和手续费，那才是这次交易的净利。

现在你可以观察到当前市场正处于双重百分比指标开启的一个做多窗口中。交易者很可能不会仅仅退出空头仓位，而会去进行一次反手交易。在过去的一个多小时时间内，市场进入了一种成交清淡的盘整震荡走势。在无趋势的震荡日经常出现这种走势。因此我们再次拥有了一次逆势交易的机会。图 12.22 展示了这个交易的细节。

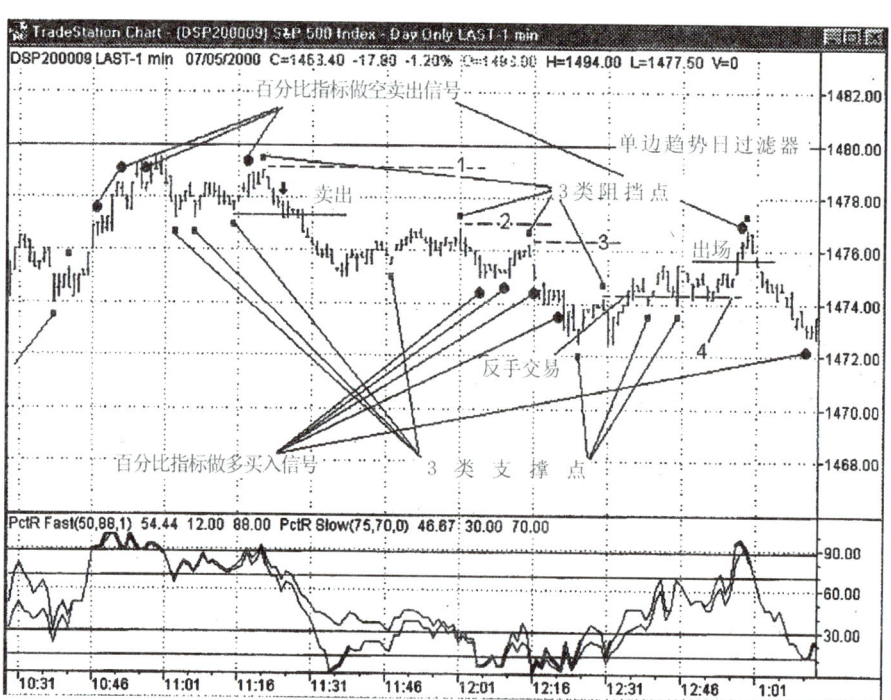

图 12.22 在第一次做空交易出场后，市场给我们提供了第二个逆势交易机会。请记住这种逆势交易蕴含着较大的亏损风险。本图采用欧米茄研究公司（Omega Research, Inc.）交易站 2000i（TradeStation® 2000i）软件平台制作。

第十二章　普通摆动指标、
支撑、阻挡和单边趋势日过滤器的综合应用

我们在这里再次提醒读者，这种逆势交易机会蕴含着较大的亏损风险。这种逆势交易的范例是给那些具有较强风险承受能力而且希望进行多次日内交易的交易者准备的。

在第一次顺势做空交易顺利出场时，双重百分比指标线的做多窗口正处于开放状态，而且市场走势中也存在一个可以设置入场位的阻挡点。这两个条件意味着激进交易者可以进行逆势交易。

前面曾经提到过，第一次做空交易的最终出场位在1474.50，这个点位稍高于最近的3类阻挡点。对于那些准备进行反手交易的激进交易者而言，他可以在平掉原有空头头寸的同时直接在这个点位处建立一个新的多头仓位。顺势交易后出现的逆势交易机会的入场位经常与顺势交易的出场位相同。这主要是因为我们的顺势交易通常是在反向交易窗口开放的情况下出场的。

我们的新多头头寸建立在1474.50点位处。接下来，市场用了23分钟的时间才反弹到让我们获取一个点利润的价位处。幸运的是，这个反弹也给我们留下了足够大的空间去弥补成交价差带来的不利影响。市场用了将近半个小时的时间才反弹了一个点高度的事实恰好说明了市场处于一种极度弱势状态之中，同时也验证了我们在这个日内走势早期就做出的下跌趋势预测。

图12.23展示了这个交易日第二个也是最后一个顺势做空交易机会。下午1：00前，双重百分比指标线开启了一个新的做空窗口，我们立即在稍低于最近3类支撑点的1473.70点位处设置了一个做空入场单。几分钟后，市场触发了这个入场单，我们也因此建立了一个空头头寸。你可以观察到市场在这里受到了位于1472.50点位处的前期日内低点的支撑作用，在最终跌破这个低点前犹犹豫豫地在前期日内低点和最近的支撑点之间来回震荡了很久。

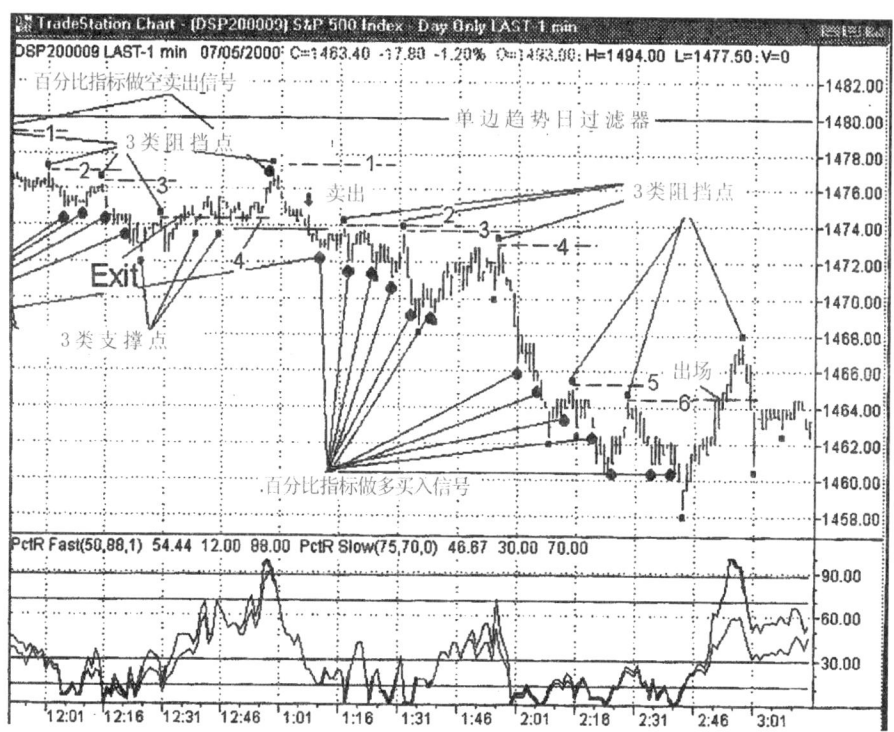

图12.23　最后一次做空交易虽然在刚开始的时候市场走得犹犹豫豫，但结果却是这个交易日内最成功的一次交易。本图采用欧米茄研究公司（Omega Research, Inc.）交易站2000i（TradeStation® 2000i）软件平台制作。

我们最初的保护性止损位设置在下午12：49出现的3类阻挡点上方，位于1476.80点位处。它对应的止损空间稍微大于3个点。这种风险也是可以接受的。随着交易的进行，市场走势中出现了一个值得交易者注意的现象。我们这些交易正常的过程是当市场走势在更低的价位上形成了一个新的3类阻挡点时，我们就立即把追踪止损位调整到稍高于这个阻挡点的价位处。本例中，我们已经在图中标识出了这个位于1474点位的止损位，它稍高于下午1：17形成的棒线的最高点（3类阻挡点）。如果交易者严格遵循我们的交易策略，那么他就应该把追踪止损位调整到这个止损位处。图中编号为2的虚横线标识了这个点位。但

第十二章　普通摆动指标、
支撑、阻挡和单边趋势日过滤器的综合应用

是在实盘交易中这个点位适合作为真正的追踪止损位吗？

我们来仔细观察一下这个我们刚用来调整止损位的3类阻挡点。你会发现原来决定我们这个止损位的只是一个最小价格变动单位。我们在前面章节中提过，3类阻挡点构造形态要求在阻挡点所在中心棒线的两侧各有三根最高点低于阻挡点的棒线。从纯粹的技术意义上来讲，中心棒线最高点仅仅高于其余棒线最高点一个最小价格变动单位的情况完全符合3类阻挡点定义要求的条件。本例中的这个3类阻挡点构造形态基本上就是这种情况。你细心观察就会发现这个3类阻挡点所在的中心棒线仅仅比左侧的三根棒线高一个最小价格变动单位，这个中心棒线右侧的第一根和第三根棒线的最高点与这个3类阻挡点的差别也刚好是一个最小价格变动单位。

考虑到这一点过于细微的差别，实盘交易中的交易者会怀疑这种把止损位设置得如此接近当前市场价格的可行性。设置得这么近的止损位会很容易被市场走势触发，从而迫使你的交易仓位被过早地止损出局。在这种情况下促使交易头寸止损出局的市场力量可能仅仅是一个微乎其微的市场噪音，而这种噪音经常在市场走势中随机出现。你肯定不愿意让你的交易仓位被这种随机市场噪音所左右。

随着日内交易的进行，市场又形成了一个新的3类阻挡点。把这个阻挡点与前面提到那个3类阻挡点进行对比分析后你会发现这个阻挡点与前面那个阻挡点所在棒线两侧的棒线最高点在同一价位上。除了这一点之外，这两个阻挡点再也没有其它相似之处。当前这个阻挡点与两侧棒线的最高点之间存在很大差别，尤其是中心棒线右侧的三根棒线，它们与这个阻挡点之间的差别更大。事实上，右侧的这几根棒线形成了一个日内的新低点。很明显，在这个两个阻挡点构造形态形成的过程中，市场上出现了强大的卖压，正是这种卖压促成了当前市场上的下跌走势。

我们在阻挡点附近设置止损位的理论是建立在假定促使市场形成阻挡点构造形态的卖压能够成功压制随后市场在某个价位上出现的做多力量的基础之上的。市场必须以突破这种关键点的方式来向我们证明市场上确实出现了值得我们考虑交易操作的趋势性变化。

毋庸置疑，促使市场形成第二个阻挡点形态的卖压要比产生第一个阻挡点形态的卖压大好几倍。在市场形成第一个阻挡点形态后我们的交易仓位很容易被随机出现的市场波动触发止损位。而在第二个阻挡点形态形成后，市场上必须出现相当强大的做多力量才能迫使我们的交易仓位止损出局。当你明白了这一点的时候，选择哪个阻挡点作为止损位设置依据的问题对你来说就变得简单多了。

对于比较有经验的交易者来说，比较聪明的做法是不仅要在实盘交易当中及时地识别出这些关键点，而且还要能够主观性地评估出使用每一个关键点作为止损位时可能会带来的结果。本例中，为了展示我们的交易系统，在设置这个止损位时，我们要严格遵循追踪止损位设置原则。即使这样做很可能会导致我们的交易仓位被随机性市场波动止损出局，我们也要这样执行。

实盘交易者在阻挡点构造形态形成的过程中可以仔细观察市场状态，在具体的追踪止损位设置问题上可以保留看法，不做出任何判断。当本例中第一个阻挡点出现的时候，通常情况下比较聪明的做法是先不按照这个阻挡点设置止损位，然后继续等待市场给出明确的信号。具体到这次做空交易而言，交易者可以忽略这个位于1474点位附近的有问题的阻挡点，把当前的止损位仍然保留在原来的1476.80点位上，然后一直等到情况明朗一点再定。当然，你也会碰到在严格执行规则设置这种比较近的止损位时成功避免了交易亏损的情况。如果本例中这种比较近的止损位被触发后市场出现了加速上扬的走势，那么这种仅仅根据一个最小价格变动单位来设置的止损位就会成为天才之举。但是，大多数

第十二章　普通摆动指标、
支撑、阻挡和单边趋势日过滤器的综合应用

交易者都会选择一些比较有逻辑的止损位，而不是那些可能会被随机性市场波动触发的止损位。

在接下来的下跌和反弹走势中市场又形成了一个 3 类阻挡点，既然我们仍然幸运地持有着这个仓位，那么我们就可以把止损位调整到 3 号虚横线代表的 1473.70 价位上。随着市场价格的进一步下跌，我们又调整了两次止损位，其中 5 号止损位位于 1465.30 点位上。这个止损点为我们这个做空交易锁定了大量的利润。在这个止损位调整之后市场又为我们在更低的 1464.50 价位上提供了 6 号止损位，最后市场在尾盘出现的反弹走势触发了我们这个止损位，我们的做空交易顺利出场。

虽然大多数交易策略都不太认可在日内走势的尾盘阶段进行逆势短线交易，但是你可以看到在这个日内交易临近收盘的时候市场上确实存在这样的逆势交易机会。这是因为在市场价格反弹突破我们最后一个止损位时，双重百分比指标线正开启着一个做多窗口。出于展示的目的，我们接受了这个反手交易机会。因此我们不仅在 1464.50 点位处平掉了我们的空头头寸，而且还在这个价位处建立了一个新的多头仓位。在我们这次做多入场后，市场价格继续向上反弹，最终上涨到了 1467.50 点位处。这个上涨空间不但可以保证我们获取一个点的逆势交易利润，而且还可以弥补做多入场时市场可能会给我们造成的成交价差。

我们下一个日内交易四步法的交易范例使用的是 QCOM 股票的一个日内走势。这个交易日的早期走势是一个典型的震荡走势，但是最终市场上却出现了一个强劲的上升趋势，如图 12.24 所示。

为了详细探讨这些交易机会的具体细节，我们先来看一下整个日内走势的情况，然后再分段介绍各个交易的详细过程。

在这个交易日进展到 60 分钟时间节点时，我们可以看到单边趋势日过滤器水平线下方的交易活动稍微多于上方的情况，第 60 分钟棒线收盘价稍微高于这条水平线。根据我们的单边趋势日过滤器应用规则，

我们初步认为这个交易日很可能是一个略带下跌倾向的震荡日走势。如果把预测的时间再向后推迟 30 分钟，交易者就可以正式把这个交易日预测为震荡日。在这种预期下，我们可以进行多空双向交易。

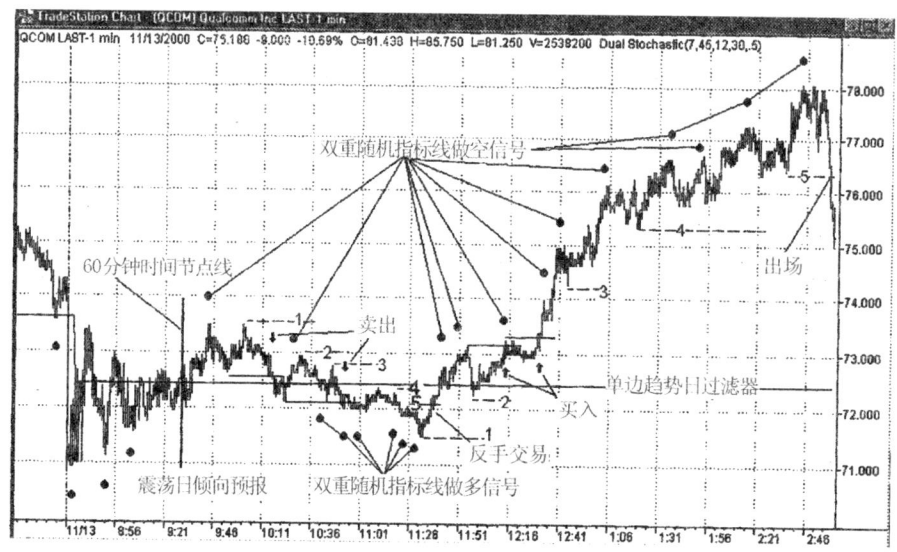

图 12.24　在这个早期走势具有明显震荡日倾向的日内走势中出现了一个做空信号和一个做多信号。本图采用欧米茄研究公司（Omega Research, Inc.）交易站 2000i（TradeStation® 2000i）软件平台制作。

因为我们可以进行多空双向交易，所以在双重随机指标线首先开放做空窗口的情况下，我们先来考虑做空交易机会。如图 12.25 所示，我们第一个做空入场单设置在 60 分钟时间节点后形成的那个波段低点下方一点的价位处。在市场价格不断走高的情况下，我们这个做空入场单没有被触发。当市场在一个更高的位置形成一个 3 类支撑点的时候，我们把做空入场单调整到 72.50 价位处。随后当市场价格回落到这个价位的时候，我们就建立了第一个空头头寸。我们的最初保护性止损位设置在 1 号虚横线代表的价位处。它稍高于当前最近的 3 类阻挡点价位。

随着市场价格的不断下跌，我们把追踪止损位依次调整到 2 号和 3

第十二章 普通摆动指标、
支撑、阻挡和单边趋势日过滤器的综合应用   235

号虚横线价位处。我们在图中也用短横线标识出了这个时候可以进行加仓做空的价位。习惯进行加仓交易的交易者可以在稍高于 72 美元的价位处追加空头仓位。

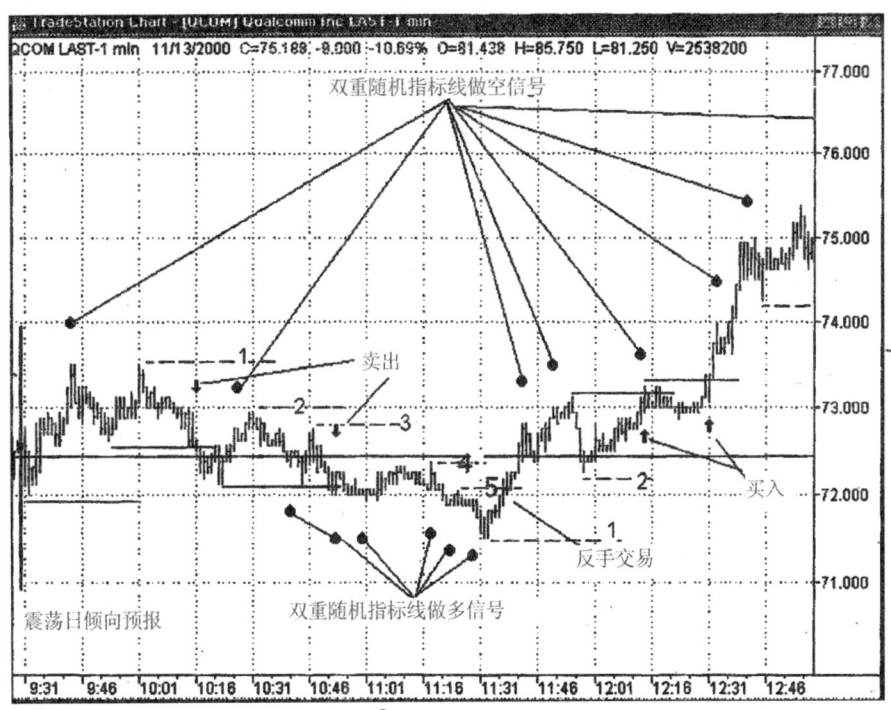

图 12.25　在第一个做空交易出场后，市场为做多交易提供了多次入场机会。本图采用欧米茄研究公司（Omega Research, Inc.）交易站 2000i（TradeStation® 2000i）软件平台制作。

随着日内交易的进展，市场在更低的价位上形成了新的阻挡点，我们再次把止损位调整到 4 号和 5 号虚横线处。

这个时候双重随机指标线开启了一个做多窗口，它给我们提供了反手交易的机会。在做空交易顺利出场后，激进交易者会立即开始反手做多交易。保守交易者可能仅仅会先平掉空头头寸，然后等市场出现确认信号后再去进行下一次交易。

图 12.26 展示了我们的反手做多交易，它的最初保护性止损位设置在最近的 3 类支撑点下方，这个支撑点刚好也是反手交易前的波段低点。图中的 1 号虚横线标识了这个止损位。30 分钟后，我们把追踪止损位调整到 2 号虚横线价位处。市场在这个位置也形成一个 3 类支撑点。我们在随后的市场走势中标记了两个做多入场点，市场价格在这两个入场点处均突破了前面用短横线标记的两个阻挡位。保守型交易者可以在这里做多入场，激进型交易者可以在这里加仓。

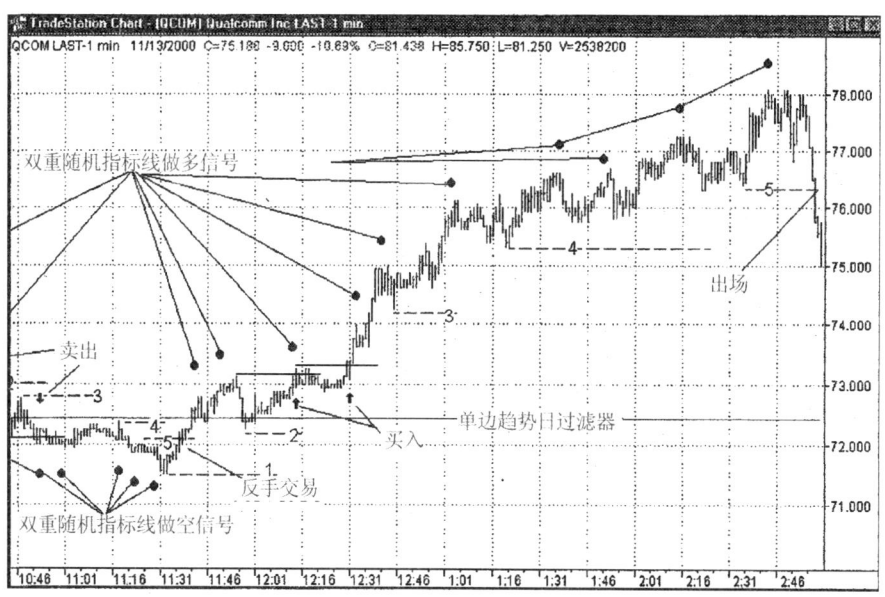

图 12.26 3 类阻挡点为做多交易提供了一系列追踪止损位，市场价格最终触发了最后一个止损位。本图采用欧米茄研究公司（Omega Research, Inc.）交易站 2000i（TradeStation® 2000i）软件平台制作。

随着市场价格的逐步走高，市场上出现了一系列的 3 类支撑点，根据这些逐步抬高的支撑点价位，我们把追踪止损位分别依次调整到 3 号、4 号和 5 号虚横线价位处。最终在多头获利了结的尾盘阶段市场出现了一个下跌回调走势，这个回调走势触发了我们多头头寸的 5 号止损

第十二章 普通摆动指标、支撑、阻挡和单边趋势日过滤器的综合应用

位。因此我们的这个做多交易最终在收盘前顺利获利出场。

我们下一个范例展示的是 QLGC 股票的一个日内走势。如图 12.27 所示，这个日内走势展现了几点交易者在使用我们的方法时必须了解的重点情况。

像以前一样，我们日内交易四步法的第一步就是判断日内趋势方向。在图中我们可以看到 60 分钟时间节点前的大多数交易活动都出现在单边趋势日过滤器水平线的下方，第 60 分钟棒线收盘价也位于这条水平线下方，而且接近于当时日内最低点的价位。因此单边趋势日过滤器预报了一个明显的下跌趋势倾向。我们推测日内高点很可能已经出现，市场价格在剩余的日内走势中很可能会创出一系列新低点。

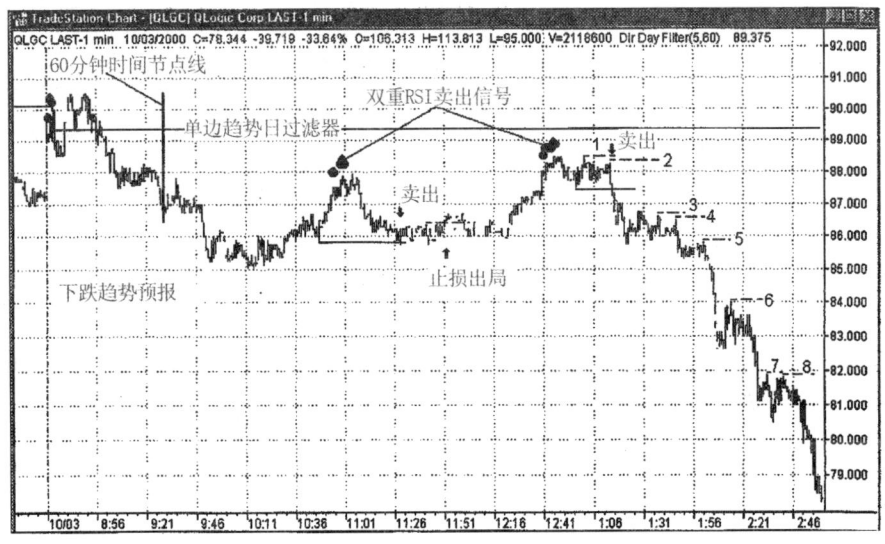

图 12.27 虽然第一次做空交易出现了一点亏损，但是第二次做空机会却产生了丰厚的回报。本图采用欧米茄研究公司（Omega Research, Inc.）交易站 2000i（TradeStation® 2000i）软件平台制作。

顺便插一句，我们在这里可以再次看到，以前曾经提过的早盘区间突破交易策略在这个日内走势中是非常有效的，它提供了一个快速的做

空机会，依据出场策略的不同，交易者可能会获取每股 2 到 3 美元的利润。这种在日内交易早期出现的突破早盘区间的急速剧烈下跌走势从另一方面印证了我们的下跌趋势预期。

在这种强烈的下跌趋势预期下，我们只能进行顺势做空交易。我们的双重相对强弱指标线发出的一系列做空信号开启了第一个做空窗口。由于 RSI 指标的信号在大多数情况下比其它两个摆动指标具有更高的精准度，所以我们对这次做空交易更加充满了信心。我们现在把做空入场单设置在稍低于最近 3 类支撑点的价位处。图中的短横线标识出了这个位置。

交易者在依据短期支撑和阻挡点进行交易时，有一个问题需要特别注意。我们想在这个节骨眼上把它指出来。你可以看到我们的做空入场单设置在比最近支撑点低一个最小价格变动单位的价位处。这种稍微低于支撑点的入场位设置可以避免交易者陷入双底形态造成的麻烦之中。但是请仔细看看接下来的市场走势，在 11：30 左右，市场价格真的创出了一个仅仅低于前期支撑点一个最小价格变动单位的低点，从而触发了我们设置在这里的做空入场单。因为做空入场单一旦被市场价格触发就会变成做空卖出市价单，所以我们现在在这个价位处或者在一个稍高一点的价位处建立了一个空头头寸，这是由当前特定的市场走势决定的。

图 12.28 展示了这个做空交易的细节信息。随着市场价格的上涨，严格按照 3 类阻挡点设置的追踪止损位被触发了，做空交易被止损出局，最终给交易者造成了亏损。虽然这次交易产生的亏损并不大，但它仍然是一次亏损交易。

回想起来，有些交易者可能会觉得如果把入场位设置在低于最近支撑点两个最小价格变动单位的价位处，就不会有这个问题了。在本例中这种设置的确可以避免这次亏损交易。但是按照这样的逻辑，低三个最

第十二章 普通摆动指标、支撑、阻挡和单边趋势日过滤器的综合应用

小价格变动单位的入场位设置可能会产生更好的效果。其实，交易者必须根据自己的交易方式来自己决定这个问题的答案。深入研究你所关注的市场品种走势，你就会在如何设置入场位的问题上得到有价值的线索。

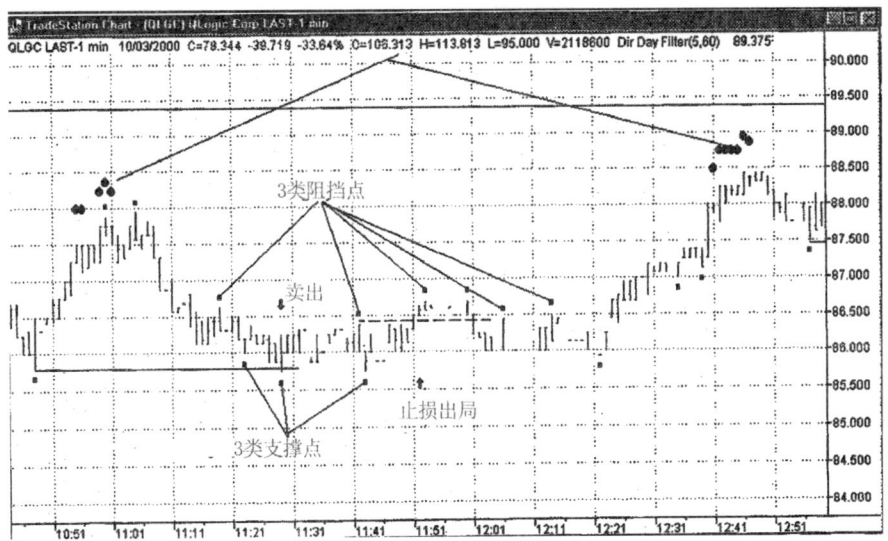

图12.28 最近的3类支撑点为做空入场位提供了设置依据。随后的3类阻挡点让这个交易止损出局，产生一个小额亏损。本图采用欧米茄研究公司（Omega Research, Inc.）交易站2000i（TradeStation® 2000i）软件平台制作。

幸运的是，按照同样的方式进行入场的第二次做空交易产生了丰厚的回报。如图12.29所示。

下午12：45左右，双重相对强弱指标线再次发出了一系列做空信号，开启了第二个做空窗口。我们的做空入场单最初位于稍高于87美元的价位处。几根棒线后，市场走势在一个稍高的位置形成了一个3类支撑点，我们也因此把做空入场单调整到一个更有利的价位处。在1：15市场价格触发了我们的做空入场单。最初保护性止损位设置在最近的两个3类阻挡点上方。在随后瀑布式的下跌走势中，市场出现了一

系列逐渐降低的阻挡点。我们也因此把止损位逐渐调整到更低的价位，锁定了越来越多的利润。市场价格最终也没有触发我们的止损位，这个做空交易在收盘前顺利出场，获取了高于每股 7 美元的利润。

激进交易者可以在市场价格跌破 3 类支撑点价位时增加空头仓位。图中的短横线标识了这些加仓位置。受到前面亏损交易影响的交易者也同样可以在这些保守的价位处再次入场做空。

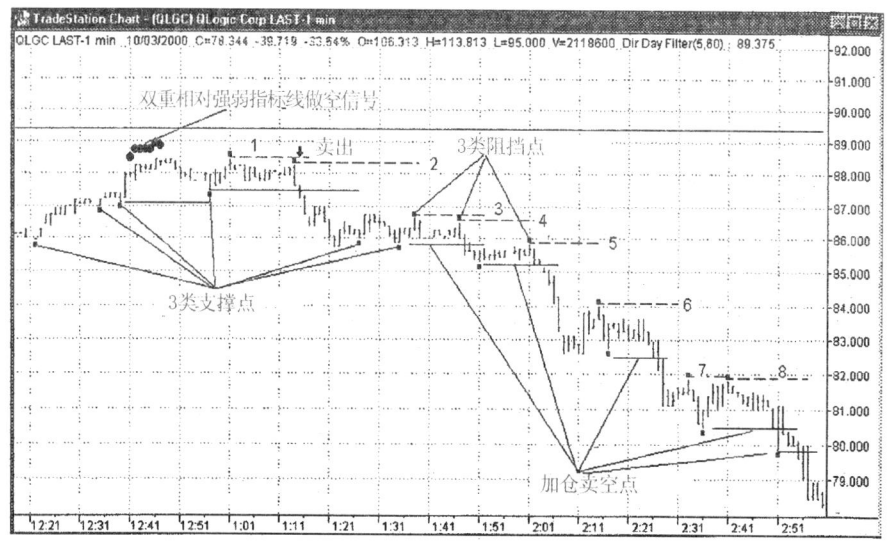

图 12.29　按照与第一次亏损交易同样的入场方式入场的第二次做空交易获取了非常丰厚的利润。本图采用欧米茄研究公司（Omega Research, Inc.）交易站 2000i（TradeStation® 2000i）软件平台制作。

尽管这个交易日的第一次交易出现了小幅亏损，但是只要交易者坚持应用同样的策略去继续进行下一次日内交易，他就会在整体上获取一个非常不错的净利润。亏损是交易过程中令人遗憾的事情，但是职业交易者把亏损当作是游戏中的一个重要组成部分，他会有条不紊地按照他花费数月甚至是几年时间构建并测试好的交易策略严格地执行市场给出的每一次交易机会。市场上有太多的交易者因恐惧这种令人揪心的亏损

第十二章 普通摆动指标、支撑、阻挡和单边趋势日过滤器的综合应用

而不敢执行下一次交易，结果却让自己的处境雪上加霜。

在本章中截止到目前为止的所有范例图中，当双重随机指标线、双重百分比指标线和双重相对强弱指标线达到发出信号的条件时，我都是以黑点的方式来表示这些信号的。我之所以使用这种方法是为了把探讨过程简单化。通过这种方式我们可以把注意力集中到做多和做空窗口的具体应用上来，这就避免了再重复解释副图中指标产生信号的过程。

对这种交易窗口信号自动化程序感兴趣的交易者可以通过我的网站（www.clayburg.com）获得程序源代码。（如需帮助请与译者张老师联系。QQ群：85012153，QQ：827667298（张意忠），邮箱：david189cn@189.cn，YY：328951071，有专人为你答疑解惑。）本书所有走势图均由欧米茄研究公司（Omega Research，Inc.）交易站2000i（TradeStation® 2000i）软件平台制作。欧米茄交易站（TradeStation）软件的用户可以下载和使用这些程序。我强烈建议那种正在使用这种行情软件或者具有用户自定义指标编程工具的软件的交易者花些时间在你的软件系统中设置好这些工具。虽然正确解读指标非常重要，但是如果有黑点帮助提醒交易信号，那么交易者就可以更快捷地确认交易窗口。这就能减少很多交易者在实盘交易中的分析时间。另外，随着行情分析软件的发展，将来会有更多的软件具有用户自定义指标编程的功能。

在你的日常交易活动中，我强烈建议你严格遵循这些指标信号。随着你对这些指标应用变得越来越熟悉，你就会在具体信号到来之前感受到机会的来临。

在第十五章我们将会提到，这些交易策略与当前很多价格比较合理的行情软件都是兼容的。实际上这些软件都把随机指标、百分比指标和相对强弱指标作为它们分析工具的一个重要组成部分。因此交易者都可以在这些行情分析软件中应用我们在本书中探讨的交易技巧。

为了探讨这些工具在类似行情软件中的用法，本章将在下面的内容

中详细展示几个走势图。在这些走势图中我们不再使用我们熟悉的黑点来表示做多或做空交易窗口开启的情况，我们直接使用这些指标线来讲解相应的交易信号。你在本章前面走势图中学习到的经验可以让你很快地理解几种摆动指标共同发出交易信号的过程，以便于你在各种类似行情软件中使用这些工具。

图 12.30 展示的是标普 500 股指期货在 2000 年 12 月的一个 1 分钟日内走势图。这个图在主图下面有三个副图。这三个副图分别展现了我们在本书中探讨的三种双重摆动指标线。我们先从这个简单的走势图讲起，逐渐增加一些详细的解说。

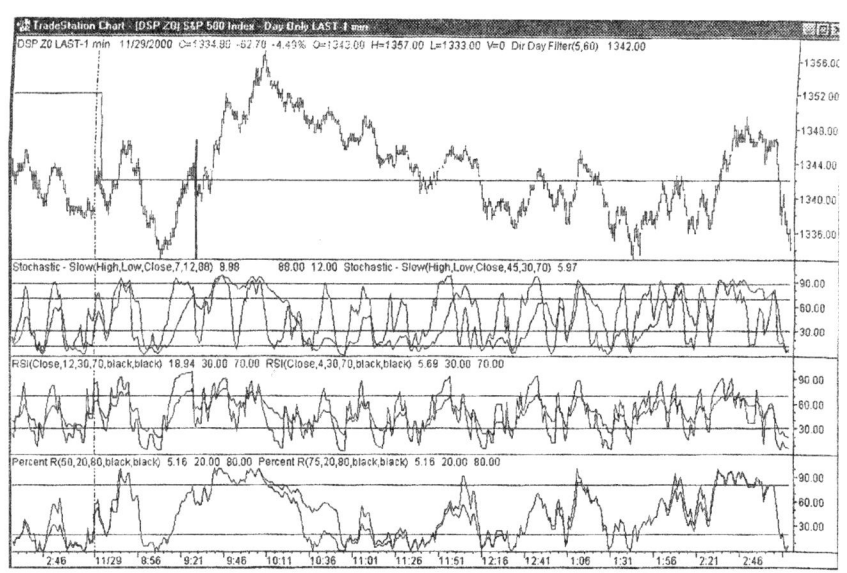

图 12.30 每一个副图详细地展现了一种双重摆动指标线，大多数行情分析软件都允许用户进行这样的设置。本图采用欧米茄研究公司（Omega Research, Inc.）交易站 2000i（TradeStation® 2000i）软件平台制作。

我们在主图中显示了大家熟悉的单边趋势日过滤器指标线。

第一个副图展现的是你已经熟悉的随机指标双重设置指标线。Stochastic 是随机指标的英文名称。指标快线采用的是 7 期期数设置，慢线

第十二章 普通摆动指标、支撑、阻挡和单边趋势日过滤器的综合应用

采用的是45期期数设置。这个副图顶部的两条水平线分别代表的是快线和慢线的超买线。最上面那一条位于90指标值的水平线是指标快线的超买线。另一条位于70指标值的水平线是指标慢线的超买线。底部两条位于30和10指标值的水平线分别是指标慢线和快线的超卖线。

第二个副图展示的是双重相对强弱指标线。相对强弱指标的英文名称为Relative Strength Index，简称RSI。本例中指标快线采用的是4期期数设置，慢线采用的是12期期数设置。这两条指标线均使用同样的超买和超卖线设置。超卖线位于30指标值处，超买线位于70指标值处。

最下面的副图展示的是双重百分比指标线。百分比指标的英文名称为Percent R，简称Pct R或者%R。指标快线采用的是50期期数设置，慢线采用的是75期期数设置。对于这个标普500股指期货日内走势图，这两条指标线也使用同样的超买和超卖线设置。超卖线位于20指标值处，超买线位于80指标值处。

我们曾经在前面章节中多次提过，用户应该根据自己的交易方式合理调整这些指标参数设置。不同股票或期货市场品种可能适用不同的参数设置。

请仔细分析这个日内走势图，自己确定一下顺势做空的交易信号。图12.31标识出了这些信号区域。图中黑色竖线表示的是三种摆动指标同时发出的做空信号。为了交易者全面理解图表中六条指标线的互动情况，交易者可以回顾一下前面章节中曾经介绍过的做空和做多交易窗口开放规则。

图12.32详细展示了三种摆动指标双重设置指标线的细节情况。主图中的黑点表示了三种摆动指标线共同确定的做空信号。你可以仔细分析一下这个图表，以便于强化你对三种指标共同产生交易信号的过程的理解。

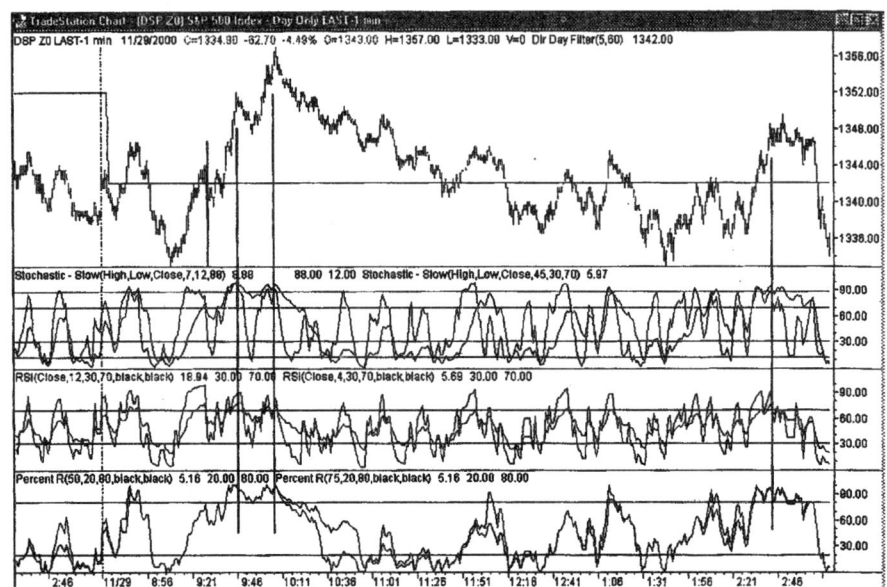

图12.31 贯穿所有主图副图的两条竖线代表的是三种双重摆动指标线共同开启的做空窗口。本图采用欧米茄研究公司（Omega Research, Inc.）交易站2000i（TradeStation® 2000i）软件平台制作。

图12.33中的日内走势与图12.30完全一样。二者的不同之处在于我们在图12.33中标识了一些黑点，交易者可以利用这些黑点来对照分析下面的指标线。

在一张历史走势数据图上，观察这么多复杂数据信息的确让人感觉有点难受。但是在实盘交易中，当你需要做出交易出入场决策时，你只需要将注意力集中到几根棒线即可。在你熟悉了以后，你没有必要重复解读这么繁杂的信息。我们在这里只是为了展示信号发出时的指标线状态。

在第十四章中，我将会讲述程序化交易系统在根据我们使用的方法发出交易信号方面的用途。

第十二章 普通摆动指标、支撑、阻挡和单边趋势日过滤器的综合应用

245

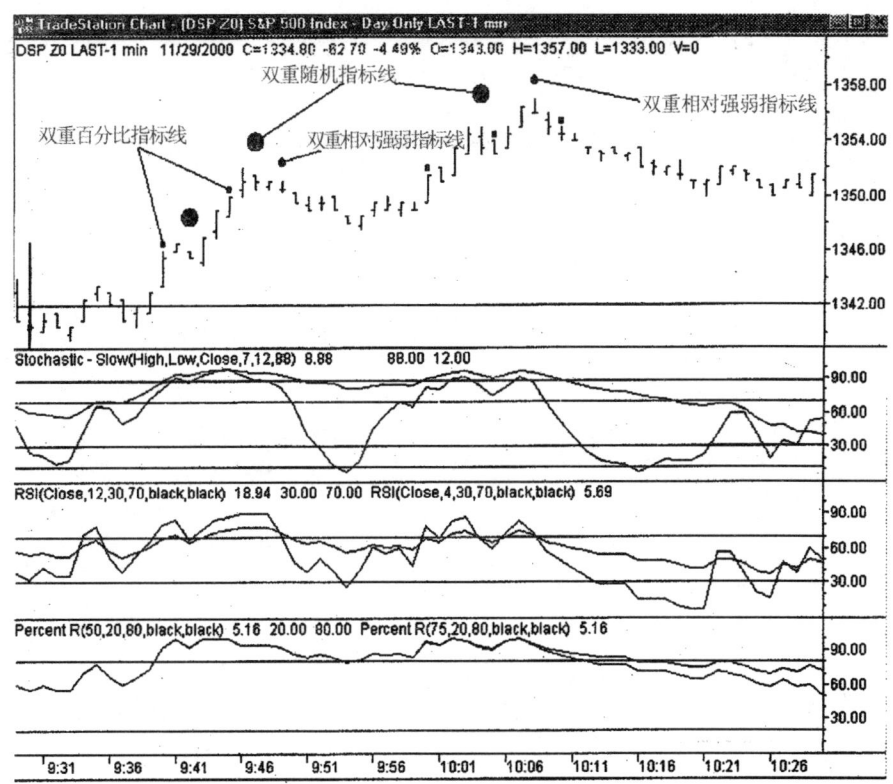

图12.32 本图是图12.31中的一个细节放大图。图中的黑点代表的是下面副图中的摆动指标发出的交易信号。这些做空信号对应的是图12.31中标记着做空窗口开启的两条贯穿性粗黑线。本图采用欧米茄研究公司（Omega Research, Inc.）交易站2000i（TradeStation® 2000i）软件平台制作。

交易组织

为了确定每一次交易过程中的各个环节，交易者的确需要处理大量的信息。首先交易者必须确定日内走势的主要趋势方向，其次交易者必须有效评估指标线的状态，就像我们使用三种双重摆动指标线来确定回调衰竭点一样。最后在设置入场单之前必须先确定交易入场点。交易入

场后，交易者还要记录实际入场价位，并追踪各种支撑和阻挡点的位置，以便于设置准确的追踪止损位。

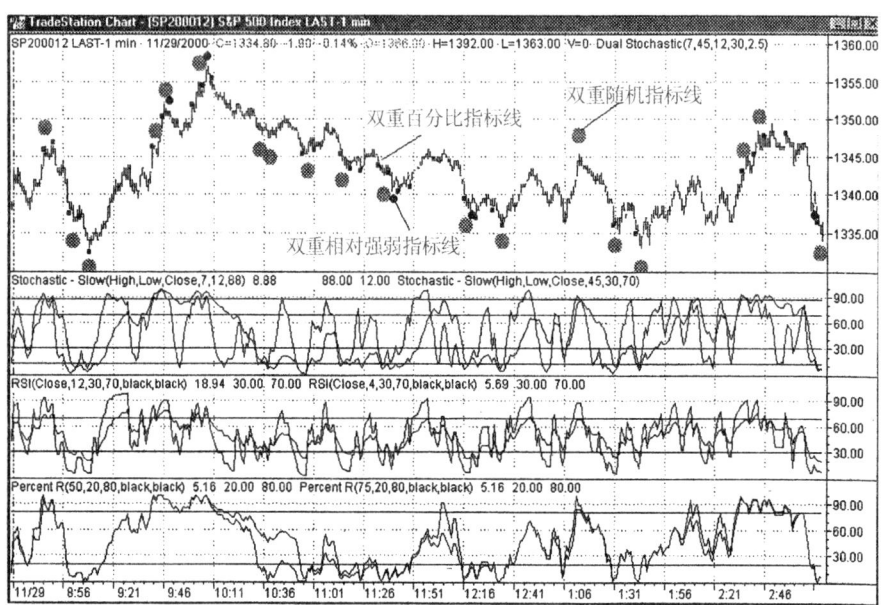

图 12.33 图中的黑点代表的是三种摆动指标共同发出的交易信号，交易者也可以从副图指标的变化中确定这些交易信号。本图采用欧米茄研究公司（Omega Research, Inc.）交易站 2000i（TradeStation® 2000i）软件平台制作。

为了保障整个交易过程的顺利实施，我建议你创建一个交易检查表，就像我在图 12.34 中展示的那个一样。为了向你充分展示这一点，我用 Excel 电子表格创建了这个检查表。虽然我觉得这种格式比较方便，但你也可以使用其它格式。

这个表格的第一列用来记录每一次交易的序号。第二列记录的是单边趋势日过滤器预报的趋势方向。我们可以用 +、-、和 0 分别代表上升趋势、下跌趋势和震荡走势。

随后的几列用来记录走势图上出现的每一个摆动指标的信号。P1 表示的是百分比指标慢线的信号，P2 表示的是百分比指标快线的信号；

第十二章 普通摆动指标、支撑、阻挡和单边趋势日过滤器的综合应用

S1 和 S2 与 R1 和 R2 分别表示的是随机指标和相对强弱指标的慢线和快线信号。

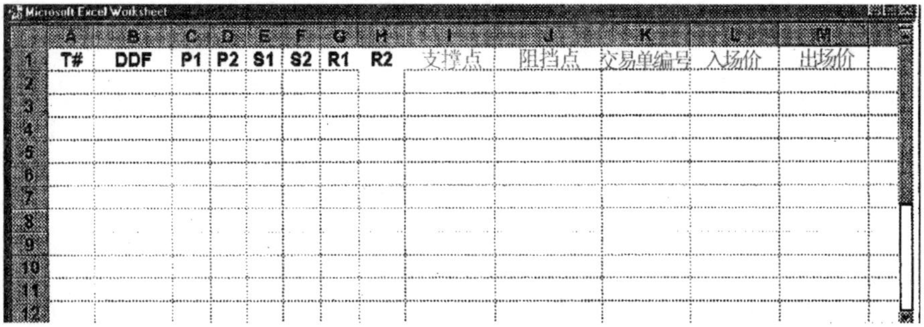

图 12.34 一个简单的交易检查表可以帮助交易者处理高胜算交易过程中的每一个细节。本图采用欧米茄研究公司（Omega Research, Inc.）交易站 2000i（TradeStation® 2000i）软件平台制作。

在每一次交易中当交易者完成 C 列到 H 列的记录内容以后，他就要立即寻找确定可以设置入场位的支撑或阻挡点。这些关键点位可以记录在 I 列或者 J 列栏目中。

随着市场的进展，日内走势中很可能会出现新的支撑或阻挡点，交易者很可能需要根据这些关键点调整入场位。虽然你可以在表格中直接用新价位替换原有价位，但是我建议你另起一行记录新的支撑或阻挡点价位。当你在这个交易日收盘后回顾这些交易时，你就会发现它们非常有用。如果交易者在日内进行了几次出入场交易（本书介绍的交易策略经常会产生几次出入场机会），那么这些支撑和阻挡点价位就能帮你快速回顾每一次交易的详细过程。当你分析评估过去交易日的入场单调整情况时，它们就能发挥最佳作用。

这个支撑和阻挡点栏目也同样可以用来记录最初保护性止损位和交易者在交易过程中不断调整的各种追踪止损位。

另外，你可能也想利用下一列记录各种交易单编号。如果在交易单

设置或者触发价格方面出现了什么问题需要纠正的话，这些交易单编号就会发挥重大作用。

交易者可以用最后两列记录实际成交的入场价和出场价。

本章内容回顾

1. 把单边趋势日过滤器和各种双重摆动指标线联合在一起使用可以有效地帮助交易者确定顺势高胜算交易机会。

2. 在交易入场位设置方面市场定义的支撑和阻挡点是很有用的。

3. 同样的支撑和阻挡点工具可以被用来设置最初保护性止损位和追踪止损位。

4. 结构严谨的日内交易四步法可以有效地帮助交易者进行高胜算交易。

5. 简单有效的交易检查表在帮助交易者实施和回顾分析日内交易方面是很有价值的。

第十三章
单边趋势日过滤器突破系统

在第十章探讨单边趋势日过滤器用法时,我曾经简短地提到利用这个简单工具进行日内交易的一个早盘区间突破系统。本章中我将要详细探讨这种突破交易系统的设计、用户化定制和执行。

虽然这个交易系统把单边趋势日过滤器当作一个判断交易方向的工具,但是它与前面讲述的日内交易四步法却有着非常大的区别。当然,交易者可以把这两种交易系统放在一起使用。只需要小心这两种方法的区别即可。

就像我们以前曾经说过的,这个系统是一个按照单边趋势日过滤器预测的方向进行早盘区间突破交易的简单系统。如果过滤器为剩余的日内走势预报了一个上升趋势,那么这个系统就在稍高于早盘区间高点的价位处设置一个做多入场单。相反,如果过滤器为剩余的日内走势预报了一个下跌趋势,那么这个系统就在稍低于早盘区间低点的价位处设置一个做空入场单。

虽然这个突破系统看起来很简单,但是要想在实盘交易中有效地应用它却不太容易。就像应用其它任何交易系统一样,你必须决定何时在什么价位入场以及何时在什么价位出场。这些关键决策的优化微调对于整个交易系统的获利性有重大影响。

为了发挥这个交易系统的有效作用，交易者必须确定好下面四个方面的因素：

1、突破时间

2、出场策略

3、止损设置

4、股票选择（市场品种选择）

在第三章"人、价格、人性和胜算概率"中，我们曾经提到过不同市场品种对于同一指标参数会展示出不同的特性。充分理解这个系统在你所关注的市场品种日内走势中的特性对于你能否应用这个系统进行成功交易起着至关重要的作用。每一个市场品种对于一个给定的交易系统都会展现出它本身的特性。对于本章探讨的突破交易系统而言，不同市场品种之间的差异更加明显。对于我使用这个突破系统测试过的众多市场品种而言，它们在突破时间和出场策略方面出现了显著的差异。在本章后面的内容中，我展示了一系列柱状图，它们以图表的方式展示了不同市场品种在给定的突破系统参数方面表现出的明显区别。

一般情况下，那些价位高的、震荡特性强的市场品种容易在早盘区间的突破走势中形成强劲的波段，比较有利于这套突破系统获取有效的利润。那些日内振幅不大的低价品种通常表现不出大多数交易者在使用这套策略时期望捕捉到的走势。

在震荡特性较强的高价股票品种中，不同的品种之间在出入场点位和止损位的设置问题上也存在很大的差异。

为了充分展示这套突破交易系统的用法我将会在本节中使用尽可能多的范例图。交易者将会从这些范例中感受到在应用这套系统时全面了解个股特性的重要性。虽然我在这里展示的统计表和分析图涉及了很多大众经常交易的市场品种，但是市场中仍然存在着很多可以同样有效地应用这套系统进行交易的品种。如果交易者想针对自己所关注的市场品种创建一套有效的突破交易策略，那就请你认真学习领会本章范例的内容。

我首先要展示的是一种构建这种交易系统的方法，任何交易者在没有高级行情分析软件的帮助下都可以应用它来构建一套突破交易系统。我构建这套系统依据的是简单行情走势观察分析和一套符合逻辑的步步推进的方法。虽然程序化计算机系统在构建这种交易策略时是非常有用的，但是普通交易者完全可以靠一支铅笔、一摞白纸和一杯上好的咖啡来做到这一点。第十四章将仔细探讨自动化程序系统的发展和测试。

为了展示这种系统的适应性，我选择了 QLGC 股票的日内走势作为我们的范例。这只股票交易异常活跃。在 2000 年过去的六个月当中，平均每日成交量达到两百六十五万股。它的震荡特性比较适合这套系统，在测试期间它的日内振幅区间也一直比较稳定，没有出现影响数据分析的极端走势。当然，我们这样说并不是建议读者去交易这只股票。我只不过是利用单边趋势日过滤器在这个股票日内走势中的表现情况来展示构建突破交易系统的过程而已。市场中存在着大量可以应用这种策略进行交易的股票和期货品种。

第一步：设定突破时间

执行这个交易策略的第一个关键问题就是突破时机。我们必须确定在什么时候执行这种突破交易策略才是最有效的。

第一步就是要分析尽可能多的数据。要针对每一个时间节点或者时间段进行分析，统计计算出现早盘区间单向突破走势的交易日数量占所有统计样本交易日数量的百分比。

表 13.1 展示的是突破时间统计分析表中的一行数据。虽然靠肉眼观察手动统计分析也能推算出这些数据，但是为了方便快捷，我还是在欧米茄交易站行情分析软件平台（Omega TradeStation platform）上编写了一个简单的统计分析程序来专门做这样的工作。

这个表格中的延迟时间表示的是在开盘后多少分钟时间节点上做出这一行统计分析数据。本例中 60 指的是 60 分钟时间节点，也就是指开盘后第 60 分钟结束时的那个时间点，对于美国东部时间来说就是 10：30。下一列的 228 天指的是总共统计分析 228 个交易日的日内走势数据。在这 228 个交易日中，有 162 个交易日（这相当于 71.05%）的日内走势中出现了由 60 分钟时间节点确定的早盘区间的单向突破走势，这个早盘区间指的是开盘后 60 分钟日内走势形成的价格区间，单向突破指的是突破早盘区间高点后市场走势再也没有出现突破早盘区间低点的情况或者突破早盘区间低点后市场走势再也没有出现突破早盘区间高点的情况。在这 162 个交易日中，有 73 个交易日的突破走势属于早盘区间高点被突破的情况，有 89 个交易日的突破走势属于早盘区间低点被突破的情况。另外，在整个 228 个交易日中有 32 个交易日（占比 14.04%）没有出现任何突破早盘区间的走势，有 34 个交易日（占比 14.91）出现了双向突破走势，也就是说在这 34 个交易日内，60 分钟时间节点后市场价格既突破了 60 分钟时间节点前日内走势的高点，又突破了 60 分钟时间节点前日内走势的低点。通过比较分析每一个时间节点对应的交易日百分比数据，我们就可以确定最适合突破交易策略的时间节点。

既然这样的话，那我们是如何知道 60 分钟时间节点对于 QLGC 股票的日内走势而言是最适合应用突破策略的时间节点呢？在目前这个点上，我们的确还不能确定这一点。这个时间节点只是我们为了在本书中展示单边趋势日过滤器的应用方法而假定的最佳时间节点。你将会在随

第十三章 单边趋势日过滤器突破系统

后的内容中看到对于不同的股票或期货品种而言,最佳时间节点有着很大的区别。为了得到适合 QLGC 股票早盘区间突破交易策略的最佳时间节点,我应用前面提到的自动化统计分析程序对这个股票 2000 年 1 月 1 日到 12 月 1 日的日内走势数据进行了详细的统计分析。对于每个交易日我从 15 分钟时间节点开始分析,每隔 5 分钟产生一个新的时间节点一直到 300 分钟时间节点,对于每一个时间节点我都要把所有交易日的日内数据统计分析一遍。这就相当于在美国东部时间上午 9:45 到下午 3:30 期间内,每 5 分钟就应用一次突破交易策略,然后再根据这种交易的结果进行分析。表 13.2 反映的是所有 58 个时间节点上突破交易的分析结果。

股票代码	总	天数	单向突破	百分比	高点突破	低点突破	无突破	百分比	双向突破	百分比
QLGC	60	228	162	71.05	73	89	32	14.04	34	14.91

表 13.1 QLGC 股票 60 分钟时间节点样本数据

为了更直观地确定执行突破交易策略的最佳时间节点,我们把表 13.2 中的数据绘制成了图 13.1。横坐标代表的是时间节点,纵坐标代表的是出现单向突破的交易日百分比。

从图 13.1 中我们可以看出,在 55 分钟到 110 分钟时间节点区间内,我们的突破交易系统交易效果最好。图中的数字表明在大约 70% 的交易日内,当日内交易进行到大约 90 分钟的时候,QLGC 股票已经创出了日内的最高点或最低点,而且在随后的日内走势中,市场上出现了单向突破早盘区间的突破走势。

根据图 13.1,我们现在可以得出这样的结论:我们应该在交易日开盘 55 到 110 分钟这个期间内进场执行早盘区间突破交易策略。为了把亏损风险限制在一个可以接受的范围内,我们必须更进一步确定我们的入场时机。由于在市场出现双向突破走势的时候我们的亏损风险最大,所以我们应当在双向突破走势出现概率最小的时候执行突破入场策略。

股票代码	总	天数	单向突破	百分比	高点突破	低点突破	无突破	百分比	双向突破	百分比
QLGC	15	228	123	53.95	59	64	2	0.88	103	45.18
QLGC	20	228	133	58.33	65	68	6	2.63	89	39.04
QLGC	25	228	141	61.84	70	71	8	3.51	79	34.65
QLGC	30	228	149	65.35	71	78	13	5.70	66	28.95
QLGC	35	228	151	66.23	72	79	15	6.58	62	27.19
QLGC	40	228	159	69.74	73	86	19	8.33	50	21.93
QLGC	45	228	161	70.61	74	87	22	9.65	45	19.74
QLGC	50	228	162	71.05	75	87	25	10.96	41	17.98
QLGC	55	228	163	71.49	77	86	28	12.28	37	16.23
QLGC	60	228	162	71.05	73	89	32	14.04	34	14.91
QLGC	65	228	159	69.74	71	88	36	15.79	33	14.47
QLGC	70	228	158	69.30	72	86	40	17.54	30	13.16
QLGC	75	228	157	68.86	71	86	43	18.86	28	12.28
QLGC	80	228	158	69.30	71	87	43	18.86	27	11.84
QLGC	85	228	160	70.18	74	86	44	19.30	24	10.53
QLGC	90	228	162	71.05	76	86	45	19.74	21	9.21
QLGC	95	228	163	71.49	77	86	47	20.61	18	7.89
QLGC	100	228	163	71.49	77	86	48	21.05	17	7.46
QLGC	105	228	159	69.74	74	85	51	22.37	18	7.89
QLGC	110	228	156	68.42	72	84	54	23.68	18	7.89
QLGC	115	228	154	67.54	71	83	56	24.56	18	7.89
QLGC	120	228	156	68.42	72	84	56	24.56	16	7.02
QLGC	125	228	156	68.42	71	85	58	25.44	14	6.14
QLGC	130	228	155	67.98	71	84	60	26.32	13	5.70
QLGC	135	228	156	68.42	72	84	60	26.32	12	5.26
QLGC	140	228	156	68.42	72	84	60	26.32	12	5.26
QLGC	145	228	156	68.42	72	84	60	26.32	12	5.26
QLGC	150	228	156	68.42	71	85	61	26.75	11	4.82
QLGC	155	228	155	67.98	71	84	62	27.19	11	4.82
QLGC	160	228	155	67.98	71	84	62	27.19	11	4.82
QLGC	165	228	153	67.11	70	83	64	28.07	11	4.82
QLGC	170	228	150	65.79	69	81	67	29.39	11	4.82
QLGC	175	228	148	64.91	68	80	69	30.26	11	4.82
QLGC	180	228	151	66.23	70	81	68	29.82	9	3.95
QLGC	185	228	149	65.35	69	80	71	31.14	8	3.51
QLGC	190	228	150	65.79	69	81	71	31.14	7	3.07
QLGC	195	228	150	65.79	69	81	71	31.14	7	3.07
QLGC	200	228	149	65.35	68	81	72	31.58	7	3.07

表13.2 QLGC股票时间节点统计分析表

第十三章 单边趋势日过滤器突破系统   255

图 13.2 展示的是不同时间节点上出现双向突破走势的交易日所占的百分比率。

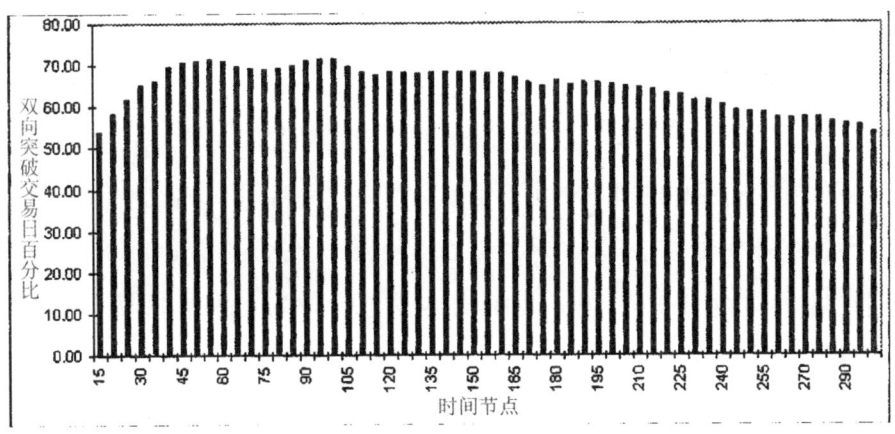

图 13.1 单向突破交易日百分比数据表明适合突破交易策略的时间节点范围还是比较宽泛的。

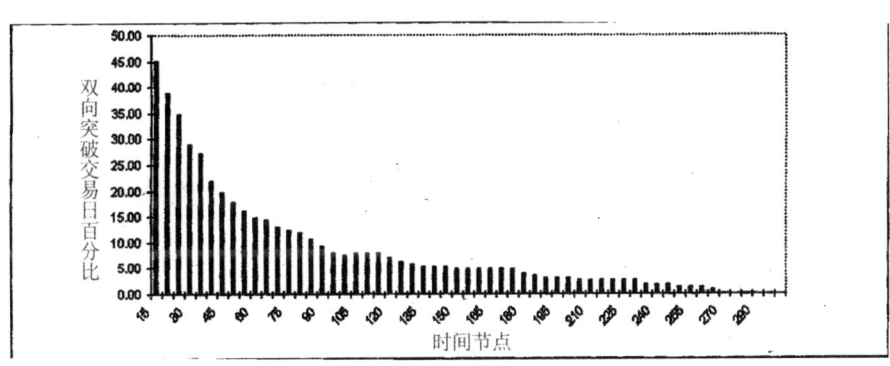

图 13.2 出现双向突破走势的交易日百分比是时间节点的一个函数曲线。

从图 13.2 中你可以观察到在 55 分钟到 110 分钟时间节点范围内出现双向突破走势的交易日百分比分布在 16.5% 到 7.5% 的区间内。这个百分比率是相当小的。从图 13.1 中我们知道，时间节点参数可以在大约 70% 的交易日内为我们提供突破交易机会。同时图 13.2 表明因出现双向突破走势而导致突破交易亏损的交易日比例不足17%。

为了对比分析出现单向突破走势的交易日百分比和出现双向突破走势的交易日百分比数据，我把前面两张图中的轮廓线一起绘制在了图13.3中。

从逻辑上讲，在这两条曲线之间的距离出现最大值的时间节点上执行突破入场策略时，我们成功抓住单向突破走势的概率最大，双向突破走势迫使我们亏损的概率最小。也就是说在这种时间节点上进行早盘区间突破交易时交易者成功获利的可能性最大。因此，我们可以从图中看到在90分钟时间节点上执行我们的突破交易策略时成功捕捉单向突破走势的概率最大。

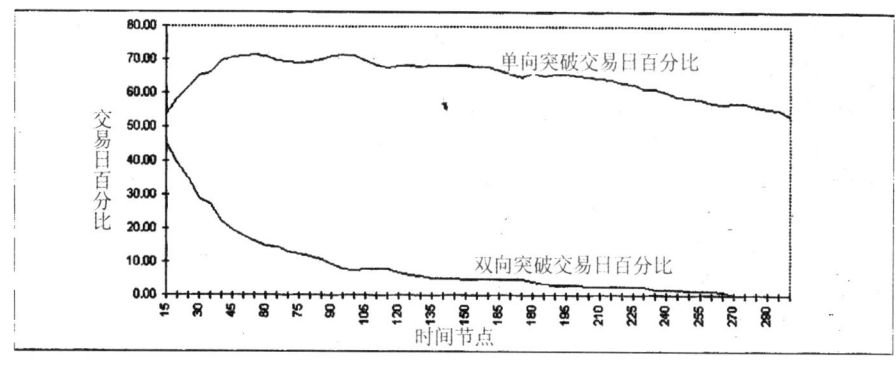

图13.3 把执行QLGC股票早盘区间突破交易策略的时机确定在90分钟时间节点上时，交易者成功捕捉单向突破走势的可能性最大。

第二步：确定出场策略

我们下面开始探讨构建突破交易系统的第二步。为了限定亏损或者及时获利出场，每一种交易系统都会设定好相应的出场策略。考虑到这一点，我们现在来观察一下同样的自动化统计分析程序给出的其它数据。

第十三章 单边趋势日过滤器突破系统

既然对于突破交易策略，我们准备使用一个获利目标位进行止盈出场，那么我们就有必要确定单向突破走势的最大利润空间。有了这一点信息我们就可以确定在哪个时间节点上进行突破交易才能获取最大化的潜在利润。我们同样可以分别针对突破做空交易和突破做多交易确定最佳出场位。表 13.3 中列出的 QLGC 股票日内走势统计数据为我们确定最有利的入场时机和潜在利润最大化的获利目标位提供了分析基础。

为了得出表中的数据，我们利用统计分析程序针对出现单向突破走势的交易日统计计算了交易者有可能获取的最大利润。对于向上突破早盘区间高点的情况，我们统计的是日内最高点到早盘区间高点之间的利润；对于向下突破早盘区间低点的情况，我们统计的是日内最低点到早盘区间低点之间的利润。在统计过程中，我们没有考虑任何成交价差可能带来的影响。

毋庸置疑，在实盘交易中，只有极个别情况下我们才能在日内最高点平掉多头头寸或者在日内最低点清空空头仓位。这种最理想的交易结果只是在我们对历史数据的统计分析中才能实现。交易者必须注意到这一点。这些潜在的利润空间代表的是突破交易系统可能实现的最佳结果。虽然我们永远不能期望我们的交易系统达到这样令人钦佩的结果，但是这些数据却给我们提供了欣赏突破交易潜在利润空间的机会。如果我们坚持在可能获取最大利润的时间节点上进行突破交易，我们就可能获取更多的利润。

当选择获利目标位的时候，交易者一定要记住这些数据代表的是某一个时间节点上突破交易系统可能产生的最佳结果。我们不能期望我们的系统能做到这种地步。交易者在设定止盈位时一定要考虑到这一点。

股票代码	时间节点	高点突破最大利润平均值	低点突破最大利润平均值
QLGC	15	6.53	7.19
QLGC	20	5.98	6.69
QLGC	25	5.70	6.23
QLGC	30	5.62	5.92
QLGC	35	5.23	5.69
QLGC	40	4.91	5.30
QLGC	45	4.57	5.44
QLGC	50	4.58	5.39
QLGC	55	4.41	5.36
QLGC	60	4.43	5.17
QLGC	65	4.29	5.12
QLGC	70	4.20	5.04
QLGC	75	4.16	4.98
QLGC	80	4.01	4.76
QLGC	85	3.74	4.63
QLGC	90	3.72	4.40
QLGC	95	3.78	4.40
QLGC	100	3.63	4.30
QLGC	105	3.69	4.17
QLGC	110	3.58	4.19
QLGC	115	3.59	4.19
QLGC	120	3.52	4.14
QLGC	125	3.53	4.15

表13.3 突破交易最大可获利润平均值

仔细观察表13.3中的数据，你就会发现：随着日内交易的进展突破交易系统可以获取的最大利润在逐渐缩水。因此我们要想为突破交易系统确定一个最佳时间节点，我们就必须在单向突破交易日百分比、潜在获利空间和双向突破交易日百分比之间做一个抉择。在这个权衡利弊的取舍过程中交易者的交易风格和风险承担水平再次发挥主导作用。每一个交易者都应该根据自己的偏好制定自己的突破交易策略。

第三步：确定止损位

不论我们什么时候入场交易，我们都要设置好相应的止损位。对于本章探讨的突破交易策略，我的偏好是按照市场自身产生的支撑点和阻挡点价位设置止损位。我们在前面章节中对这个止损位问题进行过大量的探讨。

第四步：股票选择

在本书的末尾你会看到一系列附录数据，这些数据涵盖了很多大众参与者经常交易的股票品种。这些数据是由本章提到的自动化统计分析程序统计出来的。你既可以从这些数据中看到个股对于突破交易系统展现出来的巨大差异，也可以参考这些数据构建自己的交易系统。

我也在下面的内容中为 80 只个股进行了详细的统计分析。这些股票都是各种各样的客户曾经请我帮他们分析的股票。它们在股市中也是随机分布的。表 13.4 列出了这 80 只股票品种的代码。

图 13.4 展示了整个数据库内的股票在不同时间节点上出现单向突破走势的交易日百分比数据。Y 轴的百分比数字反映的是 80 只股票的单向突破交易日百分比数据平均值。通常情况下，获利可能性最强的时间节点分布在开盘后 65 分钟到 95 分钟的时间范围内，这个期间出现单

向突破走势的交易日百分比最大。

从这张图中,我们可以获得大量有价值的交易信息。

首先,你可以看到,对于这80只股票而言,75%的交易日在开盘后90分钟内出现日内最高点或最低点。

另外,我们还可以确定在这75%的交易日内,开盘90分钟后剩余的日内走势中至少会出现一个新低点或一个新高点。

我们也可以说单边趋势日过滤器在预测单向突破走势方向时的准确率接近75%。

A	BRCM	HON	NXTL
AA	C	HWP	PMCS
ADBE	CHKP	IBM	PSIX
ADI	CMVT	IMNX	QCOM
AES	COST	INKT	QLGC
AFFX	CPN	ITWO	RMBS
AIG	CSCO	JBL	SCI
ALA	CTXS	JDSU	SEBL
ALTR	DCLK	JNJ	SUNW
AMAT	DD	LEH	T
AMD	DISH	LU	TER
AMGN	DNA	LVLT	TERN
AMZN	EBAY	LXK	TMX
AUD	EMC	MEDI	TXN
AXP	EXDS	MLNM	UK
AZA	FNM	MMM	UNH
BBY	GE	MU	VIGN
BGEN	GLW	NKE	VOD
BJS	HD	NT	VTSS
BRCD	HGSI	NTAP	YHOO

表13.4 统计测试用股票组合

第十三章　单边趋势日过滤器突破系统

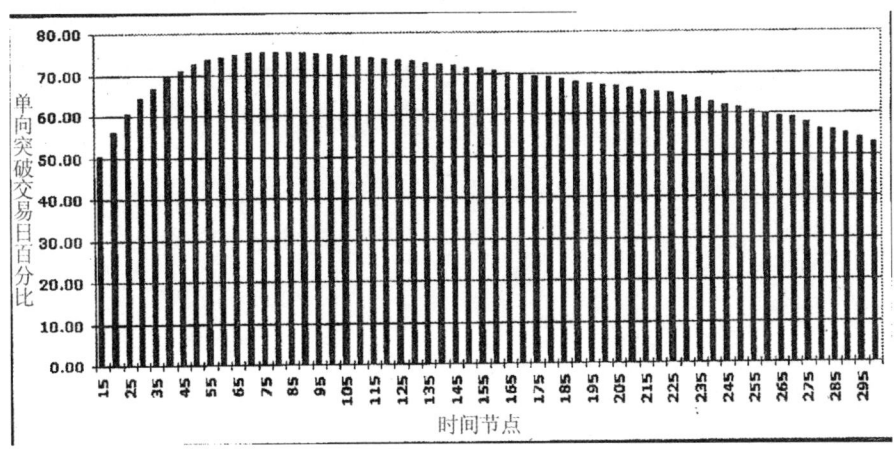

表13.4　统计测试结果表明75%的交易日在90分钟时间节点上就已经出现了日内的最高点或最低点。

现在我们来观察一下整个股票群在单向突破交易日的潜在利润空间。如图13.5所示。

这张图反映的是80只股票在不同时间节点上出现早盘区间高点突破交易和低点突破交易的平均次数。

仔细观察这张图你就会发现我们的突破交易系统在做空交易上产生了更多的交易机会。认真分析本书附录中的数据你就会看到在整个统计分析期间做空突破交易潜在利润空间一般都大于做多突破交易。虽然我们可以把产生这种现象的一部分原因归结于纳斯达克市场的熊市环境，但是我个人的观点认为不论整体市场是处于熊市还是牛市，做空交易通常情况下都具有较强的获利性。

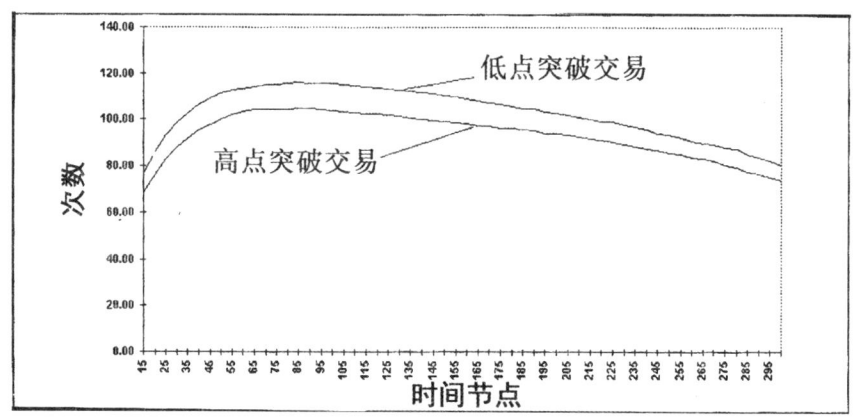

图13.5 虽然图中数据显示突破做空交易比突破做多交易具有更大的获利空间，但是交易者在得出长期结论之前必须考虑到整个统计测试期间大盘指数处于熊市状态。

大多数人在交易的时候，特别是交易股票的时候偏向于进行做多交易。我们都喜欢做多。这就造成了在市场出现剧烈下跌走势的时候更可能会引起恐慌性抛盘，特别是对于那些神经紧张的没有经验的交易者而言。正是由于这个原因，伴随下跌突破而出现的市场走势经常会更加剧烈和残忍，通常会把市场价格打压到基本面因素认为比较合理的价位下面，至少在短期内会出现这种现象。因此尽管市场可能会随后立即认识到这一点，马上开始从超卖区出现反弹，但是仍然会在行情图上留下一个剧烈的向下刺探走势。很多这种交易日的日内走势会收复失地，也经常出现收盘价最终高于开盘价的情况。

有一点值得提醒的是，虽然我们的做空突破交易存在更大的潜在获利空间，但是这并不意味着市场价格会一直停留在低位。很多出现这种大幅潜在做空利润的交易日都是在市场价格突破早盘区间低点时出现了剧烈下跌的刺探走势然后市场价格立即出现了反弹上涨走势。考虑到这一点，在这种剧烈刺探走势出现的时候，交易者要么及时获利了结，要么把止损位设置在距离市场价格更近的位置。

图 13.6 展示的是整个股票群在每一个时间节点上出现单向突破、双向突破和无突破的交易日天数统计数据曲线。

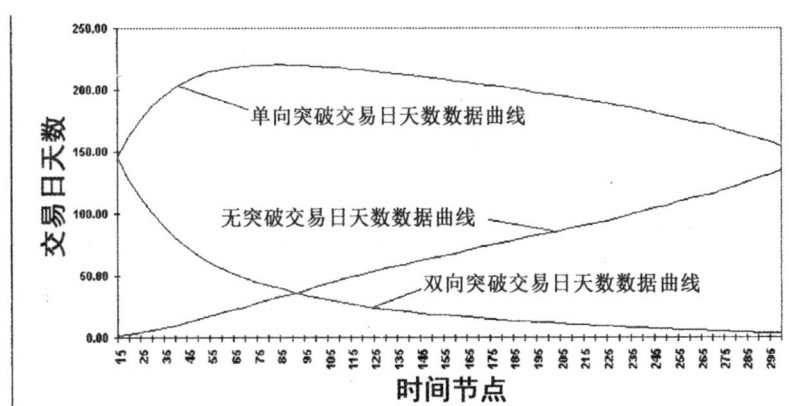

图 13.6　单向突破交易日天数数据曲线和双向突破交易日天数数据曲线之间的距离最大化时对应的时间节点就是执行突破交易的关键时机，这个时间点也刚好位于双向突破交易日天数数据曲线和无突破交易日天数数据曲线的交叉点上。

在 15 分钟时间节点上，交易者很难确定当前的市场高点或低点是不是这个交易日的最高点或最低点。因此，你可以看到无突破交易日天数数据曲线在刚开始的时候比较接近于 0 值。这说明的是几乎没有哪一个交易日会在开盘后如此短的时间内就形成日内的最高点或最低点。随着日内交易的进展日内走势形成的区间高度也在不断扩大，无突破交易日天数数据曲线也逐渐稳步上升。随着日内交易价格区间的逐步扩大，日内走势中已经出现的最高点和最低点成为这个交易日最高点和最低点的可能性越大，剩余日内走势出现突破前期最高点和最低点的可能性越小。

对于双向突破交易日天数数据曲线来说，它随着时间节点的逐渐推移出现的情况与无突破交易日天数数据曲线刚好相反。由于早期时间节点对应的日内价格区间相对于整个交易日的价格区间来说是比较狭窄的，因此在这些时间节点上出现双向突破走势的交易日天数数据较大。随着日内交易的进展和价格区间的拓展，剩余日内走势出现双向突破的可能性越来越小。

单向突破交易日天数数据曲线与图 13.4 中的图形走势类似。这条数据曲线展示的是在不同时间节点上出现单向突破走势的交易日天数数据。

同样，我们可以看到在双向突破交易日天数数据曲线和无突破交易日天数数据曲线的交叉点上，单向突破交易日天数数据曲线对应的数值最大。因此在不考虑其它因素的情况下，这个根据 80 只股票超过 11 个月的日内走势历史数据绘制出来的曲线图再次证实了我们关于早盘区间突破走势和日内走势的最高点或最低点很早就已经出现在市场中的理论。

在你逐渐熟悉这种统计分析图的过程中我们提醒你不要忘记这种图是根据 80 只股票的日内数据绘制出来的。图中的数据是 80 只股票数据的平均值。这里面比较重要的字眼是"平均值"。我们以前曾经多次提过，对于任何一种给定的交易系统每一只个股都会展现出自身的特性。图 13.7 展示了不同股票对于同一系统参数出现的不同反应。

把前面提到的 80 只股票按照字母表顺序进行排列，我们选取了前 31 只股票。我们在图 13.7 中绘制了在 60 分钟时间节点上每一只股票突破做多交易潜在的最大利润平均值。你可以观察到，即便是在这么少的样本数据上，个股突破交易的平均利润也出现了将近 10 倍的差距（从 ALA 股票的 0.70 美元到 CHKP 股票的 6.84 美元利润）。

第十三章 单边趋势日过滤器突破系统

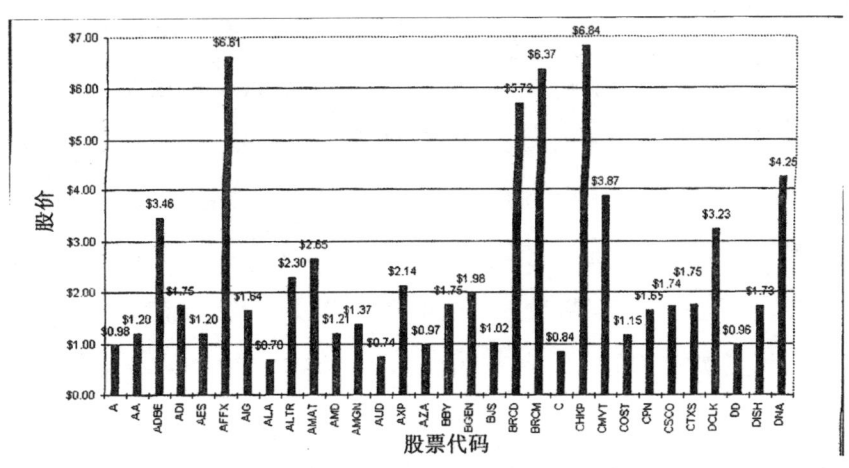

图 13.7 60 分钟时间节点上不同股票的突破做多交易潜在最大利润平均值出现了明显的差异。

图 13.8 展示的是这 31 只股票在 60 分钟时间节点上出现单向突破走势的交易日百分比。

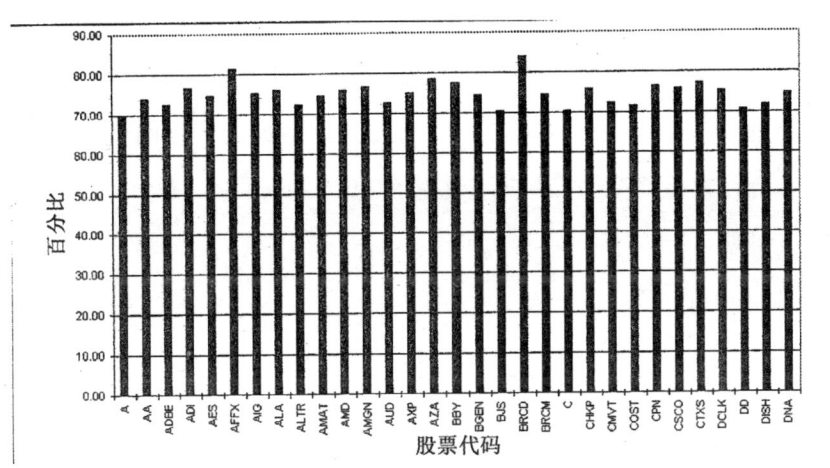

图 13.8 60 分钟时间节点上不同股票出现单向突破走势的交易日百分比出现了明显的差异。

从图 13.8 中你可以看到 ALA 股票出现单向突破走势的交易日百分比为 70%，CHKP 股票出现单向突破走势的交易日百分比为 75.82%。

但是如果你把图 13.7 与 13.8 进行对比分析，你就会发现虽然这两只股票出现单向突破走势的交易日百分比相差无几，但是 CHKP 股票的突破做多交易潜在利润却远远大于 ALA 股票的相应利润。

这里的统计数据再次表明，不同市场品种对于同一系统参数的反应情况会出现很大的差异。它说明交易者有必要针对自己关注的市场品种进行相应的交易系统参数设置。请不要期望同一种交易系统参数设置可以成功地交易所有股票。

本章内容回顾

1. 单边趋势日过滤器具有另外一种用途：它的数据可以用来构建一套突破交易策略。
2. 在设置突破交易系统的各种参数时，仔细观察分析历史数据是相当重要的。
3. 对于本章关注的突破情形，不同股票会出现不同的反应。
4. 具有广泛代表性的股票群数据表明大多数交易日的最高点或最低点在日内交易的早期走势中就已经出现了。

第十四章
自动化系统

到目前为止，我们主要探讨的是用于构建日内交易系统的几种指标工具的用法。主要针对的对象是根据行情走势图和各种指标工具通过肉眼观察主观判断来确定交易机会的交易者。

虽然全自动计算机化的交易系统并不是本书探讨的重点，但是为了那些想把交易系统设计和执行提高一个境界的交易者，我在这里对自动化系统做一个简短的介绍。

在第十二章结尾的时候，我提到过交易者在盘中实时追踪分析单边趋势日过滤器指标、支撑和阻挡点以及各种摆动指标时会遇到的困难。使用自动化交易系统可以极大地简化应用这种交易策略的繁杂过程，因为程序化系统会在确定交易信号的过程中自动处理前面提到的各种指标工具。

我跟不少交易者讲过我们不仅要使用办公桌上的电脑还要使用我们两个耳朵之间的人脑。在我们人类能够开发出可以取代人脑的芯片之前我们还有很长的路要走。虽然我们可以自动化地处理很多产生交易信号的数学步骤，但是交易者必须给自己留下一些参与的空间。

在根据各种随机指标线、相对强弱指标线和百分比指标线产生交易信号的过程中,我们前面提到的交易策略强调了很多人类的参与活动。自动化系统可以根据提前设置好的程序把这些指标线综合提供的交易信号直接显示出来。

从本质上说这些自动化系统是按照提前预设的各种参数条件来运行的。虽然这些提前设定的参数条件需要交易者参与决策,但是它们从测试的角度为交易者提供了很多非常便利的选择项。当把这些系统应用到历史数据中去的时候,它们就能产生一个模拟交易的盈亏统计报表。各种不同的自动化系统参数条件设置会给交易者提供不同的交易系统结果,交易者可以据此确定是否应用这套交易策略还是继续测试。

交易系统的测试功能具有非常明显的优势。在交易者决定把真金白银投入市场之前可以利用它评估交易策略的有效性。以前我们曾经提到过,交易者的信心是交易能否成功的一个重要因素。拥有一套在历史数据中表现良好的交易系统当然会提振交易者的信心。

然而,自动化系统测试也可能对交易者造成伤害。因为现在的软件系统可以针对历史数据进行各种测试,一直可以测试到完全与历史走势图相匹配的程度。这种被称为曲线匹配的测试通常都有点不太现实。它们把系统参数设置测试到如此接近历史走势的程度以至于没办法在将来的行情中重演。很多交易者在应用这种超级系统时都吃尽了苦头。一次又一次的痛苦让他们大跌眼镜。

一种被称为"样本数据分割测试"的测试方法可以帮交易者解决这种问题。这种方法要求交易者先测试一部分给定的历史数据,比如六个月,然后再把测试确定的系统参数应用到随后六个月的历史数据中再次进行测试。对于前六个月的数据而言,后面六个月的历史数据在一定程度上相当于实盘数据。因此通过这种方式确定的系统参数就不会与整个历史走势配合得那么天衣无缝了。虽然这种方法比较复杂而且也超越了本书探讨的范围,但是请记住有些系统测试方法的确可以帮助交易者

第十四章 自动化系统

构建出优秀的交易系统。

或许自动化系统对于本书交易策略的最佳用途在于确定各种摆动指标的参数设置上。在根据这些指标编制一套自动化系统后交易者可以针对某一个特定的市场品种和时间结构确定最佳参数设置。

本章中，我准备给你简单介绍一下计算机化程序系统开发方面的知识。这种系统构建过程同样需要我们人脑的参与，但是更多的是在早期阶段，在这个阶段需要制定和测试交易策略，在后期系统通过运算发出交易信号的过程中就不太需要人脑参与了。下面几段内容介绍的是为测试我们的早盘区间突破交易策略而构建自动化系统的过程。

在前面一章的内容中我们提到过，构建股票交易系统的一个关键步骤在于挑选股票。选择股票的方法有很多。为了展示不同股票对于一个给定系统参数的不同反应我们曾经使用过统计分析的方法。在这里我准备充分发挥统计分析的作用。表 14.1 按照做多突破交易潜在最大利润平均值从大到小的顺序从前面提到的 80 只股票数据库中提取了前 15 只股票。

股票代码	高点突破最大利润平均值
CHKP	$6.84
ITWO	6.63
AFFX	6.61
PMCS	6.43
BRCM	6.37
GLW	5.91
RMBS	5.85
BRCD	5.72
INKT	5.50
QCOM	4.89
YHOO	4.72
QLGC	4.56
JDSU	4.47
DNA	4.25
SEBL	4.24

表 14.1 股票数据库中前 15 只股票

这个列表中的股票看起来好像应该在突破交易策略中产生良好的效果。通过对每一只股票应用计算机化的交易系统后，交易者就可以对它们的表现情况做出一些判断。从前面的探讨中你知道不同个股对于同一系统的反应情况可能出现很大的差异。在对这 15 只股票中的每一只应用同一系统后，交易者可以进一步地为每一只股票调整出最佳系统参数设置，从而确定最合适的时间节点、获利目标位和止损位。

开始的时候，交易者可以对每一只股票开盘后 30 分钟到 90 分钟期间内的时间节点进行逐一系统测试，最后确定突破入场最佳时间节点。这种测试通常会确定一个时间节点范围。在这个范围内应用突破交易策略都是可以接受的。在这个范围内最终确定哪个时间节点是由其它系统参数最优化后确定的时间节点范围来决定的。

我们现在必须确定出场参数。虽然对于获利出场和止损保护而言有很多种策略可以选择，但是我选择的是利用统计分析计算出来的止盈位来获利了结，利用计算出来的止损位来保护交易头寸。

我们下面从一整年的交易观点上来思考一下获利目标位。如果你一周可以从一只股票上获取 1% 股价的利润，那么你一年就会有与 50% 股价等比例的利润进账。这不错啊。假定我们保守一点，估计只有一半的交易机会是获利的，那么我们应当每周获取至少 2% 股价的利润才能实现平均每周 1% 的目标。因此，我们尽量要在每一次交易中获取 2-3% 股价的利润。如果我们可以做到这一点，那我们就可能达到平均每周获取 1% 的利润。

在很多情况下，当探讨获利目标位和止损位时，我们都习惯于用股价的百分比，而不是每股多少美元的方式。因为虽然交易者很容易从一个 250 美元股价的股票上获利 1、2 美元，但是要想从 25 美元股价的股票上获利 1、2 美元就不是那么容易了，所以用百分比的方式来描述获

第十四章　自动化系统

利目标位时，不同股票的目标位设置情况就变得比较一致了。

对于止损位来说也是一样的。如果我们准备获取一个 2-3% 的小额利润，那么我们就承担不起高于这个百分比的亏损，尤其是在我们假定只有一半交易次数是获利的情况下。

就像我们确定交易入场时间节点时应用的方式一样，我们可以利用自动化系统确定一个有效的获利目标位区间和止损位区间。当这两点确定以后，同样的程序就可以根据交易者的交易风格选定一套包括时间节点、获利目标位和止损位的系统参数。

现在，我们重申一下我们的决定。我们要为开盘后 90 分钟内进行的早盘区间突破交易确定一套交易系统。我们准备每次交易获取 2-3% 股价的利润，同时准备承担与获利目标同样的风险。

等一下，在这些参数设置上难道我们不需要更具体一些吗？答案是需要也是不需要。当我们真正交易每一只股票的时候，我们确实需要更加严格参数设置。但是现在，在当前的测试阶段，把每一个参数的区间设置得比较宽松一些对我们的目标是有利的。请记住每一只股票在系统测试确定的获利性最强的参数设置情况下将会出现一些稍带偏差的反应。现在我们通过系统地测试三种参数就可以确定每一只股票的相应参数设置。

比如，通过这种系统测试我们确定：PMCS 股票在 75 分钟时间节点上进行早盘区间突破交易很可能会获取 4.25 美元的利润，同时具有 3 美元的亏损风险。BRCD 股票在 45 分钟时间节点上进行早盘区间突破交易很可能会获取 3 美元的利润，同时具有 3 美元的亏损风险。其它股票在系统测试中也会确定出类似的参数设置。另外在测试中也很可能会出现这样的情况：在某一只股票（比如 CHKP 或 ITWO 股票）获利性最强的参数设置上，止损位对应的止损空间超过了交易者的风险承受能力。这种情况下就不可能进行突破交易。请注意这里的具体系统参数设置只是一个假想设置，它们并不是通过实际系统测试得出来的。

虽然交易者可以通过手工统计计算完成这种测试过程，但是自动化系统测试软件（比如像本书从前到后一直在使用的欧米茄公司的交易站系列产品）不仅可以大大地简化这种繁杂的统计分析，而且可以避免很多不必要的失误。对于交易者关注的每一只股票或每一种期货合约来说，如果交易者准备完全靠手工来确定最佳参数设置的话，那么他将会花费的时间长度肯定是难以置信的。

在测试每一个市场品种的过程中，样本数据分割测试方法将会为交易者自信地在实盘中进行交易提供更有价值的系统参数。

本章内容回顾

1. 计算机化的交易系统可以根据市场价格数据直接为交易者提供交易信号。

2. 在具体应用某一套交易系统之前，交易者可以利用自动化程序测试它在历史数据中的表现。这是自动化程序的一大特色。

3. 交易者可能会利用自动化程序测试出一套与历史数据完全匹配的交易系统。这种在历史走势中表现完美的交易系统可能在实盘交易中遇到很多问题。这是它的主要缺点。

4. 交易系统测试可以针对一只个股或市场品种为交易者提供一套最佳交易系统设置。

第十五章
在线行情服务

在本书的导言中我曾经提到过,现在有很多网站和在线交易中心提供本书探讨过的各种摆动指标应用服务。

互联网上基本上每周都会出现新的交易行情服务类网站。虽然不能在这里一一介绍,但是我想在这里简单介绍几个网站,以便于读者使用它们提供的摆动指标工具。

虽然这些网站都提供这些常用的摆动指标,而且它们基本上都是根据同一指标公式编制的,但是这些指标的名字经常会出现一些细微的差别。比如,随机指标(stochastic)可能会被称为"fast %k"、"fast %d"、"slow k"、"fast d"、"fast stochastic"或者这些名字的简单联合形式。百分比指标(Percent R)可能会被称为"Range Percent"、"Williams Pct R"等等。RSI可能会被称为"relative strength"或者"Wilder's RSI"等等。

另外在一些网站提供的服务中,不允许用户在同一张图中使用多重指标设置。在这种情况下,你就必须先应用摆动指标慢线,等指标慢线满足了触发信号的条件后,再使用指标快线,最后再从指标快线上确认交易信号。可能有些情况下要反复进行几次才能最终确认交易信号。

本章后面的内容中展示了几个当前正在运营的网站提供的行情走势图。尽管我们不能在这里详细介绍更多的网站，但是你可以从我们对这些指标服务的介绍中掌握这类网站提供的摆动指标使用方法。

www.tradesignals.com 由交易信号公司（Trade Signal Corporation Ltd.）创建于 1997 年。它通过网页和邮件提供大量的技术分析、每日新闻、交易建议、评论、交易提醒、实时行情数据和动态行情走势图等一系列服务。

TradeSignals.com 也提供各种交易工具服务。它把随机指标称为 Fast K/Fast D 和 Quick Stochastic。在它提供的行情服务走势图中交易者可以使用双重随机指标设置。图 15.1 展示了这种情况。这张图也显示了 RSI 指标线。这个网站允许一个副图中同时应用两种 RSI 指标设置。

为了展示这些指标在大时间结构走势图中的应用情况，我把这些工具应用到了这个持续了几天的标普 500 股指期货 15 分钟图上。图中标识出了这些指标提供的买卖信号。为了便于你对照分析，我在指标副图中标注了超买和超卖线。

图 15.2 展示了在 TradeSignals.com 行情走势图中应用单边趋势日过滤器的方法。因为它的行情软件提供了一个趋势线画图工具，所以交易者可以在自己计算出的前 5 分钟高低点的算术平均值价位上直接绘制一条水平线，另外在一个合适的时间节点上绘制一条竖直的时间节点线。

你可以在这张图中观察到单边趋势日过滤器表明交易者应该考虑做多交易机会。双重随机指标线和 50 期百分比指标线在图中确认了一些买入点。

第十五章 在线行情服务

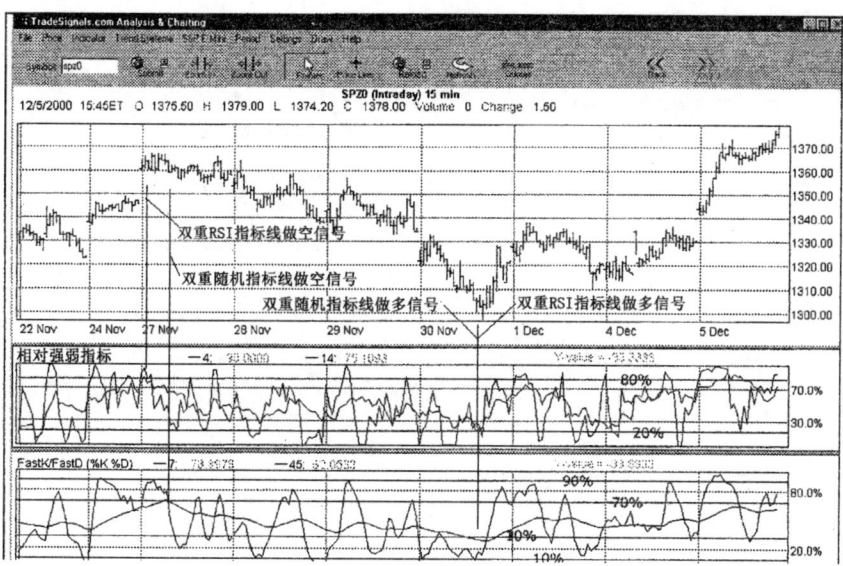

图 15.1 RSI 和随机指标在开盘后不久就发出了做空信号。本图由 Trade Signal Corporation Ltd. 提供。

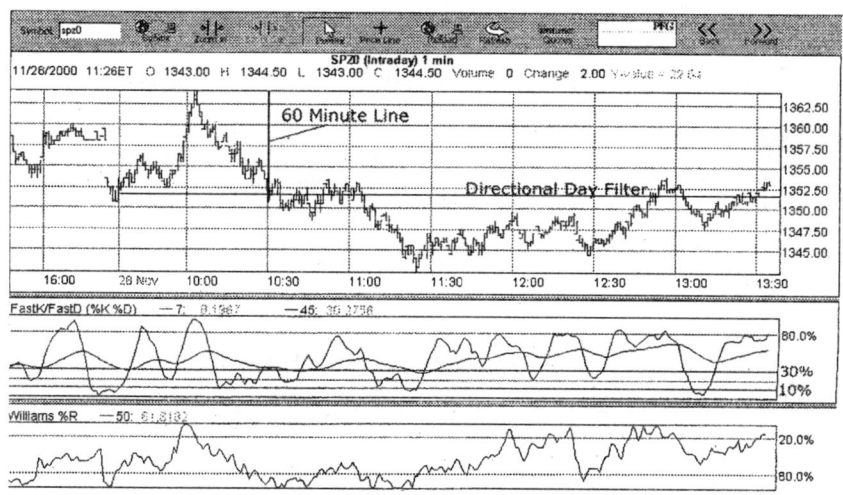

图 15.2 在线行情软件走势图上单边趋势日过滤器、随机指标线百分比指标的应用情况。本图由 Trade Signal Corporation Ltd. 提供。

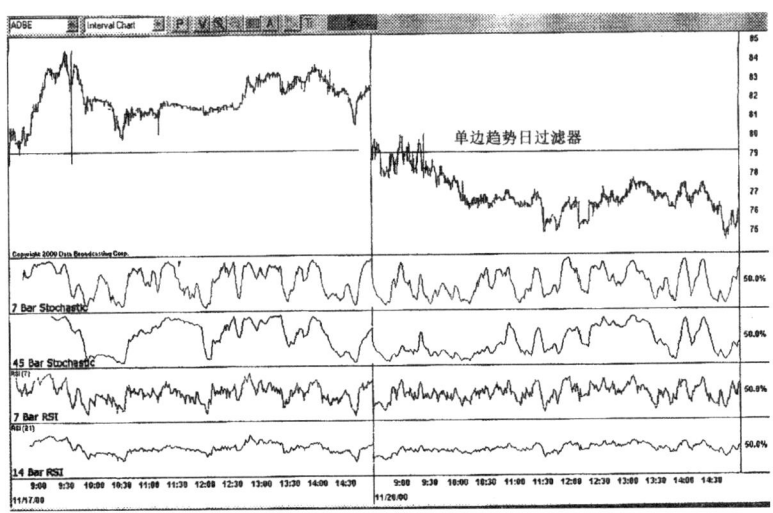

图15.3 图中的单边趋势日过滤器指标线是利用趋势线工具手工绘制的。双重随机指标线和双重相对强弱指标线在这个图中是分开应用的。本图由 eSignal 提供。

图 15.3 是由 eSignal 提供的。eSignal 通过互联网提供各种实时的市场报价数据、行情走势图、新闻和基本面数据。你可以在 www.esignal.com 上查询这些服务。

这张图展示的是 ADBE 股票的一段 1 分钟走势图。副图中的界面风格是 eSignal 平台提供的众多风格中的一种。图中的两条随机指标线分两个副图窗口展示。其中一条是 7 期指标线,另一条是 45 期指标线。同样也展示了两条 RSI 指标线,一条是 7 期指标线,另一条是 14 期指标线。图中的单边趋势日过滤器指标线是利用 eSignal 平台提供趋势线画线工具绘制的。这种情况与 TradeSignals.com 平台上的情况一样。

图 15.4 是由创世纪金融数据服务公司(Genesis Financial Data Services)提供的。该公司创立于 1984 年,是一个领先的金融市场数据和分析工具提供商。Genesis 可以提供大量历史悠久的数据。交易者可以应

第十五章　在线行情服务

用它们检测各种交易工具的有效性。从期货上的历史闪电图数据到美国股票 30 年的历史数据，你可以选择其中任何一款数据包。

像前面其它行情数据服务公司提供的走势图一样，这张图代表的走势图只是 Genesis 所有服务中的一种。本例中，Genesis 把我们的双重相对强弱指标线应用到了 ADBE 股票的一个 5 分钟图上。

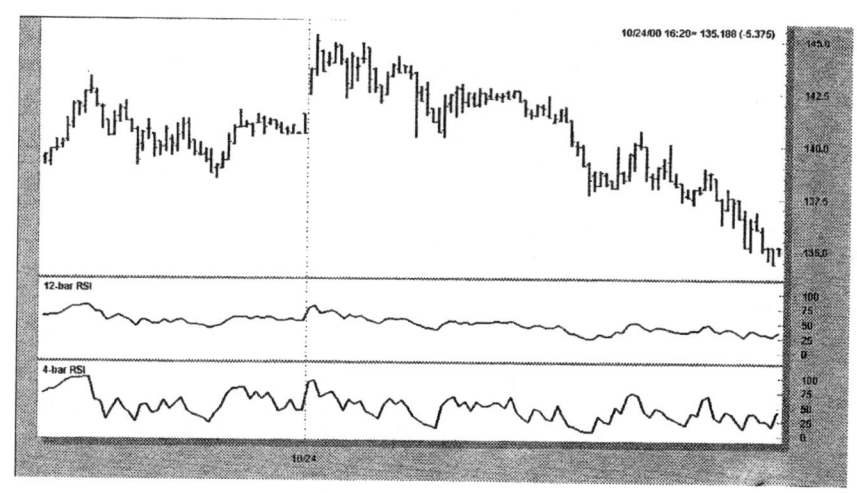

图 15.4

我在本书中曾经多次提过交易者为了建立交易上的信心有必要利用尽可能多的历史数据来测试自己偏好的交易工具。你可以从 www.gfds.com 上查询到更多的服务信息。

另外，欧米茄研究公司（Omega Research）现在也提供在线平台服务。本书中的走势图和各种交易分析指标和工具就是由提供的平台制作的。你可以查阅 www.TradeStation.com 来获取更多详细信息。

本章内容回顾

1. 很多网站提供基于互联网的在线行情服务。基本上每天都会有新的网站和新的服务项目出现在网上。

2. 从几个这种网站提供的走势图上你可以感受一下它们提供的服务。

第十六章
其它指标和系统

  各种交易指标和交易系统的研发和应用正处于一个不断变化的动态发展过程中。

  对一本介绍交易指标和交易系统的书籍而言，我只能把与我的指标和系统有关的开发和应用更新到本书交稿的那一刻。

  你在本书中看到的所有走势图和范例都是用欧米茄研究公司的交易站软件制作的。交易站软件的当前用户可以在网站上下载这些程序。有关软件平台的转让和安装信息也包括在这些软件包中。

  本书介绍的日内交易四步法应用的指标属于非常普通的常见指标。很多在线行情服务软件都具有这些指标工具。对于那些想把本书介绍的交易系统应用到一个更高水平的读者，我在我的网站上提供了更高级的专利指标。它们利用标准偏差、线性回归和指数平滑函数等数学手段来确定回调衰竭点。它们被称为汇聚指标、反转指标、实时基准点和衰竭点指标。这些指标也融合了很多自适应形态识别工具。这些工具在构建交易系统的时候是非常有用的。它们允许交易者根据具体的市场状态对相应的参数进行动态调整。这些具有自适应功能的程序化工具也被称为并行函数技术。读者可以在我的网站上查找到很多有关这些程序化工具的信息。需要的话可以下载。对于自适应系统的编程问题，并行函数技术可以提供很多帮助。在几次国家级研讨会上我曾经就这项技术进行了几次专题讲座。

目前这些工具只允许在欧米茄交易站行情软件中使用。在其它行情软件提供兼容这些自适应程序化工具的接口程序的情况下，交易者才可以在那些行情软件中使用它。

在当前这个时候，交易站软件提供有个人电脑下载版和网页版两种平台。认真的系统开发者可以把这套软件平台做为自己的系统开发和测试平台。

在本书即将结尾的时候，我建议交易者在完善自己的交易系统或者构建一套全新交易系统的过程中有选择地使用本书提到的策略和工具。不建议盲目地应用本书提供的信息。

随着技术手段的飞速发展，肯定会有更多的新技术出现在读者面前。希望你在本书中学到的技术能为你将来构建更优秀的交易系统添砖加瓦。

最后，我衷心祝愿你在未来的人生奋斗中取得最优秀的成绩。

第十六章　其它指标和系统

Delay	One-Sided Breakout	Percent	No Breakout	Percent	Double Breakout	Percent	Average High Maximum	Average Low Maximum
15	118	53.39	0	0.00	103	46.61	$4.54	$4.96
20	132	59.73	1	0.45	88	39.82	4.29	4.54
25	144	65.16	3	1.36	74	33.48	4.12	4.39
30	151	68.33	5	2.26	65	29.41	4.05	4.25
35	157	71.04	5	2.26	59	26.70	3.97	4.13
40	159	71.95	7	3.17	55	24.89	3.81	4.08
45	162	73.30	12	5.43	47	21.27	3.74	4.04
50	164	74.21	12	5.43	45	20.36	3.73	3.93
55	163	73.76	17	7.69	41	18.55	3.65	3.89
60	167	75.57	18	8.14	36	16.29	3.46	3.67
65	166	75.11	22	9.95	33	14.93	3.40	3.58
70	167	75.57	24	10.86	30	13.57	3.35	3.47
75	169	76.47	25	11.31	27	12.22	3.25	3.37
80	170	76.92	26	11.76	25	11.31	3.21	3.34
85	168	76.02	28	12.67	25	11.31	3.17	3.34
90	169	76.47	30	13.57	22	9.95	3.13	3.28
95	170	76.92	31	14.03	20	9.05	3.04	3.22
100	169	76.47	34	15.38	18	8.14	2.97	3.19
105	171	77.38	36	16.29	14	6.33	2.92	3.18
110	171	77.38	36	16.29	14	6.33	2.89	3.16
115	170	76.92	38	17.19	13	5.88	2.85	3.17
120	167	75.57	41	18.55	13	5.88	2.90	3.10
125	165	74.66	43	19.46	13	5.88	2.84	3.13
130	165	74.66	43	19.46	13	5.88	2.78	3.08
135	166	75.11	43	19.46	12	5.43	2.72	3.03
140	167	75.57	43	19.46	11	4.98	2.67	2.98
145	167	75.57	43	19.46	11	4.98	2.66	2.94
150	168	76.02	44	19.91	9	4.07	2.63	2.88
155	166	75.11	46	20.81	9	4.07	2.61	2.86
160	164	74.21	50	22.62	7	3.17	2.63	2.97
165	159	71.95	54	24.43	8	3.62	2.61	3.03
170	156	70.59	58	26.24	7	3.17	2.63	3.09
175	154	69.68	60	27.15	7	3.17	2.61	3.14
180	154	69.68	61	27.60	6	2.71	2.64	3.09
185	155	70.14	61	27.60	5	2.26	2.62	3.07
190	154	69.68	62	28.05	5	2.26	2.64	3.06
195	154	69.68	62	28.05	5	2.26	2.63	3.05
200	154	69.68	62	28.05	5	2.26	2.59	3.05
205	155	70.14	62	28.05	4	1.81	2.54	3.00
210	153	69.23	64	28.96	4	1.81	2.54	2.91
215	153	69.23	64	28.96	4	1.81	2.51	2.89
220	151	68.33	65	29.41	5	2.26	2.51	2.81
225	151	68.33	66	29.86	4	1.81	2.50	2.77
230	149	67.42	68	30.77	4	1.81	2.47	2.78
235	147	66.52	70	31.67	4	1.81	2.45	2.83
240	145	65.61	72	32.58	4	1.81	2.50	2.76

Delay	One-Sided Breakout	Percent	No Breakout	Percent	Double Breakout	Percent	Average High Maximum	Average Low Maximum
15	163	43.70	1	0.27	209	56.03	$2.74	$2.71
20	188	50.40	2	0.54	183	49.06	2.54	2.56
25	217	58.18	3	0.80	153	41.02	2.36	2.31
30	240	64.34	4	1.07	129	34.58	2.15	2.22
35	255	68.36	5	1.34	113	30.29	2.07	2.07
40	265	71.05	8	2.14	100	26.81	2.03	1.92
45	274	73.46	10	2.68	89	23.86	1.96	1.83
50	280	75.07	12	3.22	81	21.72	1.94	1.76
55	290	77.75	16	4.29	67	17.96	1.81	1.70
60	293	78.55	17	4.56	63	16.89	1.75	1.64
65	295	79.09	23	6.17	55	14.75	1.69	1.61
70	301	80.70	26	6.97	46	12.33	1.65	1.57
75	295	79.09	29	7.77	49	13.14	1.63	1.55
80	298	79.89	33	8.85	42	11.26	1.61	1.50
85	295	79.09	39	10.46	39	10.46	1.58	1.53
90	296	79.36	41	10.99	36	9.65	1.54	1.51
95	294	78.82	44	11.80	35	9.38	1.50	1.50
100	293	78.55	49	13.14	31	8.31	1.47	1.46
105	296	79.36	50	13.40	27	7.24	1.42	1.42
110	294	78.82	52	13.94	27	7.24	1.42	1.38
115	292	78.28	57	15.28	24	6.43	1.42	1.37
120	291	78.02	60	16.09	22	5.90	1.42	1.34
125	292	78.28	58	15.55	23	6.17	1.37	1.31
130	287	76.94	62	16.62	24	6.43	1.36	1.32
135	286	76.68	66	17.69	21	5.63	1.35	1.31
140	283	75.87	69	18.50	21	5.63	1.34	1.30
145	282	75.60	72	19.30	19	5.09	1.32	1.29
150	276	73.99	77	20.64	20	5.36	1.31	1.31
155	275	73.73	78	20.91	20	5.36	1.29	1.29
160	270	72.39	78	20.91	25	6.70	1.30	1.29
165	268	71.85	84	22.52	21	5.63	1.28	1.33
170	265	71.05	87	23.32	21	5.63	1.27	1.25
175	266	71.31	86	23.06	21	5.63	1.24	1.23
180	270	72.39	88	23.59	15	4.02	1.24	1.16
185	265	71.05	95	25.47	13	3.49	1.24	1.18
190	262	70.24	97	26.01	14	3.75	1.21	1.19
195	254	68.10	103	27.61	16	4.29	1.23	1.18
200	254	68.10	107	28.69	12	3.22	1.23	1.13
205	249	66.76	113	30.29	11	2.95	1.23	1.13
210	244	65.42	117	31.37	12	3.22	1.25	1.13
215	247	66.22	117	31.37	9	2.41	1.21	1.10
220	248	66.49	116	31.10	9	2.41	1.18	1.12
225	244	65.42	119	31.90	10	2.68	1.20	1.13
230	243	65.15	121	32.44	9	2.41	1.16	1.05
235	236	63.27	128	34.32	9	2.41	1.15	1.07
240	234	62.73	128	34.32	11	2.95	1.12	1.02

第十六章　其它指标和系统　　283

Delay	One-Sided Breakout	Percent	No Breakout	Percent	Double Breakout	Percent	Average High Maximum	Average Low Maximum
15	109	51.42	0	0.00	103	48.58	$2.17	$2.26
20	121	57.08	2	0.94	89	41.98	2.15	2.08
25	129	60.85	5	2.36	78	36.79	2.02	1.93
30	137	64.62	6	2.83	69	32.55	1.99	1.91
35	141	66.51	8	3.77	63	29.72	1.91	1.87
40	146	68.87	9	4.25	57	26.89	1.84	1.82
45	150	70.75	9	4.25	53	25.00	1.75	1.69
50	151	71.23	12	5.66	49	23.11	1.76	1.60
55	154	72.64	13	6.13	45	21.23	1.70	1.49
60	153	72.17	17	8.02	42	19.81	1.64	1.48
65	154	72.64	19	8.96	39	18.40	1.61	1.46
70	153	72.17	20	9.43	39	18.40	1.56	1.43
75	155	73.11	21	9.91	36	16.98	1.55	1.38
80	157	74.06	23	10.85	32	15.09	1.50	1.36
85	156	73.58	24	11.32	32	15.09	1.45	1.32
90	157	74.06	27	12.74	28	13.21	1.40	1.30
95	157	74.06	28	13.21	27	12.74	1.38	1.26
100	158	74.53	29	13.68	25	11.79	1.35	1.25
105	155	73.11	33	15.57	24	11.32	1.35	1.25
110	158	74.53	33	15.57	21	9.91	1.31	1.22
115	158	74.53	33	15.57	21	9.91	1.29	1.21
120	157	74.06	34	16.04	21	9.91	1.26	1.21
125	154	72.64	36	16.98	22	10.38	1.26	1.22
130	156	73.58	36	16.98	20	9.43	1.22	1.18
135	155	73.11	38	17.92	19	8.96	1.21	1.17
140	155	73.11	39	18.40	18	8.49	1.21	1.13
145	154	72.64	42	19.81	16	7.55	1.20	1.13
150	153	72.17	43	20.28	16	7.55	1.18	1.12
155	150	70.75	46	21.70	16	7.55	1.13	1.13
160	150	70.75	47	22.17	15	7.08	1.14	1.11
165	149	70.28	47	22.17	16	7.55	1.12	1.10
170	149	70.28	49	23.11	14	6.60	1.12	1.08
175	146	68.87	52	24.53	14	6.60	1.10	1.08
180	147	69.34	52	24.53	13	6.13	1.08	1.05
185	146	68.87	54	25.47	12	5.66	1.06	1.06
190	144	67.92	56	26.42	12	5.66	1.04	1.04
195	141	66.51	59	27.83	12	5.66	1.01	1.00
200	141	66.51	60	28.30	11	5.19	0.99	0.99
205	141	66.51	61	28.77	10	4.72	1.01	0.98
210	140	66.04	63	29.72	9	4.25	0.99	0.97
215	140	66.04	64	30.19	8	3.77	0.97	0.96
220	139	65.57	65	30.66	8	3.77	0.96	1.02
225	139	65.57	65	30.66	8	3.77	0.89	0.99
230	137	64.62	67	31.60	8	3.77	0.93	0.98
235	135	63.68	69	32.55	8	3.77	0.88	0.89
240	133	62.74	71	33.49	8	3.77	0.87	0.89

Delay	One-Sided Breakout	Percent	No Breakout	Percent	Double Breakout	Percent	Average High Maximum	Average Low Maximum
15	107	50.95	1	0.48	102	48.57	$4.12	$3.63
20	118	56.19	1	0.48	91	43.33	3.67	3.59
25	131	62.38	1	0.48	78	37.14	3.35	3.38
30	141	67.14	2	0.95	67	31.90	3.18	3.20
35	143	68.10	2	0.95	65	30.95	2.90	3.05
40	149	70.95	4	1.90	57	27.14	2.97	2.90
45	154	73.33	5	2.38	51	24.29	2.80	2.76
50	156	74.29	9	4.29	45	21.43	2.81	2.72
55	157	74.76	11	5.24	42	20.00	2.68	2.65
60	159	75.71	12	5.71	39	18.57	2.65	2.54
65	163	77.62	14	6.67	33	15.71	2.60	2.46
70	161	76.67	18	8.57	31	14.76	2.57	2.43
75	160	76.19	20	9.52	30	14.29	2.65	2.41
80	159	75.71	21	10.00	30	14.29	2.65	2.36
85	157	74.76	24	11.43	29	13.81	2.61	2.34
95	159	75.71	28	13.33	23	10.95	2.56	2.22
95	159	75.71	28	13.33	23	10.95	2.56	2.22
100	159	75.71	29	13.81	22	10.48	2.53	2.18
105	157	74.76	32	15.24	21	10.00	2.54	2.19
110	158	75.24	32	15.24	20	9.52	2.54	2.15
115	158	75.24	34	16.19	18	8.57	2.55	2.15
120	161	76.67	34	16.19	15	7.14	2.53	2.11
125	159	75.71	36	17.14	15	7.14	2.50	2.12
130	162	77.14	36	17.14	12	5.71	2.47	2.11
135	162	77.14	36	17.14	12	5.71	2.46	2.09
140	162	77.14	36	17.14	12	5.71	2.44	2.08
145	161	76.67	37	17.62	12	5.71	2.41	2.04
150	162	77.14	38	18.10	10	4.76	2.42	2.02
155	160	76.19	39	18.57	11	5.24	2.41	2.02
160	161	76.67	40	19.05	9	4.29	2.42	2.00
165	160	76.19	41	19.52	9	4.29	2.31	1.98
170	159	75.71	43	20.48	8	3.81	2.34	1.98
175	159	75.71	44	20.95	7	3.33	2.36	1.99
180	159	75.71	45	21.43	6	2.86	2.34	1.97
185	159	75.71	45	21.43	6	2.86	2.32	1.97
190	161	76.67	45	21.43	4	1.90	2.26	1.96
195	161	76.67	45	21.43	4	1.90	2.24	1.93
200	160	76.19	46	21.90	4	1.90	2.21	1.93
205	159	75.71	47	22.38	4	1.90	2.20	1.94
210	159	75.71	47	22.38	4	1.90	2.18	1.90
215	158	75.24	48	22.86	4	1.90	2.20	1.88
220	157	74.76	49	23.33	4	1.90	2.19	1.86
225	156	74.29	50	23.81	4	1.90	2.14	1.86
230	154	73.33	52	24.76	4	1.90	2.15	1.84
235	155	73.81	52	24.76	3	1.43	2.13	1.80
240	155	73.81	52	24.76	3	1.43	2.12	1.77

第十六章 其它指标和系统

时间节点	单向突破	百分比	无突破	百分比	双向突破	百分比	高点突破最大利润平均值	低点突破最大利润平均值
15	120	53.57	1	0.45	103	45.98	$2.33	$2.54
20	132	58.93	1	0.45	91	40.63	2.17	2.34
25	133	59.38	5	2.23	86	38.39	2.06	2.21
30	144	64.29	7	3.13	73	32.59	1.88	2.10
35	150	66.96	7	3.13	67	29.91	1.83	2.00
40	157	70.09	8	3.57	59	26.34	1.72	1.92
45	156	69.64	11	4.91	57	25.45	1.62	1.89
50	158	70.54	12	5.36	54	24.11	1.52	1.83
55	162	72.32	15	6.70	47	20.98	1.47	1.83
60	167	74.55	18	8.04	39	17.41	1.37	1.78
65	172	76.79	19	8.48	33	14.73	1.35	1.76
70	172	76.79	21	9.38	31	13.84	1.34	1.71
75	171	76.34	22	9.82	31	13.84	1.31	1.67
80	171	76.34	23	10.27	30	13.39	1.28	1.61
85	169	75.45	26	11.61	29	12.95	1.24	1.56
90	168	75.00	30	13.39	26	11.61	1.24	1.50
95	166	74.11	35	15.63	23	10.27	1.25	1.48
100	163	72.77	39	17.41	22	9.82	1.26	1.49
105	161	71.88	43	19.20	20	8.93	1.24	1.47
110	162	72.32	43	19.20	19	8.48	1.20	1.45
115	161	71.88	44	19.64	19	8.48	1.15	1.44
120	157	70.09	47	20.98	20	8.93	1.17	1.41
125	156	69.64	50	22.32	18	8.04	1.16	1.41
130	157	70.09	52	23.21	15	6.70	1.13	1.40
135	156	69.64	53	23.66	15	6.70	1.10	1.39
140	157	70.09	53	23.66	14	6.25	1.08	1.37
145	156	69.64	54	24.11	14	6.25	1.05	1.35
150	156	69.64	56	25.00	12	5.36	1.04	1.31
155	155	69.20	57	25.45	12	5.36	1.04	1.27
160	152	67.86	60	26.79	12	5.36	0.98	1.24
165	148	66.07	64	28.57	12	5.36	0.99	1.24
170	146	65.18	67	29.91	11	4.91	1.00	1.23
175	146	65.18	67	29.91	11	4.91	1.00	1.20
180	143	63.84	70	31.25	11	4.91	0.98	1.22
185	142	63.39	71	31.70	11	4.91	0.95	1.21
190	144	64.29	71	31.70	9	4.02	0.91	1.16
195	142	63.39	73	32.59	9	4.02	0.91	1.12
200	139	62.05	77	34.38	8	3.57	0.91	1.11
205	139	62.05	78	34.82	7	3.13	0.89	1.07
210	138	61.61	79	35.27	7	3.13	0.88	1.05
215	138	61.61	80	35.71	6	2.68	0.87	1.00
220	135	60.27	83	37.05	6	2.68	0.86	1.00
225	135	60.27	84	37.50	5	2.23	0.83	0.98
230	132	58.93	87	38.84	5	2.23	0.83	0.99
235	132	58.93	87	38.84	5	2.23	0.80	0.96
240	130	58.04	89	39.73	5	2.23	0.77	0.94

时间节点	单向突破	百分比	无突破	百分比	双向突破	百分比	高点突破最大利润平均值	低点突破最大利润平均值
15	144	48.32	0	0.00	154	51.68	$2.86	$2.81
20	163	54.70	1	0.34	134	44.97	2.69	2.87
25	179	60.07	1	0.34	118	39.60	2.45	2.71
30	184	61.74	1	0.34	113	37.92	2.37	2.56
35	193	64.77	4	1.34	101	33.89	2.39	2.44
40	201	67.45	5	1.68	92	30.87	2.20	2.42
45	206	69.13	6	2.01	86	28.86	2.18	2.38
50	208	69.80	9	3.02	81	27.18	2.15	2.30
55	208	69.80	12	4.03	78	26.17	2.17	2.26
60	210	70.47	16	5.37	72	24.16	2.14	2.21
65	212	71.14	20	6.71	66	22.15	2.06	2.15
70	211	70.81	21	7.05	66	22.15	2.04	2.11
75	220	73.83	23	7.72	55	18.46	1.96	1.98
80	219	73.49	23	7.72	56	18.79	1.86	1.97
85	222	74.50	28	9.40	48	16.11	1.77	1.97
95	224	75.17	32	10.74	42	14.09	1.74	1.86
95	224	75.17	32	10.74	42	14.09	1.74	1.86
100	221	74.16	38	12.75	39	13.09	1.67	1.78
105	222	74.50	40	13.42	36	12.08	1.60	1.74
110	218	73.15	43	14.43	37	12.42	1.57	1.72
115	216	72.48	45	15.10	37	12.42	1.53	1.72
120	219	73.49	45	15.10	34	11.41	1.58	1.70
125	220	73.83	47	15.77	31	10.40	1.46	1.68
130	219	73.49	49	16.44	30	10.07	1.41	1.67
135	218	73.15	50	16.78	30	10.07	1.44	1.62
140	220	73.83	53	17.79	25	8.39	1.41	1.56
145	216	72.48	55	18.46	27	9.06	1.42	1.53
150	218	73.15	57	19.13	23	7.72	1.35	1.48
155	216	72.48	58	19.46	24	8.05	1.34	1.46
160	215	72.15	59	19.80	24	8.05	1.36	1.44
165	213	71.48	61	20.47	24	8.05	1.29	1.43
170	212	71.14	62	20.81	24	8.05	1.28	1.39
175	215	72.15	62	20.81	21	7.05	1.32	1.38
180	213	71.48	64	21.48	21	7.05	1.28	1.36
185	211	70.81	67	22.48	20	6.71	1.23	1.35
190	210	70.47	69	23.15	19	6.38	1.22	1.34
195	210	70.47	69	23.15	19	6.38	1.26	1.32
200	208	69.80	70	23.49	20	6.71	1.26	1.31
205	207	69.46	73	24.50	18	6.04	1.24	1.31
210	207	69.46	75	25.17	16	5.37	1.23	1.24
215	206	69.13	76	25.50	16	5.37	1.22	1.26
220	204	68.46	77	25.84	17	5.70	1.19	1.26
225	204	68.46	76	25.50	18	6.04	1.17	1.22
230	202	67.79	79	26.51	17	5.70	1.17	1.20
235	199	66.78	82	27.52	17	5.70	1.19	1.15
240	196	65.77	86	28.86	16	5.37	1.14	1.16

第十六章 其它指标和系统

Delay	One-Sided Breakout	Percent	No Breakout	Percent	Double Breakout	Percent	Average High Maximum	Average Low Maximum
15	178	49.72	2	0.56	178	49.72	$2.73	$2.66
20	196	54.75	3	0.84	159	44.41	2.57	2.45
25	222	62.01	6	1.68	130	36.31	2.58	2.33
30	239	66.76	7	1.96	112	31.28	2.41	2.20
35	253	70.67	11	3.07	94	26.26	2.33	2.15
40	256	71.51	15	4.19	87	24.30	2.24	2.22
45	257	71.79	20	5.59	81	22.63	2.21	2.23
50	267	74.58	23	6.42	68	18.99	2.13	2.17
55	271	75.70	26	7.26	61	17.04	2.08	2.12
60	276	77.09	30	8.38	52	14.53	1.98	2.08
65	274	76.54	35	9.78	49	13.69	1.89	2.08
70	278	77.65	38	10.61	42	11.73	1.84	2.03
75	276	77.09	42	11.73	40	11.17	1.83	1.99
80	277	77.37	44	12.29	37	10.34	1.80	1.94
85	276	77.09	45	12.57	37	10.34	1.78	1.89
95	269	75.14	57	15.92	32	8.94	1.74	1.84
95	269	75.14	57	15.92	32	8.94	1.74	1.84
100	267	74.58	61	17.04	30	8.38	1.71	1.82
105	266	74.30	64	17.88	28	7.82	1.70	1.80
110	266	74.30	64	17.88	28	7.82	1.69	1.77
115	267	74.58	64	17.88	27	7.54	1.67	1.75
120	263	73.46	69	19.27	26	7.26	1.65	1.71
125	263	73.46	69	19.27	26	7.26	1.61	1.68
130	260	72.63	72	20.11	26	7.26	1.62	1.63
135	259	72.35	75	20.95	24	6.70	1.60	1.61
140	259	72.35	78	21.79	21	5.87	1.61	1.57
145	255	71.23	82	22.91	21	5.87	1.62	1.57
150	254	70.95	84	23.46	20	5.59	1.62	1.53
155	255	71.23	85	23.74	18	5.03	1.59	1.51
160	254	70.95	87	24.30	17	4.75	1.56	1.51
165	257	71.79	87	24.30	14	3.91	1.51	1.48
170	252	70.39	91	25.42	15	4.19	1.52	1.47
175	249	69.55	95	26.54	14	3.91	1.45	1.48
180	247	68.99	98	27.37	13	3.63	1.41	1.45
185	244	68.16	102	28.49	12	3.35	1.39	1.46
190	243	67.88	104	29.05	11	3.07	1.38	1.47
195	236	65.92	110	30.73	12	3.35	1.40	1.45
200	231	64.53	115	32.12	12	3.35	1.38	1.43
205	229	63.97	119	33.24	10	2.79	1.38	1.43
210	227	63.41	120	33.52	11	3.07	1.36	1.42
215	227	63.41	122	34.08	9	2.51	1.36	1.45
220	224	62.57	125	34.92	9	2.51	1.35	1.43
225	223	62.29	126	35.20	9	2.51	1.33	1.42
230	222	62.01	128	35.75	8	2.23	1.32	1.39
235	218	60.89	132	36.87	8	2.23	1.30	1.39
240	215	60.06	134	37.43	9	2.51	1.29	1.39

Delay	One-Sided Breakout	Percent	No Breakout	Percent	Double Breakout	Percent	Average High Maximum	Average Low Maximum
15	110	50.69	0	0.00	107	49.31	$8.92	$11.48
20	122	56.22	0	0.00	95	43.78	8.30	10.45
25	131	60.37	1	0.46	85	39.17	7.87	10.37
30	139	64.06	3	1.38	75	34.56	7.51	9.59
35	148	68.20	6	2.76	63	29.03	7.14	9.09
40	154	70.97	8	3.69	55	25.35	6.74	8.87
45	157	72.35	10	4.61	50	23.04	6.26	8.50
50	159	73.27	13	5.99	45	20.74	6.06	8.46
55	162	74.65	14	6.45	41	18.89	5.86	8.16
60	163	75.12	15	6.91	39	17.97	5.72	7.85
65	167	76.96	16	7.37	34	15.67	5.36	8.01
70	166	76.50	18	8.29	33	15.21	5.28	7.96
75	165	76.04	20	9.22	32	14.75	5.23	7.78
80	163	75.12	23	10.60	31	14.29	5.18	7.71
85	163	75.12	24	11.06	30	13.82	5.14	7.46
90	162	74.65	25	11.52	30	13.82	4.97	7.24
95	161	74.19	29	13.36	27	12.44	5.09	7.08
100	159	73.27	31	14.29	27	12.44	5.01	6.89
105	159	73.27	32	14.75	26	11.98	4.93	6.67
110	160	73.73	33	15.21	24	11.06	4.87	6.47
115	161	74.19	33	15.21	23	10.60	4.82	5.92
120	162	74.65	34	15.67	21	9.68	4.78	5.77
125	161	74.19	37	17.05	19	8.76	4.69	5.77
130	158	72.81	41	18.89	18	8.29	4.81	5.70
135	158	72.81	41	18.89	18	8.29	4.75	5.57
140	160	73.73	41	18.89	16	7.37	4.64	5.33
145	161	74.19	40	18.43	16	7.37	4.45	5.24
150	159	73.27	41	18.89	17	7.83	4.37	5.03
155	159	73.27	43	19.82	15	6.91	4.27	4.91
160	160	73.73	43	19.82	14	6.45	4.35	4.85
165	159	73.27	45	20.74	13	5.99	4.25	4.79
170	158	72.81	45	20.74	14	6.45	4.23	4.72
175	156	71.89	48	22.12	13	5.99	4.27	4.70
180	156	71.89	49	22.58	12	5.53	4.19	4.71
185	152	70.05	53	24.42	12	5.53	4.15	4.73
190	150	69.12	56	25.81	11	5.07	4.05	4.80
195	150	69.12	57	26.27	10	4.61	4.04	4.70
200	149	68.66	57	26.27	11	5.07	4.00	4.52
205	150	69.12	58	26.73	9	4.15	3.90	4.55
210	148	68.20	60	27.65	9	4.15	3.97	4.50
215	147	67.74	61	28.11	9	4.15	3.98	4.41
220	145	66.82	62	28.57	10	4.61	3.99	4.36
225	146	67.28	63	29.03	8	3.69	3.83	4.18
230	143	65.90	64	29.49	10	4.61	3.85	4.19
235	145	66.82	65	29.95	7	3.23	3.76	3.65
240	146	67.28	64	29.49	7	3.23	3.60	3.55

第十六章 其它指标和系统

Delay	One-Sided Breakout	Percent	No Breakout	Percent	Double Breakout	Percent	Average High Maximum	Average Low Maximum
15	111	52.36	1	0.47	100	47.17	$10.24	$9.14
20	124	58.49	1	0.47	87	41.04	9.61	8.12
25	134	63.21	1	0.47	77	36.32	9.04	7.32
30	143	67.45	3	1.42	66	31.13	8.57	6.84
35	146	68.87	5	2.36	61	28.77	8.40	6.81
40	152	71.70	6	2.83	54	25.47	7.98	6.62
45	156	73.58	9	4.25	47	22.17	7.67	6.66
50	158	74.53	12	5.66	42	19.81	7.41	6.56
55	160	75.47	14	6.60	38	17.92	7.11	6.50
60	159	75.00	15	7.08	38	17.92	6.84	6.43
65	159	75.00	18	8.49	35	16.51	6.74	6.38
70	160	75.47	20	9.43	32	15.09	6.43	6.18
75	163	76.89	23	10.85	26	12.26	6.42	6.02
80	165	77.83	23	10.85	24	11.32	6.21	5.86
85	166	78.30	23	10.85	23	10.85	6.01	5.72
95	166	78.30	26	12.26	20	9.43	5.80	5.32
95	166	78.30	26	12.26	20	9.43	5.80	5.32
100	165	77.83	28	13.21	19	8.96	5.80	5.37
105	163	76.89	28	13.21	21	9.91	5.74	5.28
110	165	77.83	29	13.68	18	8.49	5.61	5.14
115	162	76.42	31	14.62	19	8.96	5.47	5.11
120	162	76.42	33	15.57	17	8.02	5.49	5.19
125	161	75.94	33	15.57	18	8.49	5.47	5.29
130	161	75.94	35	16.51	16	7.55	5.44	4.98
135	159	75.00	37	17.45	16	7.55	5.38	5.13
140	160	75.47	37	17.45	15	7.08	5.33	4.78
145	158	74.53	39	18.40	15	7.08	5.32	4.94
150	157	74.06	38	17.92	17	8.02	5.22	4.77
155	158	74.53	40	18.87	14	6.60	5.20	4.74
160	157	74.06	40	18.87	15	7.08	5.05	4.70
165	156	73.58	43	20.28	13	6.13	5.09	4.62
170	158	74.53	43	20.28	11	5.19	4.96	4.67
175	158	74.53	43	20.28	11	5.19	4.81	4.55
180	158	74.53	44	20.75	10	4.72	4.77	4.45
185	159	75.00	45	21.23	8	3.77	4.69	4.45
190	157	74.06	45	21.23	10	4.72	4.64	4.31
195	155	73.11	49	23.11	8	3.77	4.64	4.46
200	154	72.64	49	23.11	9	4.25	4.49	4.50
205	153	72.17	51	24.06	8	3.77	4.43	4.07
210	150	70.75	54	25.47	8	3.77	4.42	3.94
215	150	70.75	55	25.94	7	3.30	4.35	3.91
220	150	70.75	54	25.47	8	3.77	4.34	4.02
225	154	72.64	54	25.47	4	1.89	4.31	3.94
230	154	72.64	55	25.94	3	1.42	4.27	3.86
235	152	71.70	56	26.42	4	1.89	4.20	3.78
240	152	71.70	57	26.89	3	1.42	4.21	3.77

Delay	One-Sided Breakout	Percent	No Breakout	Percent	Double Breakout	Percent	Average High Maximum	Average Low Maximum
15	114	51.35	1	0.45	107	48.20	$4.83	$5.72
20	128	57.66	2	0.90	92	41.44	4.75	5.74
25	143	64.41	2	0.90	77	34.68	4.60	5.36
30	146	65.77	6	2.70	70	31.53	4.66	5.23
35	155	69.82	6	2.70	61	27.48	4.36	5.15
40	159	71.62	7	3.15	56	25.23	4.30	4.99
45	162	72.97	7	3.15	53	23.87	4.15	4.78
50	168	75.68	7	3.15	47	21.17	4.08	4.43
55	170	76.58	9	4.05	43	19.37	3.97	4.22
60	171	77.03	11	4.95	40	18.02	3.87	4.06
65	171	77.03	13	5.86	38	17.12	3.75	4.00
70	166	74.77	19	8.56	37	16.67	3.78	4.00
75	163	73.42	23	10.36	36	16.22	3.72	4.02
80	162	72.97	25	11.26	35	15.77	3.62	3.97
85	166	74.77	28	12.61	28	12.61	3.68	3.85
95	171	77.03	29	13.06	22	9.91	3.60	3.55
95	171	77.03	29	13.06	22	9.91	3.60	3.55
100	169	76.13	32	14.41	21	9.46	3.68	3.67
105	170	76.58	32	14.41	20	9.01	3.60	3.62
110	172	77.48	32	14.41	18	8.11	3.53	3.61
115	169	76.13	35	15.77	18	8.11	3.48	3.63
120	169	76.13	35	15.77	18	8.11	3.45	3.60
125	168	75.68	36	16.22	18	8.11	3.41	3.56
130	168	75.68	37	16.67	17	7.66	3.36	3.52
135	168	75.68	37	16.67	17	7.66	3.25	3.51
140	167	75.23	39	17.57	16	7.21	3.32	3.49
145	167	75.23	40	18.02	15	6.76	3.31	3.50
150	167	75.23	41	18.47	14	6.31	3.32	3.43
155	167	75.23	42	18.92	13	5.86	3.24	3.42
160	167	75.23	43	19.37	12	5.41	3.26	3.39
165	166	74.77	45	20.27	11	4.95	3.24	3.40
170	162	72.97	49	22.07	11	4.95	3.23	3.47
175	160	72.07	52	23.42	10	4.50	3.24	3.42
180	158	71.17	54	24.32	10	4.50	3.40	3.48
185	158	71.17	56	25.23	8	3.60	3.13	3.48
190	157	70.72	56	25.23	9	4.05	3.13	3.45
195	157	70.72	57	25.68	8	3.60	3.02	3.44
200	158	71.17	56	25.23	8	3.60	2.98	3.53
205	157	70.72	58	26.13	7	3.15	3.00	3.48
210	159	71.62	58	26.13	5	2.25	2.92	3.38
215	159	71.62	58	26.13	5	2.25	2.87	3.33
220	159	71.62	58	26.13	5	2.25	2.79	3.27
225	158	71.17	58	26.13	6	2.70	2.94	3.17
230	157	70.72	61	27.48	4	1.80	2.79	3.15
235	155	69.82	62	27.93	5	2.25	2.74	3.09
240	155	69.82	63	28.38	4	1.80	2.73	3.06

第十六章　其它指标和系统

Delay	One-Sided Breakout	Percent	No Breakout	Percent	Double Breakout	Percent	Average High Maximum	Average Low Maximum
15	139	63.47	2	0.91	78	35.62	$4.40	$3.34
20	142	64.84	6	2.74	71	32.42	4.34	3.21
25	150	68.49	10	4.57	59	26.94	4.06	3.14
30	153	69.86	12	5.48	54	24.66	3.91	3.01
35	153	69.86	14	6.39	52	23.74	3.77	2.94
40	154	70.32	20	9.13	45	20.55	3.63	2.88
45	156	71.23	23	10.50	40	18.26	3.46	2.73
50	158	72.15	25	11.42	36	16.44	3.45	2.61
55	162	73.97	25	11.42	32	14.61	3.28	2.55
60	161	73.52	27	12.33	31	14.16	3.23	2.48
65	161	73.52	29	13.24	29	13.24	3.13	2.40
70	159	72.60	34	15.53	26	11.87	3.06	2.42
75	158	72.15	36	16.44	25	11.42	3.11	2.38
80	157	71.69	38	17.35	24	10.96	3.00	2.37
85	159	72.60	39	17.81	21	9.59	2.95	2.32
95	155	70.78	44	20.09	20	9.13	2.93	2.23
95	155	70.78	44	20.09	20	9.13	2.93	2.23
100	156	71.23	45	20.55	18	8.22	2.95	2.15
105	155	70.78	47	21.46	17	7.76	2.94	2.11
110	153	69.86	50	22.83	16	7.31	3.00	2.07
115	150	68.49	53	24.20	16	7.31	2.94	2.08
120	152	69.41	53	24.20	14	6.39	2.86	2.06
125	150	68.49	55	25.11	14	6.39	2.86	2.01
130	148	67.58	57	26.03	14	6.39	2.87	1.98
135	147	67.12	58	26.48	14	6.39	2.82	1.97
140	146	66.67	60	27.40	13	5.94	2.84	1.98
145	145	66.21	61	27.85	13	5.94	2.79	1.99
150	146	66.67	62	28.31	11	5.02	2.76	1.97
155	147	67.12	62	28.31	10	4.57	2.75	1.96
160	146	66.67	62	28.31	11	5.02	2.76	1.91
165	147	67.12	62	28.31	10	4.57	2.73	1.90
170	147	67.12	63	28.77	9	4.11	2.68	1.88
175	147	67.12	64	29.22	8	3.65	2.67	1.86
180	149	68.04	64	29.22	6	2.74	2.62	1.83
185	147	67.12	66	30.14	6	2.74	2.68	1.80
190	146	66.67	68	31.05	5	2.28	2.67	1.81
195	146	66.67	69	31.51	4	1.83	2.62	1.77
200	144	65.75	71	32.42	4	1.83	2.63	1.78
205	142	64.84	73	33.33	4	1.83	2.63	1.80
210	142	64.84	74	33.79	3	1.37	2.62	1.81
215	140	63.93	75	34.25	4	1.83	2.63	1.75
220	139	63.47	76	34.70	4	1.83	2.62	1.76
225	141	64.38	76	34.70	2	0.91	2.60	1.75
230	140	63.93	77	35.16	2	0.91	2.60	1.68
235	138	63.01	79	36.07	2	0.91	2.58	1.68
240	135	61.64	82	37.44	2	0.91	2.63	1.68

Delay	One-Sided Breakout	Percent	No Breakout	Percent	Double Breakout	Percent	Average High Maximum	Average Low Maximum
15	131	40.56	2	0.62	190	58.82	$3.21	$3.38
20	155	47.99	2	0.62	166	51.39	3.02	3.38
25	166	51.39	2	0.62	155	47.99	2.77	3.17
30	179	55.42	2	0.62	142	43.96	2.59	3.06
35	188	58.20	2	0.62	133	41.18	2.47	2.88
40	202	62.54	3	0.93	118	36.53	2.41	2.80
45	217	67.18	3	0.93	103	31.89	2.31	2.71
50	219	67.80	5	1.55	99	30.65	2.31	2.62
55	223	69.04	7	2.17	93	28.79	2.24	2.51
60	226	69.97	10	3.10	87	26.93	2.12	2.42
65	225	69.66	13	4.02	85	26.32	2.06	2.40
70	225	69.66	15	4.64	83	25.70	2.06	2.28
75	227	70.28	17	5.26	79	24.46	1.99	2.15
80	226	69.97	21	6.50	76	23.53	1.93	2.11
85	227	70.28	23	7.12	73	22.60	1.85	2.04
95	235	72.76	26	8.05	62	19.20	1.78	1.97
95.	235	72.76	26	8.05	62	19.20	1.78	1.97
100	239	73.99	27	8.36	57	17.65	1.72	2.22
105	242	74.92	29	8.98	52	16.10	1.72	2.21
110	245	75.85	30	9.29	48	14.86	1.70	2.12
115	245	75.85	31	9.60	47	14.55	1.69	2.08
120	248	76.78	33	10.22	42	13.00	1.64	2.09
125	245	75.85	39	12.07	39	12.07	1.63	2.06
130	243	75.23	41	12.69	39	12.07	1.62	2.04
135	244	75.54	41	12.69	38	11.76	1.63	2.01
140	244	75.54	45	13.93	34	10.53	1.61	1.98
145	243	75.23	48	14.86	32	9.91	1.55	1.94
150	244	75.54	49	15.17	30	9.29	1.50	1.93
155	244	75.54	51	15.79	28	8.67	1.50	1.88
160	242	74.92	53	16.41	28	8.67	1.49	1.86
165	240	74.30	57	17.65	26	8.05	1.46	1.88
170	239	73.99	60	18.58	24	7.43	1.42	1.88
175	239	73.99	61	18.89	23	7.12	1.40	1.85
180	239	73.99	61	18.89	23	7.12	1.38	1.83
185	239	73.99	63	19.50	21	6.50	1.36	1.81
190	240	74.30	63	19.50	20	6.19	1.34	1.80
195	235	72.76	67	20.74	21	6.50	1.34	1.82
200	235	72.76	69	21.36	19	5.88	1.34	1.78
205	235	72.76	70	21.67	18	5.57	1.31	1.80
210	233	72.14	72	22.29	18	5.57	1.31	1.78
215	235	72.76	73	22.60	15	4.64	1.29	1.80
220	231	71.52	76	23.53	16	4.95	1.29	1.79
225	228	70.59	80	24.77	15	4.64	1.28	1.71
230	227	70.28	83	25.70	13	4.02	1.27	1.67
235	226	69.97	85	26.32	12	3.72	1.25	1.66
240	225	69.66	86	26.63	12	3.72	1.24	1.64

第十六章 其它指标和系统

Delay	One-Sided Breakout	Percent	No Breakout	Percent	Double Breakout	Percent	Average High Maximum	Average Low Maximum
15	112	50.91	0	0.00	108	49.09	$7.14	$6.07
20	123	55.91	4	1.82	93	42.27	7.44	6.19
25	127	57.73	7	3.18	86	39.09	6.95	6.02
30	135	61.36	9	4.09	76	34.55	6.72	5.80
35	140	63.64	11	5.00	69	31.36	6.48	5.62
40	148	67.27	12	5.45	60	27.27	6.08	5.30
45	154	70.00	16	7.27	50	22.73	5.89	5.19
50	161	73.18	16	7.27	43	19.55	5.66	4.90
55	164	74.55	17	7.73	39	17.73	5.62	4.69
60	167	75.91	19	8.64	34	15.45	5.50	4.59
65	168	76.36	20	9.09	32	14.55	5.15	4.53
70	172	78.18	20	9.09	28	12.73	4.81	4.49
75	173	78.64	22	10.00	25	11.36	4.72	4.31
80	173	78.64	25	11.36	22	10.00	4.72	4.10
85	173	78.64	28	12.73	19	8.64	4.78	3.97
90	171	77.73	30	13.64	19	8.64	4.75	3.90
95	171	77.73	30	13.64	19	8.64	4.66	3.83
100	168	76.36	34	15.45	18	8.18	4.68	3.80
105	168	76.36	35	15.91	17	7.73	4.53	3.65
110	169	76.82	37	16.82	14	6.36	4.78	3.56
115	168	76.36	38	17.27	14	6.36	4.69	3.53
120	169	76.82	38	17.27	13	5.91	4.59	3.40
125	171	77.73	38	17.27	11	5.00	4.48	3.29
130	170	77.27	40	18.18	10	4.55	4.42	3.50
135	171	77.73	40	18.18	9	4.09	4.26	3.44
140	169	76.82	42	19.09	9	4.09	4.24	3.32
145	167	75.91	44	20.00	9	4.09	4.23	3.26
150	165	75.00	46	20.91	9	4.09	4.20	3.29
155	164	74.55	46	20.91	10	4.55	4.22	3.25
160	162	73.64	50	22.73	8	3.64	4.09	3.28
165	162	73.64	51	23.18	7	3.18	4.02	3.20
170	159	72.27	53	24.09	8	3.64	4.02	3.20
175	160	72.73	53	24.09	7	3.18	3.94	3.15
180	162	73.64	53	24.09	5	2.27	3.82	3.05
185	163	74.09	53	24.09	4	1.82	3.76	3.11
190	161	73.18	55	25.00	4	1.82	3.71	3.13
195	157	71.36	58	26.36	5	2.27	3.74	3.11
200	154	70.00	61	27.73	5	2.27	3.79	3.03
205	156	70.91	61	27.73	3	1.36	3.67	3.11
210	156	70.91	61	27.73	3	1.36	3.60	3.08
215	155	70.45	63	28.64	2	0.91	3.57	3.09
220	155	70.45	63	28.64	2	0.91	3.52	3.03
225	154	70.00	64	29.09	2	0.91	3.46	3.01
230	151	68.64	67	30.45	2	0.91	3.46	2.96
235	152	69.09	67	30.45	1	0.45	3.40	2.94
240	152	69.09	67	30.45	1	0.45	3.20	2.89

Delay	One-Sided Breakout	Percent	No Breakout	Percent	Double Breakout	Percent	Average High Maximum	Average Low Maximum
15	124	53.91	2	0.87	104	45.22	$6.69	$7.19
20	134	58.26	6	2.61	90	39.13	6.12	6.69
25	142	61.74	8	3.48	80	34.78	5.82	6.23
30	150	65.22	13	5.65	67	29.13	5.74	5.92
35	152	66.09	15	6.52	63	27.39	5.35	5.69
40	160	69.57	19	8.26	51	22.17	5.03	5.30
45	162	70.43	22	9.57	46	20.00	4.69	5.44
50	163	70.87	25	10.87	42	18.26	4.70	5.39
55	164	71.30	28	12.17	38	16.52	4.53	5.36
60	163	70.87	32	13.91	35	15.22	4.56	5.17
65	160	69.57	36	15.65	34	14.78	4.40	5.12
70	159	69.13	40	17.39	31	13.48	4.32	5.04
75	158	68.70	43	18.70	29	12.61	4.27	4.98
80	160	69.57	43	18.70	27	11.74	4.11	4.76
85	162	70.43	44	19.13	24	10.43	3.85	4.63
95	165	71.74	47	20.43	18	7.83	3.88	4.40
95	165	71.74	47	20.43	18	7.83	3.88	4.40
100	165	71.74	48	20.87	17	7.39	3.73	4.30
105	161	70.00	51	22.17	18	7.83	3.78	4.17
110	158	68.70	54	23.48	18	7.83	3.67	4.19
115	156	67.83	56	24.35	18	7.83	3.68	4.19
120	158	68.70	56	24.35	16	6.96	3.61	4.14
125	158	68.70	58	25.22	14	6.09	3.62	4.15
130	157	68.26	60	26.09	13	5.65	3.54	4.09
135	158	68.70	60	26.09	12	5.22	3.58	4.00
140	158	68.70	60	26.09	12	5.22	3.45	3.92
145	158	68.70	60	26.09	12	5.22	3.35	3.80
150	158	68.70	61	26.52	11	4.78	3.31	3.65
155	157	68.26	62	26.96	11	4.78	3.23	3.65
160	157	68.26	62	26.96	11	4.78	3.23	3.61
165	155	67.39	64	27.83	11	4.78	3.20	3.60
170	152	66.09	67	29.13	11	4.78	3.20	3.64
175	150	65.22	69	30.00	11	4.78	3.22	3.63
180	153	66.52	68	29.57	9	3.91	3.15	3.54
185	151	65.65	71	30.87	8	3.48	3.12	3.50
190	152	66.09	71	30.87	7	3.04	3.02	3.51
195	152	66.09	71	30.87	7	3.04	2.95	3.37
200	151	65.65	72	31.30	7	3.04	2.90	3.35
205	150	65.22	74	32.17	6	2.61	2.81	3.40
210	149	64.78	75	32.61	6	2.61	2.79	3.38
215	148	64.35	76	33.04	6	2.61	2.71	3.37
220	146	63.48	78	33.91	6	2.61	2.73	3.32
225	145	63.04	79	34.35	6	2.61	2.69	3.24
230	142	61.74	82	35.65	6	2.61	2.68	3.25
235	142	61.74	84	36.52	4	1.74	2.66	3.18
240	140	60.87	86	37.39	4	1.74	2.52	3.13

第十六章　其它指标和系统

Delay	One-Sided Breakout	Percent	No Breakout	Percent	Double Breakout	Percent	Average High Maximum	Average Low Maximum
15	114	55.34	3	1.46	89	43.20	$6.34	$7.43
20	128	62.14	5	2.43	73	35.44	6.48	6.87
25	134	65.05	8	3.88	64	31.07	6.41	6.34
30	137	66.50	10	4.85	59	28.64	6.23	5.87
35	136	66.02	17	8.25	53	25.73	6.21	5.69
40	141	68.45	18	8.74	47	22.82	5.62	5.14
45	142	68.93	22	10.68	42	20.39	5.18	5.01
50	142	68.93	23	11.17	41	19.90	5.11	4.86
55	146	70.87	27	13.11	33	16.02	5.93	4.91
60	148	71.84	28	13.59	30	14.56	5.85	4.77
65	146	70.87	32	15.53	28	13.59	5.95	4.87
70	146	70.87	34	16.50	26	12.62	5.91	4.66
75	148	71.84	34	16.50	24	11.65	5.80	4.48
80	145	70.39	37	17.96	24	11.65	5.86	4.44
85	146	70.87	37	17.96	23	11.17	5.69	4.29
95	144	69.90	40	19.42	22	10.68	5.55	4.26
95	144	69.90	40	19.42	22	10.68	5.55	4.26
100	142	68.93	42	20.39	22	10.68	5.52	4.26
105	139	67.48	46	22.33	21	10.19	5.71	4.17
110	141	68.45	47	22.82	18	8.74	5.54	4.24
115	141	68.45	49	23.79	16	7.77	5.90	4.20
120	142	68.93	49	23.79	15	7.28	5.87	4.14
125	142	68.93	50	24.27	14	6.80	5.74	4.10
130	141	68.45	53	25.73	12	5.83	5.67	4.07
135	140	67.96	54	26.21	12	5.83	5.60	4.07
140	137	66.50	57	27.67	12	5.83	5.59	4.15
145	138	66.99	57	27.67	11	5.34	5.55	4.10
150	137	66.50	58	28.16	11	5.34	5.51	4.06
155	136	66.02	59	28.64	11	5.34	5.26	4.10
160	137	66.50	59	28.64	10	4.85	5.19	3.99
165	136	66.02	60	29.13	10	4.85	5.11	3.87
170	135	65.53	61	29.61	10	4.85	5.15	3.86
175	134	65.05	62	30.10	10	4.85	5.02	3.81
180	133	64.56	64	31.07	9	4.37	4.99	3.83
185	131	63.59	65	31.55	10	4.85	4.89	3.89
190	132	64.08	65	31.55	9	4.37	4.76	3.78
195	131	63.59	68	33.01	7	3.40	4.84	3.77
200	130	63.11	69	33.50	7	3.40	4.81	3.79
205	130	63.11	69	33.50	7	3.40	4.77	3.75
210	130	63.11	70	33.98	6	2.91	4.64	3.67
215	128	62.14	72	34.95	6	2.91	4.49	3.66
220	128	62.14	72	34.95	6	2.91	4.38	3.61
225	129	62.62	72	34.95	5	2.43	4.21	3.55
230	129	62.62	73	35.44	4	1.94	4.19	3.51
235	126	61.17	76	36.89	4	1.94	4.24	3.43
240	123	59.71	79	38.35	4	1.94	4.10	3.41

Delay	One-Sided Breakout	Percent	No Breakout	Percent	Double Breakout	Percent	Average High Maximum	Average Low Maximum
15	111	48.05	3	1.30	117	50.65	$6.13	$5.82
20	128	55.41	4	1.73	99	42.86	6.22	5.32
25	140	60.61	5	2.16	86	37.23	5.82	5.00
30	149	64.50	8	3.46	74	32.03	5.61	4.73
35	152	65.80	10	4.33	69	29.87	5.30	4.80
40	156	67.53	12	5.19	63	27.27	4.97	4.65
45	165	71.43	13	5.63	53	22.94	4.73	4.53
50	173	74.89	15	6.49	43	18.61	4.47	4.61
55	175	75.76	17	7.36	39	16.88	4.34	4.48
60	173	74.89	21	9.09	37	16.02	4.24	4.52
65	174	75.32	21	9.09	36	15.58	4.12	4.37
70	176	76.19	22	9.52	33	14.29	4.06	4.18
75	172	74.46	29	12.55	30	12.99	4.26	4.08
80	173	74.89	31	13.42	27	11.69	4.22	4.03
85	171	74.03	34	14.72	26	11.26	4.25	3.92
95	170	73.59	37	16.02	24	10.39	4.13	3.75
95	170	73.59	37	16.02	24	10.39	4.13	3.75
100	168	72.73	40	17.32	23	9.96	4.08	3.69
105	169	73.16	43	18.61	19	8.23	4.05	3.58
110	169	73.16	45	19.48	17	7.36	4.01	3.49
115	167	72.29	48	20.78	16	6.93	4.00	3.48
120	167	72.29	49	21.21	15	6.49	4.01	3.44
125	167	72.29	51	22.08	13	5.63	3.91	3.35
130	165	71.43	54	23.38	12	5.19	3.95	3.30
135	166	71.86	54	23.38	11	4.76	3.88	3.29
140	166	71.86	55	23.81	10	4.33	3.82	3.27
145	164	71.00	58	25.11	9	3.90	3.82	3.22
150	162	70.13	60	25.97	9	3.90	3.80	3.12
155	161	69.70	61	26.41	9	3.90	3.76	3.11
160	160	69.26	61	26.41	10	4.33	3.57	3.06
165	157	67.97	64	27.71	10	4.33	3.50	3.08
170	158	68.40	64	27.71	9	3.90	3.52	3.06
175	159	68.83	64	27.71	8	3.46	3.54	3.05
180	156	67.53	67	29.00	8	3.46	3.58	3.03
185	156	67.53	68	29.44	7	3.03	3.53	2.92
190	155	67.10	69	29.87	7	3.03	3.47	2.85
195	154	66.67	71	30.74	6	2.60	3.52	2.82
200	154	66.67	72	31.17	5	2.16	3.53	2.80
205	153	66.23	73	31.60	5	2.16	3.55	2.78
210	153	66.23	73	31.60	5	2.16	3.52	2.74
215	151	65.37	76	32.90	4	1.73	3.49	2.77
220	151	65.37	77	33.33	3	1.30	3.48	2.81
225	149	64.50	79	34.20	3	1.30	3.53	2.76
230	146	63.20	81	35.06	4	1.73	3.45	2.67
235	146	63.20	82	35.50	3	1.30	3.46	2.64
240	143	61.90	85	36.80	3	1.30	3.44	2.58

第十六章 其它指标和系统

Delay	One-Sided Breakout	Percent	No Breakout	Percent	Double Breakout	Percent	Average High Maximum	Average Low Maximum
15	161	41.82	4	1.04	220	57.14	$2.89	$3.10
20	185	48.05	4	1.04	196	50.91	2.70	2.93
25	207	53.77	8	2.08	170	44.16	2.57	2.89
30	217	56.36	8	2.08	160	41.56	2.48	2.71
35	232	60.26	12	3.12	141	36.62	2.44	2.51
40	244	63.38	14	3.64	127	32.99	2.43	2.33
45	252	65.45	16	4.16	117	30.39	2.37	2.26
50	263	68.31	16	4.16	106	27.53	2.22	2.16
55	274	71.17	16	4.16	95	24.68	2.14	2.10
60	279	72.47	23	5.97	83	21.56	2.10	2.03
65	279	72.47	25	6.49	81	21.04	2.09	1.96
70	283	73.51	26	6.75	76	19.74	2.01	1.93
75	286	74.29	31	8.05	68	17.66	1.92	1.92
80	292	75.84	31	8.05	62	16.10	1.84	1.86
85	294	76.36	32	8.31	59	15.32	1.78	1.81
95	295	76.62	39	10.13	51	13.25	1.71	1.78
95	295	76.62	39	10.13	51	13.25	1.71	1.78
100	297	77.14	39	10.13	49	12.73	1.66	1.75
105	295	76.62	47	12.21	43	11.17	1.72	1.71
110	295	76.62	51	13.25	39	10.13	1.72	1.66
115	295	76.62	55	14.29	35	9.09	1.75	1.63
120	296	76.88	56	14.55	33	8.57	1.71	1.61
125	291	75.58	64	16.62	30	7.79	1.69	1.62
130	289	75.06	67	17.40	29	7.53	1.68	1.61
135	292	75.84	67	17.40	26	6.75	1.65	1.57
140	289	75.06	72	18.70	24	6.23	1.64	1.57
145	289	75.06	74	19.22	22	5.71	1.65	1.56
150	286	74.29	77	20.00	22	5.71	1.66	1.55
155	284	73.77	80	20.78	21	5.45	1.64	1.54
160	283	73.51	81	21.04	21	5.45	1.65	1.52
165	283	73.51	83	21.56	19	4.94	1.58	1.50
170	283	73.51	84	21.82	18	4.68	1.56	1.49
175	280	72.73	86	22.34	19	4.94	1.65	1.49
180	279	72.47	87	22.60	19	4.94	1.64	1.49
185	279	72.47	87	22.60	19	4.94	1.54	1.48
190	280	72.73	87	22.60	18	4.68	1.53	1.47
195	281	72.99	87	22.60	17	4.42	1.60	1.45
200	278	72.21	91	23.64	16	4.16	1.59	1.45
205	277	71.95	93	24.16	15	3.90	1.51	1.44
210	274	71.17	96	24.94	15	3.90	1.63	1.44
215	272	70.65	99	25.71	14	3.64	1.49	1.42
220	269	69.87	102	26.49	14	3.64	1.48	1.39
225	268	69.61	103	26.75	14	3.64	1.46	1.40
230	267	69.35	105	27.27	13	3.38	1.45	1.38
235	264	68.57	108	28.05	13	3.38	1.43	1.39
240	265	68.83	109	28.31	11	2.86	1.39	1.37

Delay	One-Sided Breakout	Percent	No Breakout	Percent	Double Breakout	Percent	Average High Maximum	Average Low Maximum
15	113	35.09	2	0.62	207	64.29	$3.85	$3.89
20	130	40.37	2	0.62	190	59.01	3.61	3.37
25	146	45.34	2	0.62	174	54.04	3.26	3.19
30	161	50.00	5	1.55	156	48.45	3.21	3.31
35	169	52.48	7	2.17	146	45.34	2.99	3.21
40	175	54.35	7	2.17	140	43.48	2.69	3.24
45	182	56.52	8	2.48	132	40.99	2.69	3.10
50	191	59.32	9	2.80	122	37.89	2.65	3.04
55	200	62.11	11	3.42	111	34.47	2.52	2.84
60	209	64.91	12	3.73	101	31.37	2.45	2.76
65	218	67.70	14	4.35	90	27.95	2.38	2.65
70	221	68.63	15	4.66	86	26.71	2.35	2.53
75	223	69.25	17	5.28	82	25.47	2.25	2.42
80	227	70.50	20	6.21	75	23.29	2.15	2.42
85	230	71.43	22	6.83	70	21.74	2.18	2.41
95	233	72.36	27	8.39	62	19.25	2.07	2.38
95	233	72.36	27	8.39	62	19.25	2.07	2.38
100	239	74.22	28	8.70	55	17.08	1.99	2.31
105	242	75.16	29	9.01	51	15.84	2.00	2.26
110	248	77.02	29	9.01	45	13.98	2.05	2.30
115	246	76.40	31	9.63	45	13.98	1.99	2.28
120	241	74.84	35	10.87	46	14.29	1.93	2.12
125	245	76.09	37	11.49	40	12.42	1.94	2.09
130	240	74.53	42	13.04	40	12.42	1.92	2.09
135	234	72.67	49	15.22	39	12.11	1.93	2.13
140	236	73.29	50	15.53	36	11.18	1.90	2.06
145	238	73.91	51	15.84	33	10.25	1.88	2.07
150	234	72.67	56	17.39	32	9.94	1.89	2.06
155	235	72.98	57	17.70	30	9.32	1.85	1.95
160	234	72.67	58	18.01	30	9.32	1.81	1.92
165	234	72.67	61	18.94	27	8.39	1.82	1.87
170	234	72.67	64	19.88	24	7.45	1.81	1.90
175	235	72.98	65	20.19	22	6.83	1.80	1.85
180	234	72.67	69	21.43	19	5.90	1.83	1.83
185	230	71.43	73	22.67	19	5.90	1.83	1.83
190	229	71.12	74	22.98	19	5.90	1.79	1.80
195	229	71.12	75	23.29	18	5.59	1.77	1.76
200	229	71.12	75	23.29	18	5.59	1.74	1.74
205	223	69.25	82	25.47	17	5.28	1.75	1.76
210	223	69.25	83	25.78	16	4.97	1.76	1.67
215	219	68.01	86	26.71	17	5.28	1.73	1.69
220	219	68.01	86	26.71	17	5.28	1.73	1.64
225	218	67.70	89	27.64	15	4.66	1.71	1.63
230	216	67.08	92	28.57	14	4.35	1.68	1.62
235	213	66.15	97	30.12	12	3.73	1.67	1.64
240	208	64.60	101	31.37	13	4.04	1.70	1.61

Delay	One-Sided Breakout	Percent	No Breakout	Percent	Double Breakout	Percent	Average High Maximum	Average Low Maximum
15	212	46.80	2	0.44	239	52.76	$1.84	$2.03
20	253	55.85	2	0.44	198	43.71	1.69	1.88
25	274	60.49	2	0.44	177	39.07	1.62	1.71
30	291	64.24	2	0.44	160	35.32	1.53	1.60
35	306	67.55	2	0.44	145	32.01	1.45	1.48
40	313	69.09	7	1.55	133	29.36	1.40	1.40
45	326	71.96	7	1.55	120	26.49	1.39	1.35
50	336	74.17	9	1.99	108	23.84	1.32	1.28
55	339	74.83	18	3.97	96	21.19	1.32	1.26
60	334	73.73	25	5.52	94	20.75	1.31	1.22
65	337	74.39	29	6.40	87	19.21	1.30	1.16
70	337	74.39	33	7.28	83	18.32	1.26	1.14
75	337	74.39	38	8.39	78	17.22	1.21	1.13
80	338	74.61	42	9.27	73	16.11	1.20	1.10
85	333	73.51	48	10.60	72	15.89	1.19	1.05
90	328	72.41	55	12.14	70	15.45	1.17	1.02
95	339	74.83	58	12.80	56	12.36	1.12	1.03
100	344	75.94	56	12.36	53	11.70	1.10	1.01
105	344	75.94	61	13.47	48	10.60	1.08	1.00
110	340	75.06	66	14.57	47	10.38	1.07	0.96
115	334	73.73	70	15.45	49	10.82	1.03	0.98
120	328	72.41	78	17.22	47	10.38	1.03	0.96
125	326	71.96	84	18.54	43	9.49	1.03	0.95
130	324	71.52	87	19.21	42	9.27	1.00	0.92
135	330	72.85	88	19.43	35	7.73	0.98	0.89
140	328	72.41	90	19.87	35	7.73	0.97	0.89
145	326	71.96	93	20.53	34	7.51	0.92	0.88
150	323	71.30	92	20.31	38	8.39	0.92	0.87
155	330	72.85	91	20.09	32	7.06	0.88	0.89
160	328	72.41	93	20.53	32	7.06	0.89	0.86
165	324	71.52	97	21.41	32	7.06	0.89	0.83
170	325	71.74	103	22.74	25	5.52	0.89	0.84
175	328	72.41	104	22.96	21	4.64	0.92	0.84
180	319	70.42	111	24.50	23	5.08	0.91	0.79
185	311	68.65	115	25.39	27	5.96	0.87	0.82
190	311	68.65	121	26.71	21	4.64	0.91	0.84
195	309	68.21	129	28.48	15	3.31	0.91	0.80
200	307	67.77	126	27.81	20	4.42	0.91	0.76
205	302	66.67	132	29.14	19	4.19	0.91	0.77
210	299	66.00	136	30.02	18	3.97	0.88	0.79
215	300	66.23	135	29.80	18	3.97	0.82	0.77
220	296	65.34	145	32.01	12	2.65	0.80	0.72
225	300	66.23	139	30.68	14	3.09	0.84	0.72
230	290	64.02	148	32.67	15	3.31	0.79	0.75
235	290	64.02	146	32.23	17	3.75	0.77	0.71
240	288	63.58	150	33.11	15	3.31	0.80	0.69

Delay	One-Sided Breakout	Percent	No Breakout	Percent	Double Breakout	Percent	Average High Maximum	Average Low Maximum
15	178	47.21	0	0.00	199	52.79	$6.96	$5.77
20	208	55.17	0	0.00	169	44.83	6.70	5.82
25	221	58.62	1	0.27	155	41.11	6.26	5.82
30	230	61.01	4	1.06	143	37.93	5.96	5.65
35	248	65.78	5	1.33	124	32.89	5.64	5.31
40	263	69.76	7	1.86	107	28.38	5.31	5.08
45	272	72.15	9	2.39	96	25.46	5.03	4.95
50	280	74.27	10	2.65	87	23.08	4.92	4.74
55	279	74.01	16	4.24	82	21.75	4.79	4.59
60	280	74.27	18	4.77	79	20.95	4.72	4.49
65	283	75.07	23	6.10	71	18.83	5.21	4.53
70	284	75.33	25	6.63	68	18.04	5.14	4.38
75	288	76.39	27	7.16	62	16.45	5.01	4.23
80	291	77.19	31	8.22	55	14.59	4.90	4.13
85	292	77.45	32	8.49	53	14.06	4.78	4.12
95	297	78.78	34	9.02	46	12.20	4.59	3.99
95	297	78.78	34	9.02	46	12.20	4.59	3.99
100	292	77.45	40	10.61	45	11.94	4.64	3.96
105	292	77.45	43	11.41	42	11.14	4.59	3.90
110	291	77.19	47	12.47	39	10.34	4.58	3.84
115	292	77.45	49	13.00	36	9.55	4.51	3.95
120	288	76.39	54	14.32	35	9.28	4.56	4.01
125	288	76.39	55	14.59	34	9.02	4.52	3.96
130	286	75.86	58	15.38	33	8.75	4.44	3.97
135	287	76.13	58	15.38	32	8.49	4.37	3.95
140	286	75.86	59	15.65	32	8.49	4.33	3.85
145	287	76.13	60	15.92	30	7.96	4.31	3.83
150	287	76.13	60	15.92	30	7.96	4.27	3.79
155	287	76.13	63	16.71	27	7.16	4.60	3.76
160	285	75.60	66	17.51	26	6.90	4.59	3.73
165	282	74.80	71	18.83	24	6.37	4.49	3.70
170	281	74.54	74	19.63	22	5.84	4.45	3.70
175	280	74.27	76	20.16	21	5.57	4.60	3.65
180	281	74.54	78	20.69	18	4.77	4.59	3.55
185	280	74.27	78	20.69	19	5.04	4.53	3.53
190	280	74.27	80	21.22	17	4.51	4.57	3.53
195	279	74.01	82	21.75	16	4.24	4.57	3.61
200	276	73.21	86	22.81	15	3.98	4.60	3.57
205	274	72.68	88	23.34	15	3.98	4.58	3.54
210	272	72.15	90	23.87	15	3.98	4.61	3.48
215	271	71.88	93	24.67	13	3.45	4.64	3.42
220	272	72.15	93	24.67	12	3.18	4.58	3.36
225	270	71.62	96	25.46	11	2.92	4.53	3.42
230	268	71.09	100	26.53	9	2.39	4.49	3.41
235	267	70.82	101	26.79	9	2.39	4.47	3.39
240	263	69.76	106	28.12	8	2.12	4.55	3.42

第十六章 其它指标和系统

数据附录

产生本附录数据的自动统计分析程序与我们在第十三章应用的统计分析程序完全一样。由于本书页面空间有限，我们删除了部分数据列，特别是股票代码列、统计天数列、低点突破交易次数和高点突破交易次数。统计分析天数出现在每一页的股票代码下面。其它各种突破情形的百分比、高点突破最大利润平均值和低点突破交易最大利润平均值均保留在附录数据中。由于本书页数限制，我们在随后的附录中仅仅展示了一部分精选股票的统计数据。

想获得我们统计分析的所有数据的读者，可以查阅我的网站，网址是 www.clayburg.com。（如需帮助请与译者张老师联系。QQ 群：85012153，QQ：827667298（张意忠），邮箱：david189cn@189.cn，YY：328951071，有专人为你答疑解惑。）

当你在参考使用这些数据的时候，请记住这里展示的统计数据针对的期间是 2000 年 1 月 1 日到 12 月 1 日。在这段期间内纳斯达克市场处于一个剧烈震荡的熊市当中。有些股票下跌幅度非常巨大，在我们这个统计分析刚开始的时候它们的股价在每股 100 美元以上，但是在这个统计期间的末尾它们的股票价格不足 20 美元。虽然这种现象对各个时间节点上的各种突破情形的百分比数据不会有太大的影响，但是它对那些惨烈下跌股票的高点突破最大利润平均值和低点突破交易最大利润平均值有重大影响。

ADI　Analog Devices Inc.（编辑注意这一行属于股票代码和上市公司名称不需要翻译，请直接编辑）

Days reported：报告总天数

delay：时间节点，one-sided breakout：单向突破，percent：百分比，

no breakout：无突破，double breakout：双向突破，average high maximum：高点突破最大利润平均值，average low maximum：低点突破最大利润平均值。

英文原版第269页到298页英文翻译内容与第268页一样。

第299页到307页索引内容与英文原版内容有关，对中文版读者没有任何用处，不用编辑。

致　谢

我在此非常感谢帕梅拉·凡·吉森（Pamela Van Giessen）、克劳迪奥·坎普萨诺（Claudio Campuzano）以及其他约翰·威利父子出版公司的员工。感谢他们对于一个首次著书作者的耐心指导和无私奉献！

同样感谢科德角排字公司的员工。你们的娴熟技能让本书锦上添花。我深深感激你们对于一个新手作者的耐心细致。

如果没有交易站技术公司（TradeStation Technologies）提供的软件，可能就没有本书的特色工具和理念。真诚感激贝尔·克鲁兹（Bill Cruz）、达拉·塔特尔（Darla Tuttle）、艾米·绍尔特（Amy Solt）以及米奇·艾克尔斯（Mitch Ackles），感谢你们这么多年的支持和帮助！

感谢投资者集团公司（Investors Performance Group）的提姆·艾勒斯（Tim Eilers）和贝尔·奥尔沃夫斯基（Bill Orlowski）。

感谢飞狐投资公司（Fox Investments）的丽塔·卡布尔（Rita Karpel），你是这个行业内联系最广泛的人之一。这么多年来你的建议和指导是我最珍贵的财富。

感谢汤姆·德马克（Tom DeMark），是你的引导造就了本书的出版。

最后，特别感谢我的家人，我妻子卡伦（Karen）和我的孩子加里（Gary），罗杰（Roger），凯西（Kathy），汤姆（Tom），迈克尔（Michael），感谢你们在我写作期间的耐心和支持。

约翰·克莱伯格（J. F. C.）